普通高校军事课教程

徐 亮 李隽隽 刘 捷 ◎ 主编

PUTONG GAOXIAO
JUNSHIKE JIAOCHENG

中山大学出版社
SUN YAT-SEN UNIVERSITY PRESS
·广州·

内容提要

本书根据教育部、中央军委国防动员部联合印发的《普通高等学校军事课教学大纲》（2019年）编写而成，包括军事理论和军事技能两部分。军事理论部分围绕中国国防、国家安全、军事思想、现代战争、信息化装备五方面展开介绍，军事技能部分围绕共同条令教育与训练、射击与战术训练、防卫技能与战时防护训练、战备基础与应用训练四方面展开介绍。

本书理论与实践相结合，内容丰富，适合高等院校学生作为军事课教材使用。

版权所有　翻印必究

图书在版编目（CIP）数据

普通高校军事课教程/徐亮，李隽隽，刘捷主编．—广州：中山大学出版社，2023.8

ISBN 978-7-306-07893-3

Ⅰ.①普…　Ⅱ.①徐…②李…③刘…　Ⅲ.①军事理论—高等学校—教材　Ⅳ.①E0

中国国家版本馆 CIP 数据核字（2023）第 162451 号

出 版 人：	王天琪
策划编辑：	李　文
责任编辑：	李　文
封面设计：	曾　斌
责任校对：	张　蕊
责任技编：	靳晓虹
出版发行：	中山大学出版社
电　　话：	编辑部 020-84110776，84113349，84111997，84110779，84110283
	发行部 020-84111998，84111981，84111160
地　　址：	广州市新港西路 135 号
邮　　编：	510275　　传　真：020-84036565
网　　址：	http://www.zsup.com.cn　E-mail：zdcbs@mail.sysu.edu.cn
印 刷 者：	佛山市浩文彩色印刷有限公司
规　　格：	787mm×1092mm　1/16　18.25 印张　370 千字
版次印次：	2023 年 8 月第 1 版　2023 年 8 月第 1 次印刷
定　　价：	36.00 元

如发现本书因印装质量影响阅读，请与出版社发行部联系调换

《普通高校军事课教程》编委会

主　编：徐　亮　李隽隽　刘　捷
副主编：姜　冰　周　江　尹卫华
编　委：陈彦龙　刘耀光　金艳玲　李　梁　谢　华
　　　　张　兵　范志祥　丁之亮　黄　山　郑梦婕

前　言

　　在普通高等学校学生中开展军事课教学，是我国加强国防建设的本质要求，是坚持现代条件下人民战争的必要途径，也是国家培养国防战略后备人才的需要。当前，我国综合国力正稳步提升，高等教育已经步入大众化阶段，由精英化的专业教育逐步走向大众化的通识教育、素质教育。高校的军事课教学是高校素质教育的重要组成部分。军事课教学可以让大学生掌握基本的军事理论和军事技能，增强国防观念，树立国家安全意识，增强组织性、纪律性，培养爱国主义、集体主义观念和艰苦奋斗、吃苦耐劳的作风，磨炼顽强的意志品质，激发战胜困难的信心和勇气，树立正确的世界观、人生观和价值观，有力地促进其素质的全面提升。

　　当前，世界形势和我国周边环境发生了重大变化，我国面临的安全威胁日趋复杂和多样，维护我国快速发展的战略机遇期面临诸多的挑战。在信息技术的推动下，战争形态将继续沿着信息化方向快速演变，武器装备日新月异，对战争指导和作战理论不断提出新的要求。面对新的形势与挑战，我国始终把维护国家安全放在国家战略的首要地位。尤其是党的十九大以来，党的创新军事理论有了新的发展，军队改革有了实质性突破，国防和军队建设取得了新的巨大进展，抵御各种风险和维护国家安全的能力显著提高。本教材以新大纲为依据，着眼国际、国内形势新的变化和发展，力求把军事领域的新形势、新理论、新知识与当前国家对大学生军训工作的新要求结合起来，结构合理，内容具时代性、可读性。

　　习近平总书记在党的十九大报告中强调："我们的军队是人民军队，我们的国防是全民国防，我们要加强全民国防教育，巩固军政军民团结，为实现中国梦强军梦凝聚强大力量！"党的二十大报告提出："国家安全是民族复兴的根基，社会稳定是国家强盛的前提。""如期实现建军一百年奋斗目标，加快把人民军队建成世界一流军队，是全面建设社会主义现代化国家的战略要求。"因此，推进国防现代化建设是全党全国各族人民共同的事业。"青年强，则国家强。"党和国家高度重视国防教育，特别是在新形势下，为了落实立德树人根本任务和强军目标根本要求，服务军民融合发展战略实施和国防后备力量建设，增强大学生的国防观念、国家安全意识和忧患危机意识，提高其综合国防素质，教育部、中央军委国防动员部联合制定了《普通高等学校军事课教学大纲》(2019年版),将军事课列为普通高等学校学生的必修课程,并规定军事课由军事理论和军事技能两部分组成。本教材的军事理论部分围绕中国国防、国家安全、军事思想、现代战争、信息化装备五方面展开介绍,军事技能部分围绕共同条令教育与训练、射击与战术训练、防卫技能与战时防护训练、战备基础与应用训练四方面展开介绍。

  本教材由中山大学军事教研室和陆军特种作战学院合作完成。在编写过程中得到国防科技大学国际关系学院王乔保教授、中国人民解放军军事科学院刘庆研究员、陆军特种作战学院袁梅教授、中国人民大学杨东梁教授等的大力支持,他们为本书提出大量建设性意见,在此深表感谢。

  本教材在编写过程中参考了国内外大量作者的研究成果,在此,我们对这些作者表示衷心的感谢。由于时间比较仓促,本书难免存在不足与问题,敬请广大师生在使用中提出宝贵意见,以便今后进一步修改和完善。

  作者联系邮箱:3056613691@qq.com。

编 者

2023年2月15日

目 录

第一部分　军事理论

第一章　中国国防 (3)
第一节　国防概述 (3)
　　一、国防的内涵 (4)
　　二、国防的类型 (5)
　　三、中国国防历史 (6)
　　四、中国国防历史的启示 (12)
　　五、现代国防的基本特征 (13)
第二节　国防法规 (15)
　　一、国防法规体系 (15)
　　二、公民的国防义务和权利 (17)
第三节　国防建设 (21)
　　一、国防体制 (21)
　　二、我国的国防战略 (23)
　　三、我国的国防政策 (24)
　　四、我国国防现代化建设成就 (26)
　　五、军民融合发展 (29)
第四节　武装力量 (32)
　　一、中国人民解放军 (33)
　　二、中国人民武装警察部队 (39)
　　三、国防后备力量 (39)
第五节　国防动员 (40)
　　一、国防动员的内涵 (40)
　　二、国防动员的意义 (41)
　　三、国防动员的内容 (42)

思考题……………………………………………………………(45)

第二章　国家安全……………………………………………………(46)
第一节　国家安全概述……………………………………………(46)
　　一、国家安全的科学内涵……………………………………(46)
　　二、维护国家安全的基本原则………………………………(47)
　　三、总体国家安全观…………………………………………(48)
第二节　国家安全形势……………………………………………(51)
　　一、我国地缘环境概况………………………………………(51)
　　二、我国地缘安全状况………………………………………(52)
　　三、新形势下国家安全现状…………………………………(54)
　　四、更新国家安全观念，营造睦邻友好环境………………(59)
　　五、非传统领域的国家安全…………………………………(63)
第三节　国际战略形势……………………………………………(68)
　　一、国际战略形势的现状与发展趋势………………………(68)
　　二、全球治理的中国方案：构建人类命运共同体…………(74)
　　三、世界其他主要国家军事力量与战略动向………………(77)
　　思考题……………………………………………………………(81)

第三章　军事思想……………………………………………………(82)
第一节　军事思想概述……………………………………………(82)
　　一、军事思想的定义与分类…………………………………(82)
　　二、军事思想的发展概况……………………………………(83)
　　三、军事思想的地位与作用…………………………………(90)
第二节　外国军事思想……………………………………………(91)
　　一、外国军事思想的主要内容………………………………(91)
　　二、当代外国军事思想的基本特点…………………………(95)
　　三、《战争论》主要军事观点…………………………………(97)
第三节　中国古代军事思想………………………………………(99)
　　一、中国古代军事思想的形成与发展………………………(99)
　　二、中国古代军事思想的基本内容…………………………(101)
　　三、《孙子兵法》主要军事观点………………………………(104)
第四节　当代中国军事思想………………………………………(108)
　　一、毛泽东军事思想…………………………………………(108)

二、邓小平新时期军队建设思想 ………………………………（115）
　　三、江泽民国防和军队建设思想 ………………………………（119）
　　四、胡锦涛国防和军队建设思想 ………………………………（122）
　　五、习近平强军思想 ……………………………………………（126）
　思考题 ………………………………………………………………（131）

第四章　现代战争 ………………………………………………………（132）
　第一节　战争概述 …………………………………………………（132）
　　一、战争的内涵 …………………………………………………（132）
　　二、战争的特点 …………………………………………………（132）
　　三、战争的发展历程 ……………………………………………（133）
　第二节　新军事革命 ………………………………………………（135）
　　一、新军事革命的基本内涵 ……………………………………（135）
　　二、新军事革命的发展演变 ……………………………………（138）
　　三、新军事革命的主要动因 ……………………………………（140）
　　四、新军事革命的重要影响 ……………………………………（142）
　第三节　机械化战争 ………………………………………………（143）
　　一、机械化战争的基本内涵 ……………………………………（144）
　　二、机械化战争的形态和特点 …………………………………（144）
　　三、机械化战争的演变 …………………………………………（145）
　　四、机械化战争对世界的影响 …………………………………（146）
　　五、典型案例：第二次世界大战 ………………………………（147）
　第四节　信息化战争 ………………………………………………（150）
　　一、信息化战争的基本概念 ……………………………………（150）
　　二、信息化战争的基本特征 ……………………………………（151）
　　三、信息化战争的产生与形成 …………………………………（155）
　　四、信息化战争的发展趋势 ……………………………………（157）
　　五、信息化战争与国防建设 ……………………………………（162）
　　六、典型案例：伊拉克战争 ……………………………………（165）
　思考题 ………………………………………………………………（170）

第五章　信息化装备 ……………………………………………………（171）
　第一节　信息化装备概述 …………………………………………（171）
　　一、信息化装备的内涵与分类 …………………………………（171）

二、信息化装备对现代作战的影响 …………………………… (173)
　　三、信息化装备的发展趋势 …………………………………… (173)
　第二节　信息化作战平台 ………………………………………… (175)
　　一、信息化作战平台的定义 …………………………………… (175)
　　二、典型信息化装备 …………………………………………… (175)
　第三节　综合电子信息系统 ……………………………………… (179)
　　一、综合电子信息系统的分类与组成 ………………………… (179)
　　二、综合电子信息系统的发展趋势 …………………………… (181)
　　三、综合电子信息系统的作战应用 …………………………… (182)
　第四节　信息化杀伤武器 ………………………………………… (183)
　　一、精确制导武器 ……………………………………………… (183)
　　二、核生化武器 ………………………………………………… (185)
　　三、新概念武器 ………………………………………………… (186)
　思考题 ……………………………………………………………… (189)

第二部分　军事技能

第六章　共同条令教育与训练 ……………………………………… (193)
　第一节　共同条令教育 …………………………………………… (193)
　　一、《内务条令》 ………………………………………………… (193)
　　二、《纪律条令》 ………………………………………………… (196)
　　三、《队列条令》 ………………………………………………… (198)
　第二节　分队的队列动作 ………………………………………… (200)
　　一、集合、离散 ………………………………………………… (200)
　　二、整齐、报数 ………………………………………………… (201)
　　三、出列、入列 ………………………………………………… (201)
　　四、行进、停止 ………………………………………………… (202)
　　五、方向变换 …………………………………………………… (202)
　第三节　现地教学 ………………………………………………… (203)
　　一、走进军营 …………………………………………………… (203)
　　二、学唱军营歌曲 ……………………………………………… (205)
　　三、走进爱国主义教育基地 …………………………………… (207)
　思考题 ……………………………………………………………… (208)

第七章 射击与战术训练 (209)
第一节 轻武器射击 (209)
一、轻武器介绍 (209)
二、轻武器的性能、构造与保养 (210)
三、简易射击学理 (211)
四、武器操作 (214)
五、实弹射击 (217)
第二节 单兵与分队战术 (219)
一、单兵战术基础动作 (219)
二、步兵班战术 (221)
思考题 (224)

第八章 防卫技能与战时防护训练 (225)
第一节 格斗基础 (225)
一、格斗常识 (225)
二、格斗基本功 (228)
第二节 战场医疗救护 (236)
一、救护的基本知识 (236)
二、意外伤的救护 (236)
三、心肺复苏 (238)
四、战场自救互救 (240)
第三节 核生化防护 (244)
一、防护基本知识和技能 (244)
二、防护装备的使用 (247)
思考题 (248)

第九章 战备基础与应用训练 (249)
第一节 战备规定 (249)
一、日常战备 (249)
二、等级战备 (251)
第二节 紧急集合 (252)
一、紧急集合的含义 (252)
二、紧急集合的组织实施 (253)
第三节 行军拉练 (255)

一、徒步行军 …………………………………………… (255)
　　二、露营 ………………………………………………… (257)
　第四节　野外生存 ………………………………………… (259)
　　一、可食植物的识别与野生动物的捕获 ……………… (259)
　　二、寻找水源和鉴定水质的方法 ……………………… (262)
　　三、特殊条件下的联络方法 …………………………… (263)
　第五节　识图用图基础知识 ……………………………… (264)
　　一、地图的概念和分类 ………………………………… (264)
　　二、地形图的识别 ……………………………………… (264)
　　三、现地使用地图 ……………………………………… (271)
　第六节　电磁频谱管控 …………………………………… (276)
　　一、电磁频谱的概念 …………………………………… (276)
　　二、电磁频谱的基本属性 ……………………………… (276)
　　三、电磁频谱在军事领域的应用 ……………………… (277)
　思考题 ……………………………………………………… (278)

参考文献 …………………………………………………… (279)

第一部分

军事理论

第一章　中国国防

《孙子兵法》开篇就指出："兵者，国之大事，死生之地，存亡之道，不可不察也。"对这样的"国之大事"，每个公民都必须关注，必须了解，不能漠然视之。历史和现实都告诉我们，一个国家、一个民族要生存与发展，就必须建立强大的国防。习近平总书记在党的十九大报告中明确指出："我们的军队是人民军队，我们的国防是全民国防。我们要加强全民国防教育，巩固军政军民团结，为实现中国梦强军梦凝聚强大力量！"[①] 党的二十大报告指出："国家安全是民族复兴的根基，社会稳定是国家强盛的前提。""如期实现建军一百年奋斗目标，加快把人民军队建成世界一流军队，是全面建设社会主义现代化国家的战略要求。""青年强，则国家强。"[②] 因此，推进国防现代化建设是全党全国各族人民共同的事业。青年学生是民族的希望和未来，增强国防意识、关心国防建设是每一位大学生义不容辞的责任。

第一节　国防概述

国防是一个历史概念，随着阶级和国家的产生而产生。在国家产生之前，只有部落之间的战斗和防备，规模小且不成系统，自然谈不上"国防"。国家产生之后，为了保护国民不受外来侵犯，才开始有了成体系的国防建设。经过几千年的历史发展，国防的范畴已经从一城一池的防卫转向内涵丰富、手段多样、范畴广泛、体系完善的大国防。

[①] 《习近平：决胜全面建成小康社会　夺取新时代中国特色社会主义伟大胜利——在中国共产党第十九次全国代表大会上的报告》，中国政府网，2017 - 10 - 27。

[②] 《习近平：高举中国特色社会主义伟大旗帜　为全面建设社会主义现代化国家而团结奋斗——在中国共产党第二十次全国代表大会上的报告》，中国政府网，2022 - 10 - 25。

一、国防的内涵

国防，即国家防务，是国家为防备和抵抗外来侵略，制止武装颠覆，保卫国家主权、统一、领土完整和安全所进行的军事以及与军事有关的政治、经济、外交、科技、文化、教育等方面的活动。从国防的定义可以看出，它包含四个基本要素。

（一）国防的主体

国防的主体是指国防活动的实行者，通常是国家。国防是国家生存与发展的安全保障，没有国防，国家就无法生存下去，因此，国防是国家固有的职能。国家产生后，必须开展国防建设，以抵抗外来侵略、制止武装颠覆、保障国家安全、维系自身生存。国防是国家的防务，是全民族的防务，与国家各个部门、各种组织及全体公民息息相关。加强国防建设，进行国防斗争，是一切国家机关和武装力量、各政党和社会团体、各企事业单位以及全体公民的共同责任。

（二）国防的对象

国防的对象是指国防要防备、抵抗和制止的行为。国防的对象，一是侵略，二是武装颠覆和分裂。防备和抵抗侵略是国防的首要职能、基本职能和对外职能。侵略既有武装侵略，也有以武力为后盾的非武装侵略，因此，国防所要防备和抵抗的"侵略"既包括武装侵略，也包括非武装侵略。制止武装颠覆和分裂是国防的对内职能。武装颠覆和分裂是以武装暴力的形式实施的，危及国家的国体和政体，对国家的主权、统一、领土完整和安全构成严重威胁的活动。这类活动严重危害国家安全，也是国防的重要对象。

（三）国防的目的

国防的目的是保卫国家的主权、统一、领土完整和安全。主权是国家的标志和灵魂，丧失了主权就丧失了国家存在的依据，国家也就名存实亡。因此，捍卫主权是国防根本的目的和任务。统一是指国家只存在一个中央政府，完整行使管辖权，不允许存在另外的政府组织分割这种管辖权，保卫国家的统一是国防的重要任务。领土是国家主权支配下的地球表面的特定部分，是一个国家存在的自然物质基础，包括国家主权管辖下的一切陆地、水域及其底土和上空，是国家神圣不可侵犯的疆域。国家主权和国家领土有着密切联系，国家领土被侵占，主权必然受到侵犯；国防要捍卫国家主权，必然要保卫领土的完整。一个国家需要保持和平安定的内部环境和外部环境才能生存和发展。因此，维护国家的安全与稳定，也是国防的主要目的之一。

（四）国防的手段

国防的手段是指为实现国防的目的而需要采取的方法和措施，包括军事活动以及与军事相关的政治、经济、外交、科技、教育等方面的活动。军事活动是国防的主要手段，也是国防最基本、最有效的手段。与军事活动相关的政治、经济、科技、文化、教育、外交等方面的活动，是军事活动的后盾和支撑，与军事活动共同构成国防的整体。

二、国防的类型

国防的类型，是指依据国防的属性或特征所做的分类。各国由于政治、社会制度不同，其经济实力有差别，其制定的国防政策和追求的国防目标也有不同。根据当前世界各国的国防政策和目标，国防可划分为以下四种类型。

（一）侵略扩张型

侵略扩张型国防，是指一些国家奉行霸权主义侵略扩张政策，为谋求本国不正当利益，打着自我防卫或者维护地区安全的幌子，对别国实施侵略、颠覆和渗透，借维护世界和平、保障国家安全利益之名侵犯别国主权和领土、干涉他国内政。

（二）自卫防御型

自卫防御型国防，是指依靠本国力量，以维护国家安全、防止敌人入侵为目的的国防。我国是社会主义国家，在对外关系方面一贯奉行和平共处五项原则。我国的政治制度和国防政策，以及防御型的军事战略，决定了我们采取的是自卫防御型国防。我国国防的根本目的是维护国家主权与领土完整，捍卫国家安全与发展利益，维护世界和平与发展。

（三）自主中立型

自主中立型国防，是指奉行自主中立政策而进行的国防。采取自主中立型国防的国家为了保障本国的安全，在多国冲突或联盟战争面前，严守和平自主中立的国防政策，不介入其他国家之间的争端，不参加军事联盟，不同意其他国家在本国领土设置军事基地等。

（四）互助联盟型

互助联盟型国防，是指通过结盟的形式联合一部分国家结成防卫同盟，以加强国防力量和实现国家安全稳定。联盟型国防通常为两个或两个以上有某些共同政治、经济、军事利益的国家，通过缔结军事同盟条约实行共同防务。根据缔约国的数量，联盟型国防可以划分为双边联盟和多边联盟，如美日军事同盟是美国和日本两个国家缔结的双边联盟，北大西洋公约组织（以下简称"北约"）则是以美国为首的西方国家组成的多边联盟。

三、中国国防历史

中国的国防历史悠久，源远流长。按照时代不同，中国国防可以划分为古代国防、近代国防和现代国防三个时期。中国国防经历了无数次国家强盛与衰落的交替，给我们留下了值得珍惜的国防理论遗产和深刻的历史教训，是我们宝贵的精神财富。

（一）古代国防

中国古代国防始于公元前 21 世纪的夏王朝，止于 1840 年的鸦片战争，历经近 4000 年、20 多个王朝的更迭，呈现出兴衰交替和曲折发展的历程。纵观整个历程，古代前期，即从夏王朝建立，历经春秋战国到秦汉及至盛唐，国防日益发展；古代后期，即从中唐到两宋、明、清，国防的基本趋势是由弱到强，再从强盛走向衰落。具体到各个朝代，国防也大多是由兴而盛，再由盛到衰。中国古代国防的内容十分丰富，主要表现在以下四个方面。

1. 形成了系统的军事理论

中国最早创立了较系统的军事理论，涌现出许多杰出的军事家，创作了许多不朽的军事著作。如《孙子兵法》《孙膑兵法》《吴子兵法》《司马法》《尉缭子》《六韬》《三略》《李卫公问对》《经效新书》等军事著作，以其深远的哲学思想、变化无穷的战略战术，对指导战争和加强国防起到重要作用。

2. 构建了科学的军事制度

军事制度（以下简称"军制"）是国家或政治集团组织、管理、维持、储备和发展军事力量的制度,包括武装力量体制、军事领导体制和兵役制度等,是国防力量的主要组成部分。在武装力量体制上,一般分为中央军、地方军和边防军。中央军通常由御林军和其他比较精锐的部队组成,担负警卫京师和宫廷的任务;地方军担负相应地区的防卫任务,由地方军政长官统率;边防军是戍守边疆,并一般兼有屯田任务的军队。秦朝统一全国后,设立了专门管理军事的机构,最高军事长官是太尉。隋朝对国家机构进行了改革,在国家最高行政中枢尚书省专门设立了主管军事的部门——兵部。在军事领导体制上,各朝代的做法虽然不尽相同,但都奉行皇权至上,军队的调拨使用大权基本掌握在皇帝手中。而中国古代兵役制度随着各个历史时期政治、经济、人口状况和军事需要而不断发展变化,如秦汉的征兵制、隋唐的府兵制、宋朝的募兵制、明朝的卫所兵役制、清初的八旗制等。军制的确立,解决了兵员的结构、来源、数量、职能,后备兵员的储备、训练以及均衡国民负担等一系列问题,提供了规范制度,明确了职责分工,营造了合理环境。

3. 国防工程建设成就显著

历代王朝为了防备和抵御外敌入侵,修筑了数量众多、规模庞大的国防工程。城池是中国古代国防建设中出现时间最早和数量最多的工程。古代城池的构筑,在长期的历史进程中形成了一套以城市为中心、以城墙为主体,突出兵器装备和军士配置的点线结合、综合配置的坚固防御体系。长城是城池建设的延续和发展,始建于春秋战国时期,后经各朝代多次修建连接,至明代形成了西起嘉峪关、东至山海关的万里长城。长城在我国各诸侯国之间、秦统一后国内各民族之间的战争中,都发挥过重要的防御作用,是中国古代最重要的军事防御工程。

古代海防工程建设始于明朝。公元14世纪至16世纪,倭寇频繁袭扰我国沿海地区,为防御倭寇的袭扰,明王朝在沿海重要地段陆续修建以卫城、所城为主干,水陆寨、营堡、墩、台、烽燧等相结合的海防工程体系,在舟山群岛、福州、厦门等沿海地区修建了炮台要塞式的海岸防御体系,在虎门、温州、吴淞口、大沽口等地修建了海口要塞,在江阴、江宁(今南京)等地修建了江防要塞,逐渐形成了集海岛、海口、海岸、江防要塞于一体的海防要塞体系。

4. 军事技术不断发展

中国古代注重军事技术的发展和创新,唐朝开始把火药运用于军事,引起了军事上划时代的变革。宋朝发明了"突火枪",突火枪最大射程可达300米,有效射程达100米,中国发明的突火枪是现代管状喷射武器的鼻祖。元朝军队开始使用金属炮弹,明代火炮发射的弹丸有实心弹、霰弹、开花弹三种。

（二）近代国防

中国近代史是一部充满屈辱的历史。1840年，英国人凭借着坚船利炮的优势，打开了清王朝紧锁的国门，开始入侵中国。面对西方列强的侵略，清王朝为了维持自己腐朽的统治，开始奉行消极防御的国防政策，造成的结果是有国无防、中华大地内忧外患、中国人民惨遭蹂躏和屠杀。

1. 清朝后期的国防

"康乾盛世"之后，清王朝政治日趋腐败，国防逐渐衰弱。鸦片战争爆发后，西方列强大举入侵，清王朝每况愈下，中国逐渐沦为半殖民地半封建社会。

（1）军事统御制度。第二次鸦片战争后，清廷成立了总理衙门、北洋大臣衙门和南洋大臣衙门，开始实施"洋务新政"。八国联军侵华后，自感军备落后的清王朝，企图通过改革军制来强化军事力量，把总理衙门改为外务部，裁撤兵部，成立陆军部。

（2）武装力量体制。清兵入关后，为弥补兵力不足，在少量八旗兵的基础上，清王朝招收汉人组成绿营兵。1851年，为镇压太平天国运动，清王朝号召各地乡绅编练乡勇，勇营部队湘军和淮军逐渐成为清军的主力。甲午战争后，清王朝又开始编练新军。

（3）兵役制度。八旗兵实行兵民合一的民军制。甲午战争中，湘军和淮军大多溃散，其后，清王朝开始"效用西法，编练新军"。新军采用的是募兵制，明确规定了新兵的年龄、体格、文化程度等。新军在组织体制、编制、训练等方面逐步向近代化发展，缩小了与西方国家军队的差距。

（4）边海防建设。鸦片战争前，清王朝防务日渐废弛。海防要塞年久失修，技术性能落后。西方列强乘虚而入，打开了中国古老的大门。两次鸦片战争使清王朝认识到必须振兴边海防，因而成立了全国海军领导机构——总理海军事务衙门，向外国购买船炮、建立新式海防炮台等，掀起了一场旨在加强边海防卫的自强活动，取得了一些成绩。但清王朝落后的官僚体制使边海防的防御形势不断恶化。中国的领土香港、澳门、台湾和澎湖列岛分别被英国、葡萄牙、日本侵占，东北乌苏里江以东、黑龙江以北的大片领土被沙俄侵占，西部帕米尔地区被沙俄和英国侵占。

2. 民国时期的国防

辛亥革命虽然推翻了清王朝的统治，建立了中华民国，但并没有改变中华民族任人宰割的悲惨命运。西方列强为维护其在华利益，纷纷扶植各派军阀作为自己的代理人，不断加紧对中国的掠夺。各派军阀争权夺利，混战不已，中国依然是有边不固、有海无防。先是袁世凯称帝，后有张勋复辟，各派军阀以西方列强为靠山，割据称雄，混战不休。直、皖、奉三大派军阀先后窃据中央政权，出卖国家民族利益。"二十一条"的签订和"巴黎和会"中国外交的失败，使中国面临被帝国主义进一步瓜分的严重危机，这也充分暴露了北洋政府的腐败无能，从而更加激发了爱国民众同仇敌忾、共御外侮的决心和勇气。以1919年爆发的五四运动为标志，中国反帝反封建的民主革命发展到新的历史阶段，中国工人阶级开始以独立的姿态登上了政治舞台。1921年7月，中国共产党成立，给灾难深重的中国人民带来了光明和希望。自此，中国革命进入新的历史发展阶段。

1931年，日本悍然发动九一八事变，开始了对中华民族的侵略战争。国民党政府奉行"攘外必先安内"的政策，一味妥协退让，导致东北大片国土迅速沦丧。1937年7月7日，日本发动卢沟桥事变，标志着日本蓄谋已久的全面侵华战争开始。中国共产党高举团结抗日的大旗，与中国国民党再次合作，形成广泛的抗日民族统一战线，使抗日战争的正面战场、敌后游击战场和全民抗日作战行动得到有力结合。经过14年艰苦卓绝的奋战，中国人民终于取得了抗日战争的伟大胜利。抗日战争胜利后，全国人民迫切需要一个和平安全的建设环境，但蒋介石悍然发动内战，妄图消灭中国共产党及其领导的人民军队。经过3年多的解放战争，中国共产党领导人民终于推翻了国民党的反动统治，建立了中华人民共和国，从此结束了100多年来中华民族有国无防、有军不强，人民备受屈辱的历史，开启了中国国防的新篇章，从此，中国走上了建设现代国防的新征程。

（三）现代国防

1949年10月1日，中华人民共和国成立，中国人民从此开启了当家做主的新纪元，中国国防也开启了现代化建设的新征程。中华人民共和国成立以来的现代国防建设可以划分为以下四个阶段。

1. 第一阶段：恢复阶段（1949年10月—1953年11月）

这一阶段是中国抵御帝国主义侵略、内治战争创伤和恢复经济时期。这个时期的中国国防是边建设、边维护新中国的独立，边巩固新生的人民民主政权的时期。这一阶段的国防建设主要完成了三个方面的任务：一是解放了全国大陆和除台湾、澎湖、金门、马祖之外的全部沿海岛屿（一江山岛和大陈岛于1955年解放），肃清了中国国民党在内地的残余势力，剿灭了土匪，建立了边防和守备部队，加强了海上边防的守卫；二是取得了抗美援朝的胜利；三是建立、健全了统一的军事领导机构和军事制度，完成了由单一陆军向诸军兵种全面建设的过渡，设立了各类军事院校，为国防建设培养了大批专业军事人才。

2. 第二阶段：全面建设阶段（1953年12月—1965年4月）

这个阶段是中国国防现代化建设突飞猛进的重要时期。1953年12月召开的全国军事系统党的高级干部会议，是中国国防建设的一个里程碑。这次会议确定了中国国防建设的主要任务：防御帝国主义侵略，保卫社会主义建设，保卫亚洲和世界的和平；制定了"积极防御"的战略方针；提出了实现国防现代化的重大战略措施，为国防现代化打下坚实基础；加强国防工程建设，在边防、沿海和纵深要地建设防御工程；实行义务兵、军官薪金和军衔制度；大办发展军事院校，重新划分战区，完善战略和战役指挥体系；加强动员准备，建立各级动员机构和动员制度。国防科研和国防工业有了较大的发展，1964年，中国第一颗原子弹成功爆炸。这个阶段，中国国防现代化建设全面发展，初步形成了具有中国特色的国防体系。

3. 第三阶段：曲折发展阶段（1965年5月—1976年10月）

这一阶段，由于林彪集团、"四人帮"的干扰和破坏，中国国防建设受到了很大冲击，但毛泽东、周恩来等党和国家领导人非常重视维护国家安全，对国防建设始终没有放松，保持了军队的稳定，对外顶住了霸权主义的压力，对内发展国防尖端武器，保证了氢弹试验和人造卫星发射的成功。

★知识链接："两弹一星"

"两弹一星"是指导弹、核弹（原子弹、氢弹）和人造卫星。20世纪五六十年代，根据当时的国际形势，为了保卫国家安全、维护世界和平，党中央果断地作出了独立自主研制"两弹一星"的战略决策。1960年11月5日，中国仿制的第一枚导弹发射成功；1964年10月16日，中国第一颗原子弹爆炸成功，中国成为世界上第五个拥有原子弹的国家；1967年6月17日，中国第一颗氢弹空爆试验成功；1970年4月24日，中国第一颗人造卫星发射成功，中国成为世界上第五个独立自主研制和发射人造卫星的国家。中国的"两弹一星"是20世纪下半叶中华民族创建的辉煌伟业，是新中国伟大成就的象征，是中华民族的骄傲。

4. 第四阶段：现代化建设阶段（党的十一届三中全会至今）

1978年12月召开的党的十一届三中全会不仅作出了把党和国家的工作

重心转移到经济建设上来的重大决策,而且提出了国防建设指导思想的战略转变,我国的国防建设自此步入了快速发展的轨道。

20世纪80年代,邓小平提出了"和平与发展是当今世界的两大主题"的观点,确定了国防建设的指导思想,国家实行战略性转变。在服从和服务于国家建设大局的前提下,有计划、有步骤地推进以现代化建设为中心的军队建设。按照精兵、合成、高效的原则进行改革调整,减少数量,提高质量,大力增强部队在现代战争条件下的战斗能力。

20世纪90年代,以江泽民同志为核心的党的第三代中央领导集体科学回答和解决了国防与军队建设的一系列重大理论和实践问题。按照政治合格、军事过硬、作风优良、纪律严明、保障有力的总要求,全面加强军队的革命化、现代化、正规化建设,把推进中国特色变革作为军队现代化发展的必由之路,实施科技强军战略,逐步实现军队由数量规模型向质量效能型、由人力密集型向科技密集型转变。

21世纪的新阶段,以胡锦涛同志为总书记的党中央坚持把科学发展观作为国防和军队建设的重要指导方针,主动适应世界军事发展新趋势,适应打赢信息化条件下局部战争的要求,在更高起点上推进国防和军队现代化建设。加强新型作战力量建设,推进以信息化为主导的机械化、信息化复合发展,提高基于信息系统的体系作战能力,实现火力、机动力、防护力、保障力和信息力的整体提高。

党的十八大以来,以习近平同志为核心的党中央站在统筹中华民族伟大复兴战略全局和世界百年未有之大变局的战略高度,鲜明提出党在新时代的强军目标是:建设一支听党指挥、能打胜仗、作风优良的人民军队;确立新时代军事战略方针;制定到2027年实现建军一百年奋斗目标、到2035年基本实现国防和军队现代化、到21世纪中叶全面建成世界一流军队的国防和军队现代化的新"三步走"战略;引领人民军队在中国特色强军之路上阔步前行。全军坚持以习近平新时代中国特色社会主义思想为指导,深入贯彻习近平强军思想,深入贯彻新时代军事战略方针,深刻领悟"两个确立"的决定性意义,增强"四个意识"、坚定"四个自信"、做到"两个维护",贯彻军委主席负责制,深入推进政治建军、改革强军、科技强军、人才强军、依法治军,全面加强练兵备战,坚决履行新时代使命任务,以顽强斗争精神和实际行动捍卫国家主权、安全、发展利益,为实现中华民族伟大复兴提供战略支撑。

四、中国国防历史的启示

中国几千年的国防史为我们积累了宝贵的经验,留下了宝贵的文化遗产,激励着一代又一代中华儿女为保卫祖国而战、为保卫民族而战、为保卫和平而战。纵观中国的国防历史,留给我们的启示主要有以下四点。

(一) 经济发展是国防强大的基础

经济发展是国防的物质基础,国防的强大有赖于经济的发展。早在春秋时期,齐国的政治家管仲就提出"富国强兵"的思想。战国时期的商鞅更直接地指出:"兵不强,不可以摧敌;国不富,不可以养兵。"我国古代凡是有作为的政治家、军事家,无不强调富国强兵。秦以后的汉、唐、明、清各代前期国防的强盛,都与其经济发展有直接关系;与此相反,以上各朝代的衰败,也无一不是由于经济的衰弱而动摇了国家的基础,削弱了国防,从而造成内忧外患纷至的状况。中国国防历史发展的事实证明,经济发展是国防强大的基础。

(二) 政治开明是国防巩固的根本

政治与国防紧密相关,国家的政治是否开明、制度是否进步,直接关系到国防能否巩固。我国历史发展的实践证明,只有政治昌明,才能有国防的巩固。我国古代历代王朝,凡是兴盛时期,都十分注重修明政治,实行比较开明的治国安邦政策。秦原为西部小国,自商鞅变法以后,修政治、明法度,发展生产,国力日渐强大,为其并吞六国奠定了雄厚的物质基础,创造了良好的政治条件。唐代之初,正是由于制定并实施了一系列行之有效的政治制度,国家很快从隋末的战争废墟中恢复过来,形成了国力昌盛、空前统一的大唐帝国。与此相反,凡是走向衰落的朝代,无一不是政治腐败、国防虚弱,两宋乃至清末皆是如此。

(三) 国家统一和民族团结是国防强大的关键

纵观中国数千年的国防历史,我们可以发现:凡是国家统一、民族团结的时期,国防就强大;凡是国家分裂、民族矛盾尖锐的时期,国防就虚弱。晚清时期,在西方列强大举入侵时,腐朽的清王朝不仅不敢发动反侵略战争,反而认为"患不在外而在内",对人民群众自发组织的反侵略斗争进行残酷镇压,结果是割地赔款、主权沦丧。抗日战争时期,在中国共产党的领导和组织下，全国建立了广泛的抗日民族统一战线。在敌强我弱的情况下，中国共产党坚持人民战争的军事思想和战略战术，充分动员和组织人民群众，团结一切抗日力量，共同抗击侵略，最终取得了抗日战争的全面胜利。

（四）先进的科学技术是国防强大的重要保证

科学技术是国防实力的重要因素，也是国防强大的重要保证。回顾我国国防发展的历史，在冷兵器时代，我国的武器技术在许多方面都领先于世界。中国人最早发明了火药，并最早把火器应用于作战中，随着蒙古军队西征欧洲，火器技术才传入欧洲。明朝重视对火器的研究，并注重向西方学习先进技术，军队火器装备水平达到了当时世界领先水平。但清朝实行了严格的闭关锁国政策，军队的武器技术长期停滞不前，根本无法抵御西方的洋枪大炮，致使中国一步步沦为半殖民地半封建国家。国防历史表明，"落后就要挨打"，这里的"落后"，除了指政治、经济的落后，还包括军事技术和武器装备的落后。随着时代的发展，科学技术正在直接成为战斗力，在战争中发挥着决定性作用。国防的强大不仅仅取决于人数和武器装备的多少，还取决于军事人员的科学技术素质和武器装备的技术水平。加强国防建设必须发展科学技术，国家只有拥有适应时代发展要求的、先进的国防科技，才能取得军事上的优势，增强国防威慑力，更有效地维护国家的安全与稳定。

五、现代国防的基本特征

现代国防是对传统国防的继承和发展，是在综合国力的基础上，以军事手段配合政治、经济、科技、外交等手段进行的总体较量。其基本特征主要体现在以下五个方面。

（一）国防发展的社会性

我们的军队是人民军队，我们的国防是全民国防。国防不等于"军防"，而是关系到各个领域和每个公民的事情。随着现代国防内涵的扩展，全面增强防卫能力必然涉及各个领域和各个方面，因而与整个社会建立了密不可分的联系。一个国家在遇到危难时，能够全民皆兵，就能够焕发出强大的国防力量，就能够战胜一切敌人。国防发展的社会性要求我们必须把国防教育纳入各级政府的议事日程，纳入国家教育的重点建设体系，纳入党政干部学习培训范畴，纳入大中小学的课堂教学，着力强化全民的国防意识，增强全民的国防责任感，形成全社会关心国防、建设国防的局面。

（二）国家利益及其安全维护的整体性

随着经济的发展、科技的进步，现代国防的职能正在由维护明确的地缘"硬疆界"，扩展到争取有利于己的"软环境"；由保卫本土不受侵犯，扩展为在全球或地区范围内争取政治、经济和安全秩序的影响力和主导权；由打赢战争扩展到在战争和非战争状态下都能保证国家利益的实现。现代国防强调，国家安全必须依靠整体性防务。一个国家只有经济不断强大、科技不断发展、国防实力不断增强、国防安全意识不断提高、与周边国家发展睦邻友好关系，才能真正实现长治久安。

（三）国防力量表现的综合性

现代国防是国家综合国力的体现。国防力量是以综合国力为基础的综合国防力量，有了雄厚的综合国力，才有可能建设强大的国防。国家的整体实力，是指国家的政治、经济、科技、军事、文化、外交和自然等综合力量的集合。尽管军事力量依然是国防力量的主体，但现代国防力量的构成不再局限于单一的军事力量，而更加突出综合力量建设。

（四）国防手段运用的多元性

当今时代，国家利益受到的威胁来自诸多方面，除了兵戎相见的"硬对抗"外，还有各种"软伤害"，如意识形态对抗、文明冲突、信息攻击等。因此，现代国防斗争不仅可以使用军事手段在战场上进行武力对抗，还可以通过政治对话、外交谈判、经济封锁、心理施压、法理斗争、军备控制等非战争手段在更广阔的空间进行激烈的较量，可以说既依靠国家的国防实力，也依靠国家的国防潜力。在某一时期、某一方面，可以选择使用某一种手段，并与其他手段相配合，但绝不能固守一种方式，只有这样才能捍卫好国家利益。

（五）国防建设的系统协调性

现代国防建设是一个以科技为龙头、以经济为骨干，通过总体性的战略运筹，谋求综合国防效益的有机系统。现代国防斗争更重视质量优势而不是数量优势，更重视整个系统而不是某些单元的作用。世界各国普遍着眼于从宏观上合理调整军队、准军事组织和后备役部队的比重，军内各军种、兵种的比重，并在发展武器装备、改进编制体制、强化军事训练、完善战场建设等方面协调行动，以便更好地发挥系统的整体效能。整个国家要做到平战结合、寓军于民，在确保国家经济实力不断增长的基础上，加强军事力量，做到综合国力结构合理、协调发展。

第二节 国防法规

国防法规是指国家为了加强防务，尤其是加强武装力量建设，用法律形式确定并以国家强制手段保证其实施的行为规范的总称。国防法规的主要任务是调整国防和武装力量建设领域各种社会关系，是国家法律体系的重要组成部分，是加强国防和武装力量建设的基本依据。在依法治国的时代背景下，国防法规对保障国防和军队建设的顺利进行具有重大意义。

一、国防法规体系

国防法规体系是由一系列国防法律法规构成的有机联系的统一整体。根据立法机关、效力等级和调整对象的领域范围不同，国防法规可以划分为不同的层次和不同的门类。

（一）国防法规体系的层次

我国国防法规按立法权限区分为法律、法规、规章、地方性法规四个层次（表1-1）。

表1-1 国防法规体系的层次

名称	立法机关	举例
法律	全国人民代表大会 全国人民代表大会常务委员会	国防法律
法规	国务院 中央军委	军事行政法规 军事法规
规章	国务院有关部委、军委各总部、各军兵种	军事行政规章 军事规章
地方性法规	省、自治区、直辖市人民代表大会	补充规定、实施细则、实施办法等

(二) 国防法规的门类

根据调整对象的领域范围不同,我国的国防法规划分为 16 个门类,分别为:①国防基本法类;②国防组织法类;③兵役法类;④军事管理法类;⑤军事刑法类;⑥军事诉讼法类;⑦国防经济法类;⑧国防科技工业法类;⑨国防动员法类;⑩国防教育法类;⑪军人权益保护法类;⑫军事设施保护法类;⑬特别行政区驻军法类;⑭紧急状态法类;⑮战争法类;⑯对外军事关系法类。

(三) 主要国防法律介绍

1.《中华人民共和国国防法》

《中华人民共和国国防法》(以下简称《国防法》)于 1997 年 3 月 14 日由中华人民共和国第八届全国人民代表大会第五次会议审议通过并实施,2020 年 12 月 26 日中华人民共和国第十三届全国人民代表大会常务委员会第二十四次会议对其进行了修订。《国防法》是一部综合性的调整和规范中国国防与武装力量建设的基本部门法。该法共 12 章 73 条,包括总则,国家机构的国防职权,武装力量,边防、海防、空防和其他重大安全领域防卫,国防科研生产和军事采购,国防经费和国防资产,国防教育,国防动员和战争状态,公民、组织的国防义务和权利,军人的义务和权益,对外军事关系,附则,等等。《国防法》为加强国防和军队建设提供了重要的法律保障,对推进军队法治化建设和加快国防现代化建设的步伐具有重要的现实意义和深远的历史意义。

2.《中华人民共和国兵役法》

《中华人民共和国兵役法》(以下简称《兵役法》)于 1984 年 5 月 31 日第六届全国人民代表大会第二次会议通过;2011 年 10 月 29 日,第十一届全国人民代表大会常务委员会第二十三次会议对其进行了第三次修订;2021 年 8 月 20 日,第十三届全国人民代表大会常务委员会第三十次会议通过了新修订的《兵役法》。新修订的《兵役法》共 11 章 65 条,分为总则、兵役登记、平时征集、士兵的现役和预备役、军官的现役和预备役、军队院校从青年学生中招收的学员、战时兵员动员、服役待遇和抚恤优待、退役军人的安置、法律责任、附则等。《兵役法》的核心是确定国家的兵役制度和服兵役的形式。它是规定公民参加军事组织或在军事组织之外承担军事任务、接受训练的法律,是规范中华人民共和国公民履行兵役义务的基本法律依据。

3.《中华人民共和国国防教育法》

国防教育是国防建设的重要组成部分,是增强每一个公民的国防观念、奠定全民国防意识的社会系统工程。《中华人民共和国国防教育法》(以下简称《国防教育法》)于 2001 年 4 月 28 日由第九届全国人民代表大会常务委员会第二十一次会议通过并实施;2018 年 4 月 27 日第十三届全国人民代表大会常务委员会第二次会议对其做出修改。该法共 6 章 38 条,主要内容有国防教育的方针原则、学校国防教育、社会国防教育、国防教育的保障和法律责任等。《国防教育法》明确了"国防教育是建设和巩固国防的基础,是增强民族凝聚力、提高全民素质的重要途径";明确了"国防教育贯彻全民参与、长期坚持、讲求实效的方针,实行经常教育与集中教育相结合、普及教育与重点教育相结合、理论教育与行为教育相结合的原则";要求"针对不同对象确定相应的教育内容分类组织实施";明确了国防教育的领导体制和各级国防教育工作机构的职责;明确了对学校国防教育、社会国防教育、国防教育的保障以及法律责任。2001 年 8 月 31 日,第九届全国人民代表大会常务委员会第二十三次会议通过了《全国人民代表大会常务委员会关于设立全民国防教育日的决定》,确定每年 9 月的第三个星期六为全民国防教育日。

4.《中华人民共和国国防动员法》

《中华人民共和国国防动员法》(以下简称《国防动员法》)于 2010 年 2 月 26 日由第十一届全国人民代表大会常务委员会第十三次会议通过,自 2010 年 7 月 1 日起施行。《国防动员法》共 14 章 72 条,主要内容有:组织领导机构及其职权,国防动员计划、实施预案与潜力统计调查,与国防密切相关的建设项目和重要产品,预备役人员的储备与征召,战略物资储备与调用,军品科研、生产与维修保障,战争灾害的预防与救助,国防勤务,民用资源征用与补偿,宣传教育,国防动员特别措施和相关法律责任,等等。《国防动员法》为加强国防建设,完善国防动员制度,保障国防动员工作的顺利进行,维护国家的主权、统一、领土完整和安全提供了法律依据。

二、公民的国防义务和权利

公民的国防义务是指宪法和法律规定的公民在国防活动中应当履行的责任。公民的国防权利是指宪法和法律赋予公民在国防活动中享有的权利或利益。每一个公民都必须承担国防义务,也享有相应的国防权利。

（一）公民的国防义务

1. 服兵役的义务

《中华人民共和国宪法》第五十五条规定："保卫祖国、抵抗侵略是中华人民共和国每一个公民的神圣职责。依照法律服兵役和参加民兵组织是中华人民共和国公民的光荣义务。"《国防法》第五十三条规定："依照法律服兵役和参加民兵组织是中华人民共和国公民的光荣义务。"《兵役法》第五条规定："中华人民共和国公民，不分民族、种族、职业、家庭出身、宗教信仰和教育程度，都有义务依照本法的规定服兵役。"公民履行兵役义务主要有三种形式：服现役、服预备役和参加学生军事训练。

（1）服现役。服现役指公民在军队中所服的兵役，包括参加中国人民解放军和人民武装警察部队。

（2）服预备役。服预备役指公民在军队之外所服的兵役，服预备役的年龄是18岁到35岁，预备役分为军官预备役和士兵预备役。

（3）参加学生军事训练。普通高等学校学生军事训练依据教育部和中央军委国防动员部联合制定的《普通高等学校军事课教学大纲》组织实施。军事课是普通高等学校学生的必修课程，纳入普通高等学校人才培养体系，列入学校人才培养方案和教学计划。实行学分制管理，课程考核成绩记入学籍档案。军事课由军事理论、军事技能两部分组成。军事理论教学时数36学时，记2学分；军事技能训练时间2～3周，实际训练时间不得少于14天112学时，记2学分。军事课成绩不及格者必须进行补考，补考合格后取得相应学分。

2. 接受国防教育的义务

国防教育是建设和巩固国防的基础，是增强民族凝聚力、提高全民素质的重要途径。国家通过立法把国防教育作为公民的法律义务规定下来。《国防法》第五十五条规定："公民应当接受国防教育。"《国防教育法》对国防教育的地位、目的、方针、原则，国防教育领导、保障，学校的国防教育、社会的国防教育和法律责任等做出了具体规定。国防教育的内容主要包括国防理论教育、国防精神教育、国防知识教育、国防科技教育、战备形势教育、国防任务教育、敌情等特定教育。

3. 保护国防设施的义务

国防设施是指国家直接用于国防目的的建筑、场地和设备，包括军事、人民防空、国防交通设施和其他用于国防目的的设施。国防设施是国防建设的成果、国防活动的依托，也是抵抗侵略、保护祖国的物质条件，在巩固国防、维护国家安全方面发挥着重要作用，所以，国家采取一切措施保护国防设施。根据国防设施的性质、作用、安全保密和使用效能的要求，将国防设施的保护分为三类：一是划定军事禁区予以保护；二是划定军事管理区予以保护；三是没有划入军事禁区、军事管理区的军事设施，如通信线路、铁路和公路线、导航和助航标志等，采取有效措施予以保护。任何人非依法不得进入军事禁区，不得对军事禁区进行摄影、摄像、录音、勘察、测量、描绘和记述。任何人不得从事危害国防设施安全和使用效能的活动，不得进行影响人民防空工程使用或者降低人民防空工程效能的行为，不得实施影响国防交通工程设施正常使用和危及国防交通工程设施安全的行为。

4. 保守国防秘密的义务

国防秘密是指关系国家安全利益，依据法律规定，在一定时间内只限一定范围人员知悉的军事或与军事有关的政治、经济、外交、科技、教育等方面的事项。国防秘密的表现形式主要是秘密信息和秘密载体。国防秘密载体包括密件和密品。密件是载有国防秘密信息的书面材料、胶片、音像带、磁盘、光盘等。密品是属于国防秘密的设备或产品。保守国防秘密事关国家的安危，公民应严格遵守保密法律法规，当发现国防方面的国家秘密可能泄露或者已经泄露时，应立即采取补救措施并及时报告。

5. 支持国防建设、协助军事活动的义务

我们的国防是全民国防，因此，公民应当积极参与和支持国防建设。支持国防建设的形式多种多样，公民所实施的一切有利于国防建设的行为都是对国防建设的支持。根据《国防法》的规定，公民协助国防活动方面的义务主要有三项：一是支持国防建设，包括参与国防宣传、履行兵役义务、协助做好军人及其家属的优抚工作、促进军民团结等；二是为武装力量的军事训练、战备勤务、防卫作战等活动提供便利条件或者其他协助；三是履行支援前线参加作战的义务，主要包括战时踊跃参军、配合部队作战、担负战时勤务、保卫重要目标等。

（二）公民的国防权利

《国防法》第五十七条规定："公民和组织有对国防建设提出建议的权利，有对危害国防利益的行为进行制止或者检举的权利。"第五十八条规定："公民和组织因国防建设和军事活动在经济上受到直接损失的，可以依照国家有关规定获得补偿。"根据法律规定，公民享有的国防权利主要有三种。

1. 提出建议权

公民有权依法对国防建设的指导思想、方针、原则、规章制度的制订、内容和实施方法等提出建议。国防建议权的行使可采取多种形式，如通过人民代表向全国人民代表大会提出议案、撰写学术文章、咨询报告，给政府或军队有关部门写信、打电话，通过报纸、电视、广播、网络等媒体发表自己对国防建设的意见和建议等。

2. 制止权和检举权

公民有权依法采取一定的方式方法制止危害国防的行为，从而维护国防利益。根据行使制止权时间的不同，可分为事前制止和事中制止；根据行使制止权方式的不同，可分为暴力制止和非暴力制止。

公民有权依法检举揭发危害国防利益的行为。行使检举权，可采取司法告发或行政告发的形式。受理检举的机关应该对公民反映的情况认真调查，妥善处理。

3. 取得补偿权

国家进行国防建设、武装力量开展军事活动，在某些情况下可能对公民的合法权益产生一定影响，如修建国防设施需要征地和迁移居民、武装力量在军事演习或作战行动中需要依法征用公民的交通工具和其他物资等。由此造成的经济损失，公民可以按国家有关规定取得补偿。在战时和其他紧急状态下，有些补偿措施是在事后落实的，不应把预先得到补偿作为接受征用的条件。补偿不同于赔偿，赔偿是由违法侵权行为引起的，对实际造成的直接经济损失和间接经济损失要全部偿付，具有制裁性；补偿是由国家机关及其工作人员的合法行为引起的，是国家对公民因国防活动受到损失所采取的补救措施，仅限于直接经济损失，不包括间接经济损失和精神损失，不具有制裁性，必须实事求是地进行申请与核实。

（三）公民国防义务与国防权利的关系

国防义务与国防权利是对立统一的关系，二者之间的对立体现为性质和含义不同。义务是被动的，权利是主动的；义务必须履行，权利可以放弃。二者之间的统一体现为：同时产生、密切联系、互为条件、相辅相成。具体而言，这种统一性主要表现在三个方面。①对等性。从义务和权利之间的关系来考察，公民承担的国防义务和享有的国防权利相对应而存在，在总量上是相等的。②平等性。从人与人之间的关系来考察，公民在享受权利和承担义务方面是平等的。依照宪法和国防法律，公民平等地履行国防义务，也平等地享受国防权利，没有只履行义务而不享受权利的公民，也没有只享受权利而不履行义务的公民。③统一性。有些国防义务和国防权利是统一的，如《国防教育法》第五条规定："中华人民共和国公民都有接受国防教育的权利和义务。"根据该规定,接受国防教育既是公民的权利,也是其义务。

我们学习国防法规,应树立正确的国防权利义务观,增强国防义务观念,自觉为国防事业贡献自己的一份力量。

第三节 国防建设

国防建设是国家为提高国防能力而进行的各方面的建设,是国家建设的重要组成部分。

一、国防体制

国防体制是国家防务的组织形式、机构设置、领导隶属关系和管理权限划分等方面制度的总称,是国家体制的重要组成部分。国防体制主要包括国防领导体制、国防动员体制、国防科技工业体制等。

(一)国防领导体制

国防领导体制是国家领导国防活动的组织体系及相应制度,包括国防领导机构的设置、职能划分、相互关系等。根据《宪法》和《国防法》,中华人民共和国的国防领导职权由中共中央、全国人民代表大会及其常务委员会、国家主席、国务院、中央军事委员会、国家安全委员会行使。

1. **中共中央的国防领导职权**

中国共产党是领导中国特色社会主义事业的核心力量。根据《国防法》的规定,中国的武装力量受中国共产党领导。党的中央军事委员会和国家的中央军事委员会的组成人员和对军队的领导职能完全一致。中央军事委员会实行主席负责制,中央军事委员会主席即为全国武装力量的统帅。

2. **全国人民代表大会及其常务委员会的国防职权**

(1)全国人民代表大会的国防职权。包括:制定有关国防建设和国家武装力量的基本法律;选举中华人民共和国中央军事委员会主席(简称"中央军委主席"),根据中央军委主席的提名,决定中央军委其他组成人员的人选;决定战争与和平的问题;行使《宪法》规定的国防方面的其他职权。

(2)全国人民代表大会常务委员会的国防职权。包括:制定有关国防建设和国家武装力量的法律;在全国人民代表大会闭会期间,根据中央军委主席的提名，决定中央军委其他组成人员；任免军事法院院长和军事检察院检察长；决定战争状态的宣布，决定全国总动员或者局部动员；行使《宪法》规定的国防方面的其他职权。

3. 国家主席在国防方面的职权

中华人民共和国国家主席在国防方面的职权主要有：根据全国人民代表大会的决定和全国人民代表大会常务委员会的决定，宣布战争状态；根据全国人民代表大会的决定和全国人民代表大会常务委员会的决定，发布动员令；公布全国人民代表大会及其常务委员会制定的有关国防方面的法律；根据全国人民代表大会常务委员会的决定，授予在国防方面国家的勋章和荣誉称号；根据全国人民代表大会常务委员会的决定，批准和废除与外国缔结的有关国防方面的条约和重要协定。

4. 国务院在国防方面的职权

中华人民共和国国务院是最高国家权力机关的执行机关，是最高国家行政机关，它在国防方面的职权包括：编制国防建设发展规划和计划；制定国防建设方面的方针、政策和行政法规；领导和管理国防科研生产；管理国防经费和国防资产；领导和管理国民经济动员工作和人民武装动员、人民防空动员、交通战备动员等方面的工作；领导和管理拥军优属工作和退出现役军人的安置工作；领导国防教育工作；与中央军事委员会共同领导中国人民武装警察部队、民兵的建设和征兵、预备役工作，以及边防、海防和空防的管理工作；法律规定的与国防建设事业有关的其他职权。

5. 中央军事委员会在国防方面的职权

中央军事委员会简称"中央军委"或"军委"，为中华人民共和国的最高军事决策和指挥机关，领导和统一指挥全国武装力量，决定军事战略和武装力量的作战方针，领导和管理人民解放军的建设，向全国人民代表大会及其常务委员会提出议案，制定军事法规，发布决定和命令，决定人民解放军的体制和编制，任免、培训、考核和奖惩武装力量成员，批准武器装备体制和发展规划、计划，并行使法律规定的其他职权。

中央军委设有15个职能部门。其中，军委联合参谋部、军委政治工作部、军委后勤保障部、军委装备发展部、军委训练管理部、军委国防动员部分别是负责全军军事（作战）、政治、后勤、装备、训练和动员工作的业务机关。在中央军委的领导下，还设有负责军队建设管理的陆军、海军、空军、火箭军和战略支援部队等军种机关，负责作战指挥的东部战区、南部战区、西部战区、北部战区、中部战区指挥机关，形成了军委管总、战区主战、军种主建的部队新格局。

6. 国家安全委员会在国防方面的职能

国家安全委员会，全称是"中国共产党中央国家安全委员会"，是中国共产党中央委员会下属机构。国家安全委员会在国防方面的职能主要是：统筹协调涉及国家安全的重大事项和重要工作，既有对内职能，也有对外职能，具有统筹国内和国际两个大局、整合对内对外事务、内外兼顾的特点。

（二）国防动员体制

国防动员体制，又称"战争动员体制"，是指国家为实施战争动员的领导和管理的机构设置、职能划分及互相关系的制度。目的是保障在必要时使全国或部分地区由平时状态转入战时状态，国家制度由平时体制转入战时体制，把战争潜力转化为战争实力，集中统一调动人力、物力、财力为战争服务。

国防动员体制包括中央和地方的各级动员机构、政府系统和军队系统的动员机构、社会团体组织和民间自发的动员机构等。国防动员制度包括武装力量动员、国民经济动员、人民防空动员、民防动员、政治动员、科学技术动员、战略物资储备动员、动员的法制建设等方面的制度。国防动员体制的职能主要是：集中领导、统一指挥、统筹规划、全面部署、协调管理、调节平衡、组织实施、监督落实。

（三）国防科技工业体制

中华人民共和国成立以来，我国在发展实践中建立了完善的国防科技工业体制，初步形成了军民融合、寓军于民、良性互动、协调发展的融合式发展格局，国防工业逐渐融入国民经济和社会发展，取得了比较显著的国防和经济效益。国家对国防科研生产实行统一领导和计划调控，国务院负责领导和管理国防科研生产，管理国防经费和国防资产；中央军事委员会批准武装力量的武器装备体制和武器装备发展规划、计划，协同国务院领导和管理国防科研生产、国防经费和国防资产。国家对国防经费实行财政拨款制度，根据国防建设和经济建设需要，确定国防资产的规模、结构和布局，调整和处理国防资产。国家国防科技工业局主要负责组织管理国防科技工业计划、政策、标准，以及法规制定和执行情况监督。

二、我国的国防战略

国防战略是对国防建设和运用综合国力维护国家安全，实现国防目标的总体构想，其制定取决于国家战略和国家政策，最终体现国家利益。国防战略的优劣直接关系国防建设的发展，乃至战争胜负、国家存亡、民族兴衰。在国防战略上，我国始终奉行"积极防御"的战略指导思想，这是中国共产党军事战略思想的基本点，也是在长期革命战争实践中，人民军队形成的一整套战略思想，即坚持防御、自卫、后发制人的原则，坚持"人不犯我，我不犯人，人若犯我，我必犯人"的原则，强调遏制战争与打赢战争相统一，强调战略上防御与战役战斗上进攻相统一。

新中国成立后，"积极防御"上升为国家军事战略。1953年12月，全国军事系统党的高级干部会议制定了"积极防御"的军事战略方针。1956年3月，彭德怀在代表中共中央、中央军委作的《关于保卫祖国的战略方针和国防建设问题》报告中，把"积极防御"正式确立为新中国的国家军事战略。邓小平根据新的现实环境下军事斗争的实际需要，发展了"积极防御"战略方针的精神。在中国革命战争和中华人民共和国成立后巩固国防的长期斗争实践中，"积极防御"的战略方针始终贯穿着"自卫战争，后发制人；对待强敌，持久作战；依靠人民战争，以劣势装备战胜优势装备之敌；立足于复杂困难情况下作战"等重要思想。

当今世界正面临百年未有之大变局，当代中国正处于发展的关键阶段。中国人民正处于为实现中华民族伟大复兴的中国梦的奋斗中，希望同世界各国一道共护和平、共谋发展、共享繁荣。中国同世界的命运紧密相连、息息相关，世界繁荣稳定是中国的机遇，中国和平发展也是世界的机遇。中国将始终不渝走和平发展的道路，奉行独立自主的和平外交政策和防御型国防政策，反对各种形式的霸权主义和强权政治，永远不称霸，永远不搞扩张。中国军队始终是维护世界和平的坚定力量。

建设巩固国防和强大军队是中国现代化建设的战略任务，是国家和平发展的安全保障。军事战略是筹划和指导军事力量建设和运用的总方略，服从服务于国家战略目标。中国军队紧紧围绕实现中国共产党在新形势下的强军目标，贯彻新形势下积极防御军事战略方针，推进国防和军队现代化，维护国家主权、安全、发展利益，为实现"两个一百年"奋斗目标和中华民族伟大复兴的中国梦提供坚强保障。

三、我国的国防政策

（一）国防政策的含义

国防政策是国家在一定时期内制定的进行国防建设、军事斗争和使用武装力量，以及进行与国防建设有关的活动的准则，是国家政策的重要组成部分。国防政策是国家进行国防建设和使用国防力量的准则，是国防建设和国家安全的保证。我国的社会主义国家性质、走和平发展道路的战略抉择、独立自主的和平外交政策，"和为贵"的中华文化传统，决定了我国始终奉行防御性国防政策。我国反对各种形式的霸权主义和强权政治，不干涉他国内政，坚持永不争霸、永不扩张、永不谋求势力范围；倡导互信、互利、平等、协作的新安全观，寻求实现综合安全、共同安全以及合作安全。

（二）我国国防政策的基本内容

1. 坚持中国共产党的领导

坚持中国共产党对国防和全国武装力量的领导，是我国国防建设和国防斗争的成功经验。中国共产党是中华人民共和国和人民军队的缔造者，具有无比优越的政治先进性，坚持以人民为中心的执政理念，能够团结和带领广大群众积极投身于社会主义事业，统筹协调国防建设和经济建设两个大局，实现富国与强军和中华民族伟大复兴的宏伟目标。坚持中国共产党的领导，是中国革命和社会主义建设事业的坚强保证，是中国国防政策的特色和亮点，是新时代坚持和发展中国特色社会主义基本方略的重要内容。

2. 维护国家安全统一，保障国家发展利益

防备和抵抗侵略，确保国家领海、领空和领土不受侵犯。反对和遏制"台独"分裂势力及其活动，防范和打击一切形式的恐怖主义、分裂主义和极端主义。

3. 实现国防和军队建设全面协调可持续发展

坚持国防建设与经济建设协调发展的方针，把国防和军队现代化建设融入经济社会发展体系，使国防和军队现代化进程与国家现代化进程相一致。

4. 加强以信息化为主要标志的军队质量建设

坚持以机械化为基础，以信息化为主导，推进信息化、机械化复合发展，实现军队火力、突击力、机动能力、防护能力和信息能力整体提高。

5. 贯彻落实新时代军事战略方针

贯彻落实新时代军事战略方针是新时代中国国防的战略指导。新时代军事战略方针是：坚持防御、自卫、后发制人原则，实行积极防御，坚持"人不犯我，我不犯人，人若犯我，我必犯人"原则，强调遏制战争与打赢

战争相统一，强调战略上防御与战役战斗上进攻相统一。贯彻落实新时代军事战略方针，服从服务党和国家战略全局，落实总体国家安全观，强化忧患意识、危机意识、打仗意识，积极适应战略竞争新格局、国家安全新需求、现代战争新形态，有效履行新时代军队使命任务。根据国家面临的安全威胁，扎实做好军事斗争准备，全面提高新时代备战打仗能力，构建立足防御、多域统筹、均衡稳定的新时代军事战略布局。坚持全民国防，创新人民战争的战略战术和内容方法，充分发挥人民战争的整体威力。

6. 坚持自卫防御的核战略

我国始终奉行在任何时候和任何情况下都不首先使用核武器、无条件不对无核武器国家和无核武器区使用或威胁使用核武器的核政策，主张最终全面禁止和彻底销毁核武器，不会与任何国家进行核军备竞赛，始终把自身核力量维持在国家安全需要的最低水平。中国坚持自卫防御核战略，目的是遏制他国对中国使用或威胁使用核武器，确保国家战略安全。

7. 营造有利于国家和平发展的安全环境

按照和平共处五项原则开展对外军事交往，发展不结盟、不对抗、不针对第三方的军事合作关系。参与国际安全合作，加强与主要大国和周边国家的战略协作和磋商，开展双边或多边联合军事演习，推动建立公平、有效的集体安全机制和军事互信机制，共同防止冲突和战争。

四、我国国防现代化建设成就

中华人民共和国成立后，经过 70 余年的艰苦努力，我国国防建设取得了举世瞩目的成就，主要体现在以下五个方面。

（一）建立和完善了有中国特色的武装力量领导体制

我国的武装力量领导体制是在长期的革命战争中形成和发展起来的，并随着社会主义建设的不断深入而日渐完善。

1949 年 10 月，中华人民共和国根据《中国人民政治协商会议共同纲领》和《中华人民共和国中央人民政府组织法》的规定，设立了中央人民政府人民革命军事委员会，作为国家最高军事领导机关，统一领导、管理和指挥中国人民解放军及其他武装力量，制定军事战略方针。

1954 年 9 月，第一届全国人民代表大会第一次会议通过的《中华人民共和国宪法》规定，中华人民共和国主席统率全国武装力量，并决定设立国防委员会和国防部，由国家主席担任国防委员会主席，同时取消中央人民政府人民革命军事委员会。同月召开的中共中央政治局会议决定，在中央政治局和书记处之下成立中共中央军事委员会，领导中国人民解放军和其他武装力量。

1982年12月，由第五届全国人民代表大会颁布的现行宪法规定，设立中华人民共和国中央军事委员会，领导全国武装力量。与此同时，中共中央军事委员会继续存在，其职能和国家中央军事委员会完全相同。这表明中央军委同时有两个名义，一个是中共中央军委，一个是国家中央军委，从而确立了党和国家高度集中统一行使领导职权的国防领导体制。这种体制既贯彻了党对军队绝对领导的根本原则，又适应了我军已成为国家主要组成部分的实际，进一步完善了国家武装力量的领导体制，体现了党领导军队与国家领导军队的一致性，体现了中国共产党作为唯一的执政党在国家政治生活中的领导地位和作用。

（二）中国人民解放军的现代化、正规化和革命化建设取得突破性进展

中华人民共和国成立之初，中国人民解放军基本上是一支单一的以步兵为主的陆军，炮兵、装甲兵等技术兵种所占比例非常小，海军、空军也仅具雏形。经过70多年的艰苦努力，中国人民解放军实现了由单一陆军向诸军兵种合成军队的跃进，不仅研制和装备了种类比较齐全的常规武器，而且拥有了具有一定威慑力的核武器和投送工具等尖端武器装备。

改革开放以来，尤其是党的十八大以来，在改革调整体制、编制方面，中国人民解放军打破了长期实行的总部体制、大军区体制，形成了军委管总、战区主战、军种主建的新格局；改变了长期以来陆战型、国土防御型的力量结构和兵力布势，实现中国人民解放军组织架构和力量体系的整体性、革命性重塑。在教育训练方面，中国人民解放军狠抓实战化训练，加快发展新型作战力量，建设一切为了打仗的后勤，发展高新技术武器装备，构建新型人才培养体系和新型军事科研体系，加强国防动员、边海空防、军队外事等工作，推动军民融合深入发展。

（三）形成了门类齐全、综合配套的国防科技工业体系

国防科技是衡量一个国家综合国力的重要标志之一，也是国防现代化建设的一个重要方面。中华人民共和国成立以来，在党中央、国务院、中央军委的关怀和领导下，经过70多年的建设和发展，我国的国防科技工业从无到有、从小到大、从落后到先进，建立起包括电子、船舶、兵器、航

空、航天和核能等门类齐全、综合配套的科研实验生产体系，取得了一大批具有国内或国际先进水平的科研成果，为我军现代化建设和实现强军目标做出了重要贡献。

★知识链接：我国航天技术发展

我国从20世纪50年代开始研制对地观测、通信、气象等不同类型、不同用途的卫星和长征系列运载火箭，开发卫星应用系统，开展载人航天研究，目前已取得令人瞩目的成就。1970年4月24日，我国成功发射了"东方红一号"人造地球卫星。1984年4月8日，我国成功发射第一颗地球同步轨道通信卫星。2003年10月15日，我国首次发射"神舟五号"载人飞船，将杨利伟送上太空，中国因此也成为继苏联（其技术现由俄罗斯继承）和美国之后，第三个有能力独自将人类送上太空的国家。2011年9月29日，我国成功发射"天宫一号"空间实验室，并于11月3日凌晨与"神舟八号"飞船对接成功。2016年9月15日，中国"天宫二号"空间实验室发射成功，并先后与"神舟十一号"载人飞船和"天舟一号"货运飞船完成共四次交会对接，为空间站研制建设与运营管理积累了丰富经验。2019年1月3日，"嫦娥四号"首次成功实现了人类在月球背面的软着陆，随即着陆器和巡视器分离，开始就位探测和巡视探测，开启了人类月球探测新篇章。此外，我国自行研制的北斗卫星导航系统（BDS）是继美国GPS系统和俄罗斯GLONASS系统之后，世界上第三个成熟的全球卫星定位与通信系统。截至2023年5月，我国已成功发射56颗北斗导航卫星，可初步在全球范围内全天候、全天时为各类用户提供高精度、高可靠的定位、导航、授时服务。

（四）国防后备力量建设取得长足发展

我们党和国家历来十分重视国防后备力量建设。1985年，党中央、国务院、中央军委明确提出"精干的常备军和强大的后备力量相结合，是建设现代化国防的必由之路"这一基本指导方针。

经过几代人的努力，我国国防后备力量建设形成了一整套制度和优良作风，各项工作均取得了明显的成绩：①实现了指导思想的战略性转变，走上了相对和平时期稳步发展的轨道；②确立并实行民兵与预备役相结合的制度，初步形成了具有中国特色的国防后备力量体系，并重点抓基干民兵队伍建设和预备役队伍建设，加强训练、改进装备，我国后备兵员素质有了明显提高；③注重宏观指导，合理布局，边海防、大中城市和重点地区的民兵工作得到了加强；④民兵、预备役部队在参战支前、保卫边疆、发展生产、扶贫帮困、抢险救灾、维护社会治安等方面发挥着重要作用，为国家的改革、发展、稳定做出了巨大的贡献；⑤健全了国防动员机构，以1994年国家国防动员委员会成立为标志，我国国防动员实现由分散管理向统一领导转变，初步构建起具有中国特色的国防动员领导体制机制，保证一旦发生战争，国家能很快由平时状态转入战时状态，调动足够的人力、财力、物力应对战争；⑥加强了国防教育，学生军训工作全面展开，发展形势良好。

（五）国防法规建设取得显著成效

国防法规是国家法律体系的重要组成部分，是加强国防和武装力量建设的基本法律依据，是调整国防领域中各种关系、坚持依法治军、全面提高部队战斗力的重要保证，也是做好战争准备、赢得战争胜利的根本保障。

70多年来，我国的国防法规建设在党和政府的高度重视下，取得了显著成效，其范围十分广泛，内容十分丰富。从已经颁发的国防法规来看，主要分为四个层次。一是由全国人民代表大会及其常务委员会颁发的国防和军队建设的法律以及有关法律问题的决定，如《国防法》《兵役法》《国防教育法》等；二是由国务院、中央军委制定的军事行政法规，如《国防交通条例》《征兵工作条例》《中国人民解放军司令部条例》《中国人民解放军政治工作条例》等；三是由各部委、各军兵种、各战区制定的军事规章，如海军颁发的《中国人民解放军海军舰艇条令》、空军颁发的《通用航空飞行管制条例》等；四是各省、自治区、直辖市制定的地方性法规，如《广东省国防教育条例》《广东省征兵工作规定》《广东省国防教育条例》等。

五、军民融合发展

军民融合是指把国防建设深深融入经济社会发展体系，全面推进经济、科技、教育、人才等各个领域的军民融合。党的十八大报告指出，"坚持走中国特色军民融合式发展道路，坚持富国和强军相统一，加强军民融合式发展战略规划、体制机制建设、法规建设"。党的十八届三中全会进一步将"推动军民融合深度发展"作为全党的一项重要任务。我国的军民融合发展是我党领导中国革命长期实践的科学总结，是中国特色富国强军之路的必然选择。

（一）军民融合发展的战略定位

习近平总书记多次强调，把军民融合发展上升为国家战略，这是我们党长期探索经济建设和国防建设协调发展规律的重大成果，是从国家发展和安全全局出发作出的重大决策，是应对复杂安全威胁、赢得国家战略优势的重大举措。[①] 新时代推进军民融合深度发展，必须深刻领悟这一战略定位，统一思想认识，校准行动航标，强化战略引领。

1. 军民融合是实践探索创新的重大成果

如何处理经济与国防的关系，这是一个事关国之兴衰、民之福祉的战略问题。党的十八大以来，习近平总书记站在国家安全和发展战略全局的高度，把经济建设和国防建设统一放在中国特色社会主义建设的总体布局中进行通盘考虑，把实现富国和强军的统一与实现中华民族伟大复兴联系起来，把军民融合上升为国家战略，将其纳入新时代中国特色社会主义的基本方略，形成了新时代中国特色军民融合深度发展的战略思想。这一重要战略思想，是我们党在新的国内外形势下统筹国家发展和安全的最新理论成果，是我们党探索新时代经济建设和国防建设融合发展规律的又一次重大飞跃。

2. 军民融合是着眼战略全局的重大决策

富国才能强军，强军才能安邦。坚定实施军民融合发展战略，既是解放和发展生产力的强国之策，更是建设巩固国防和强大军队的强军之道，有利于促进经济发展方式转变和经济结构调整，有利于增强国家战争潜力和国防实力。习近平总书记将"更加注重军民融合"纳入新时代中国特色社会主义基本方略，将"坚定实施军民融合发展战略"作为全面建成小康社会的重大战略之一，将"形成军民融合深度发展格局"作为全面建成世界一流军队的重要途径，这是立足"两个一百年"奋斗目标作出的英明决策，是在国家总体战略中兼顾发展和安全的深远筹谋。

3. 军民融合是赢得战略优势的重大举措

军事领域的竞争，实质上是创新能力的竞争，也是最激烈、最具创新活力的竞争。环顾当今世界，新一轮科技革命、产业革命、军事革命加速推进，创新驱动成为许多国家谋求军事竞争优势的核心战略，军民融合成为实施创新驱动的重要支撑。我国进入由大向强发展的关键阶段，国防和

[①] 参见《习近平主持召开中央军民融合发展委员会第一次全体会议》，中国政府网，2017-06-20。

军队建设进入由机械化向信息化转型发展的加速期。习近平总书记把军民融合上升为国家战略，将富国与强军融为一体，统一于新时代中国特色社会主义的伟大事业，贯穿于全面建设社会主义现代化强国的伟大征程，实现于中华民族复兴的伟大实践。

（二）军民融合发展的战略目标

当前及今后一段时期军民融合发展目标，总的来说是加快形成全要素、多领域、高效益的军民融合深度发展格局。全要素是指融合的深度，就是要在国家层面整合军地资源，最大限度地促进信息、技术、人才、资本、设施、服务等要素军地双向流动、渗透兼容；多领域是指融合的范围，不仅包含基础设施领域、产业领域、科技领域、教育领域、军队保障领域、国防动员领域等传统领域，而且涵盖海洋、太空、网络空间等新兴领域；高效益是指融合的效果，要求注重军民共建、共用、共享，做到一份投入多份产出。这一目标定位，把融合的深度、范围和效果三个维度有机统一起来，为我们推进军民融合深度发展指明了方向。

（三）军民融合发展的战略举措

习近平总书记站在国家安全和发展全局的高度，把军民融合发展上升为国家战略，并高屋建瓴地提出了破解融合瓶颈、推动深度发展的"四个强化"。这"四个强化"是推动军民融合深度发展的四大抓手，也是擎起军民融合国家战略的四根支柱。

1. 强化大局意识

当前，军民融合发展全面深化，进入了攻坚期和深水区，简单的融合发展时代已经过去，正在进行的是深度融合。在这种情况下，需要站在党和国家事业全局的高度思考融合、看待融合，将其放到实现中华民族伟大复兴的历史进程中通盘考虑，放到"四个全面"（即全面建设社会主义现代化国家、全面深化改革、全面依法治国、全面从严治党）战略布局中整体规划，放到国际国内两个大局中一并统筹。军民融合深度发展的过程，不是资源的简单叠加，更不是机械捆绑，而是要实现资源的统筹配置；必须自觉在大局下行动，坚决防止局部利益阻碍融合、掣肘融合。

2. 强化改革创新

解决制约军民融合发展的体制性障碍、结构性矛盾、政策性问题，必须牢牢抓住顶层设计这个"牛鼻子"，大力推动军民融合国家体制改革创新。这就需要做到：在国家层面建立统一领导、军地协调、顺畅高效的组织管理体系，完善国家主导、需求牵引、市场运作相统一的工作运行体系，形成系统完备、衔接配套、有效激励的政策制度体系。

3. 强化战略规划

强化战略规划的核心是配置资源，加大经济建设和国防建设的统筹力度，推动军民融合迈入深度发展的新阶段。应加强国家和军队规划的统筹、协调和衔接，切实让规划主导资源配置，资源配置引导军民融合发展。这就需要做到：①提前谋划。规划的实质是设计未来，引领行动，必须有战略视野和前瞻眼光，做到提前布局。②相互协调。实现全国军民融合发展一盘棋，各省市优势互补、区域资源优化配置。③坚决执行。注重运用先进的理念、方法和手段，加强规划，实施督导检查，建立问责机制，强化规划的刚性约束和执行力，努力把实施军民融合发展战略的举措落实下去，推动军民融合向更高层次、更高水平发展。

4. 强化法治保障

作为国家战略，军民融合不能总由军地双方通过临时协调来推动、通过行政干预来实施，而应上升到法律层面，使军民融合不仅成为一种行动自觉，更是一种法律强制。这就需要做到：①推进综合性法律立法工作，确保军民融合国家战略转化为建设实践，确保军地双方依法、有序、稳步开展工作，确保军民融合式发展规范运行；②出台系列法律法规和制度标准；③培塑法治思维和法治方式，军地有关部门人员应努力提高自身法治素养，熟练掌握相关法律法规，充分发挥法律法规的规范、引导、保障作用，提高军民融合发展法治化水平，使依法办事、依法推动成为军民融合发展的新常态。

第四节　武装力量

武装力量是国家或政治集团的各种武装组织的总称。一般以军队为主体，由军队和其他正规的、非正规的武装组织构成，是国防力量的主体。中华人民共和国的武装力量在国家安全和发展战略全局中具有重要地位和重要作用，肩负着为巩固中国共产党领导和社会主义制度，为捍卫国家主权、统一、领土完整，为维护国家海外利益，为促进世界和平与发展，提供战略支撑的使命任务。根据《国防法》第二十二条规定，中华人民共和国的武装力量由中国人民解放军、中国人民武装警察部队、民兵组成。

一、中国人民解放军

中国人民解放军是由中国共产党缔造和领导的,用马克思列宁主义、毛泽东思想、邓小平理论、"三个代表"重要思想、科学发展观和习近平新时代中国特色社会主义思想武装起来的人民军队,是中华人民共和国最主要的武装力量,是人民民主专政的坚强柱石。中国人民解放军是在中国共产党的领导下,经过长期的革命战争和社会建设实践,逐步形成并发展起来的。

(一) 中国人民解放军发展沿革

1927年8月1日,南昌起义爆发,打响了武装反抗国民党反动派的第一枪,这是中国共产党独立领导武装斗争和创建人民军队的开始。8月1日因此成为中国人民解放军建军纪念日。

1927年秋至1928年春,中国共产党先后发动了南昌起义、秋收起义、黄麻起义、广州起义和湘南起义等。这些起义后保留下来的地区部队,当时叫"中国工农革命军",1928年5月以后陆续改称"中国工农红军",简称"红军"。

1937年7月7日抗日战争全面爆发后,根据国共合作共同抗日的精神,8月25日红军的主力部队改编为国民革命军第八路军,简称"八路军",1937年9月11日改称国民革命军第十八集团军。活动在江西、福建、广东、湖南、湖北、河南、浙江、安徽八省十四个地区的红军游击队集中起来,于1937年10月2日改编为"国民革命军陆军新编第四军",简称"新四军"。抗战时期坚持华南敌后抗日的广东人民抗日游击队,后北撤山东,隶属于中国人民解放军华东野战军。1929年9月,以海南岛农民起义队伍为基础组建的中国工农红军第一独立师(后称"第二独立师"),在土地革命战争、抗日战争和解放战争中经历了长期艰苦卓绝的斗争考验,于1947年10月改编为中国人民解放军琼崖纵队。

中国抗日战争胜利后,中国共产党领导下的关内各解放区部队大批进入东北地区,并于1945年10月31日和东北抗日联军等组成东北人民自治军。1946年1月14日,东北人民自治军改称东北民主联军。

1945年8月15日,八路军山东军区司令员兼政治委员罗荣桓等提出部队番号改称"人民解放军"。

1946年,解放战争爆发,解放区各部队由八路军、新四军、东北民主联军等陆续改称人民解放军,编成四大野战军和华北军区野战部队。各战略区部队进行整编,共编成27个野战纵队,一个纵队辖三个师(或旅),隶属于野战军或军区。经过3年多的解放战争,中国共产党领导人民推翻了国民党反动派的统治,实现了除台湾地区以外的中国领土的解放。

1948年11月1日,中共中央和中共中央军委发布《关于统一全军组织及部队番号的规定》,指出人民解放军分为野战部队、地方部队和游击部队三类。野战部队的野战军分为四个,以地名区分,即中国人民解放军西北野战军(第一野战军)、中原野战军(第二野战军)、华东野战军(第三野战军)、东北野战军(第四野战军);各步兵兵团、军、师、团,各骑兵师、团,各炮兵师、团等,一律冠以"中国人民解放军"的称谓。地方部队,第一级军区(即大军区)现有五个,以地名区分,即中国人民解放军西北军区、中原军区、华东军区、东北军区、华北军区;第二级军区三个,亦以地名区分,即中国人民解放军晋绥军区、豫皖苏军区、冀热辽军区。游击部队则依情况需要和可能由各地军事机关自行组织。随后,全军进行了统一整编。从此,"中国人民解放军"的称谓一直沿用至今。

中华人民共和国成立后,中国人民解放军承担保卫国家、参加社会主义革命和建设的任务,同时开展革命化、现代化、正规化建设,发展成由陆、海、空三军和导弹部队组成的诸军兵种合成的军队。为适应世界形势的发展,20世纪八九十年代大裁军解散了大部分守备部队,部分集团军建制的乙种师被划归武警部队建制。

2016年1月1日,中央军委印发的《关于深化国防和军队改革的意见》明确提出军委管总、战区主战、军种主建的原则。以原第二炮兵为主、其他军种分属的战略核打击力量合并组建成一支新的军种——中国人民解放军火箭军。新建中国人民解放军战略支援部队,主要承担电子对抗、网络攻防、卫星管理等电磁空间和网络空间的攻防任务。

中国人民解放军总参谋部改为中央军委联合参谋部,中国人民解放军总政治部改为中央军委政治工作部,中国人民解放军总后勤部改为中央军委后勤保障部,中国人民解放军总装备部改为中央军委装备发展部。四总部改革后突出隶属中央军委,这是总部制改为军委多部门制的结果。此外,中国人民解放军总参谋部改为中央军委联合参谋部,这也是联合作战指挥体制改革的体现。

2016年2月1日,沈阳、北京、兰州、济南、南京、广州、成都七个军区调整为东部、南部、西部、北部、中部五个战区,改变指挥体系,组建战区联合作战指挥机构,负责指挥战区陆军、海军、空军和火箭军实施联合作战和非战争军事行动,战时领导辖区内的武警部队,实现跨区兵种在战区内的垂直和多相的指挥和联合协同的作战,增加机动力和联合指挥作战的能力。

2016年9月13日,中央军委联勤保障部队成立。联勤保障部队是实施联勤保障和战略战役支援保障的主体力量,是中国特色现代军事力量体系的重要组成部分。

(二) 中国人民解放军军种及兵种概况

1. 陆军

陆军是中国共产党最早建立和领导的武装力量,敢打善战,战功卓著,为党和人民立下了不朽功勋。陆军对维护国家主权、安全、发展利益具有不可替代的作用。中国人民解放军诞生于1927年8月1日,建立之初仅由陆军组成,经历了中国工农革命军、中国工农红军、八路军和新四军等阶段,1946年10月改称为中国人民解放军。中国人民解放军经过10年土地革命战争、14年抗日战争、3年多的解放战争,战胜了国内外强大的敌人,为夺取中国革命的胜利做出了巨大的贡献。

2015年12月31日,中国人民解放军陆军领导机构成立。东部战区、南部战区、西部战区、北部战区、中部战区五大战区直接领导所属陆军部队。

解放军陆军由5个战区陆军、13个集团军构成。每个战区下设2~3个集团军,驻扎在国家的特定地区。集团军由诸兵种合成作战部队构成,另外还包括保障、支援部队。预备役部队由党中央、中央军委集中统一领导,用于协助保护边境安全,应对自然灾害,随时等候征召。

解放军陆军由步兵、装甲兵、炮兵、防空兵、陆军航空兵、工程兵、防化兵、通信兵及电子对抗兵、侦察兵、测绘兵等专业兵种组成。步兵徒步或乘装甲输送车、步兵战车实施机动和作战,由山地步兵、摩托化步兵、机械化步兵(装甲步兵)组成。装甲兵(坦克兵)以坦克及其他装甲车、保障车辆为基本装备,遂行地面突击任务。炮兵以各种压制火炮、反坦克火炮、反坦克导弹和战役战术导弹为基本装备,遂行地面火力突击任务。

经过90多年的建设,中国人民解放军陆军现已发展成一支具有强大火力、突击力和高度机动能力的诸兵种合成军种。

2. 海军

中国人民解放军海军是中华人民共和国的海上武装力量、中国人民解放军的海上军种。解放军海军是在人民解放军陆军的基础上组建起来的。1949年4月23日,中国人民解放军华东军区海军在江苏泰州白马庙宣告成立。从此,在中国人民解放军序列里出现了一个新的军种——人民海军。1989年2月17日,中共中央军委批准以1949年4月23日成立华东军区海军的日期为中国人民解放军海军的成立日。1950年4月14日,海军领导机关在北京成立,这是由中央军事委员会领导和指挥的海军部队最高领导机关。

近年来,以新型航空母舰、新型导弹驱逐舰、新型潜艇、新型战斗机为代表的新一代主战装备,以及与其相配套的新型导弹、鱼雷、舰炮、电子战装备等武器系统陆续交付人民海军使用。目前,中国人民解放军海军已经拥有大型区域防空舰、核动力潜艇、AIP(不依赖空气动力装置)潜艇等世界先进武器装备,中国人民解放军海军航空兵现已装备了歼击机、轰炸机、巡逻机、电子干扰机、水上飞机、运输机等勤务飞机。海防导弹形成系列,不仅有岸对舰导弹、舰对舰导弹,还有舰对空导弹、空对舰导弹、空对空导弹等。

★知识链接:山东舰

2019年12月17日,我国第一艘完全自主设计、自主建造、自主配套的国产航空母舰——山东舰在海南三亚某军港交付海军。山东舰突破了船体结构、动力核心设备这两项制约我国航母发展的重大技术瓶颈,并在发电机组、综合电力系统、节能减排装置等船舶动力产品设计建造关键技术方面取得重大进展。山东舰的建成和入列标志着我国正式掌握了现代航母建造技术,标志着我国海军正式迎来国产航母时代。

中国人民解放军海军主要由水面舰艇部队、潜艇部队、海军航空兵、海军岸防部队、海军陆战队等兵种和各专业勤务部队组成。其中,水面舰艇部队的主要任务是消灭敌舰船,破坏敌岸上目标,输送登陆兵员,以及海上巡逻、警戒、反潜、布雷、护航、救生等。潜艇部队的主要任务是消灭敌人的运输船和大中型战斗舰艇,摧毁敌基地、港口和岸上重要目标,进行侦察、反潜、布雷、巡逻和运送物资、人员等。海军航空兵的主要任务是消灭敌舰船,破坏敌基地,掩护、支援水面舰艇和潜艇部队的战斗行动,保障海军基地的安全,以及进行侦察、巡逻、反潜、布雷、通信、引导、救生等。海军岸防部队是以岸炮和岸舰导弹为基本装备,部署在沿海重要地段,遂行海岸防御作战任务的海军兵种,主要任务是突袭敌方舰船,保卫基地、港口和沿海重要地段,扼守海峡、水道,掩护近岸交通线和已方舰船，支援岸导和要塞守备部队作战等。海军陆战队的主要任务是独立或配合陆军部队实施登陆作战，夺取登陆点和登陆地段，保障后续梯队登陆，担负着保卫国家海上方向安全、领海主权和维护海洋权益的任务。

3. 空军

中国人民解放军空军于1949年11月11日正式成立，是以航空兵为主体的军种，是进行空中作战、对空作战和从空中对地面目标实施攻击的主要军事力量。中国人民解放军空军由航空兵、地空导弹兵、高射炮兵、空降兵、雷达兵、电子对抗兵、通信兵等兵种和其他专业勤务部队组成，担负着维护国家主权、保卫祖国领空安全的重大使命，还负有抢险救灾、参加国家社会主义建设的任务。

空军是战略性军种，其战略能力需要与不断拓展的国家利益和不断变化的安全形势相适应。空军在改革强军中深化体系重塑，领导指挥体制、规模结构和力量编成焕然一新；歼－20、运－20、歼－16、歼－10C、轰－6K、空警－500等作战机种，以及红旗－9地对空导弹等新型武器装备投入新时代练兵备战，加快推进了空天战略打击、战略预警、空天防御和战略投送等能力建设；不断拓展国际话语新空间，全力打造制胜空天的体系作战群和主导话语的舆论攻防群，实现硬实力和软实力协调发展。

★ 知识链接：运－20

运－20是我国研究制造的新一代军用大型运输机，于2013年1月26日首飞成功。该机作为大型多用途运输机，可在复杂气象条件下，执行各种物资和人员长距离航空运输的任务。与中国空军现役伊尔－76比较，运－20的发动机和电子设备有了很大改进，其载重量也有提高，短跑道起降性能优异。2016年7月6日，空军运－20飞机举行授装接装仪式，中国自主研制的运－20飞机正式列装空军航空兵部队，标志着空军战略投送能力迈出关键性一步。2018年5月8日，运－20大型运输机首次与空降兵部队联合开展空降空投训练，这是中国空军战略投送能力、远程空降作战能力建设的又一次跃升。2022年，运－20换装了国产发动机，换装"中国心"之后，运－20的战斗力将更加强大。

4. 火箭军

中国人民解放军火箭军的前身是第二炮兵（简称"二炮"），成立于1966年7月1日，由毛泽东主席批准，周恩来总理亲自命名，始终由中央军委直接指挥，是中国实施战略威慑的核心力量，主要担负遏制他国对中国使用核武器、遂行核反击和常规导弹精确打击任务。这支掌握着"大国利剑"的神秘部队从诞生伊始，便肩负着保障中华民族根本生存利益的重任。对于潜在的敌对势力而言，"二炮"是震慑敌人最有力的撒手锏。

2015 年 12 月 31 日，第二炮兵正式更名为中国人民解放军火箭军部队，由原来的战略性独立兵种上升为独立军种。从二炮到火箭军，反映了中国核力量的发展历程。成立火箭军是党中央和中央军委着眼于实现中国梦、强军梦作出的重大决策，是构建中国特色现代军事力量体系的战略举措。

中国人民解放军火箭军是中国战略威慑的核心力量，是中国大国地位的战略支撑，是维护国家安全的重要基石。火箭军要把握职能定位和使命任务，按照核常兼备、全域慑战的战略要求，增强可信可靠的核威慑和核反击能力，加强中远程精确打击力量建设，增强战略制衡能力，努力建设一支强大的现代化火箭军。

5. 战略支援部队

2015 年 12 月 31 日，中国人民解放军战略支援部队成立。自此，人民解放军形成了陆军、海军、空军、火箭军、战略支援部队五大军种。中国人民解放军战略支援部队是维护国家安全的新型作战力量，是我军新质作战能力的重要增长点，其主要是由战略性、基础性、支撑性都很强的各类保障力量进行功能整合后组建而成的。成立战略支援部队，有利于优化军事力量结构、提高综合保障能力。

战略支援部队坚持体系融合、军民融合，加强新型作战力量建设，全面打造成一支对侦察、预警、通信、指挥、控制、导航、数字化海洋、数字化地球建设等方面发挥重要作用，为各军兵种联合作战行动提供有力战场支持的强大的现代化部队。

6. 联勤保障部队

中国人民解放军联勤保障部队成立于 2016 年 9 月 13 日，直属于中央军事委员会。中国人民解放军联勤保障部队是实施联勤保障和战略战役支援保障的主体力量，是中国特色现代军事力量体系的重要组成部分。组建中央军委联勤保障部队，标志着具有中国人民解放军特色的现代联勤保障体制的正式建立。

中国人民解放军联勤保障部队包括仓储、卫勤、运输投送、输油管线、工程建设管理、储备资产管理、采购等力量。联勤保障部队按照联合作战、联合训练、联合保障的要求，加快融入联合作战体系，提高一体化联合保障能力，努力建设一支强大的现代化联勤保障力量。

二、中国人民武装警察部队

中国人民武装警察部队,简称"武警部队",成立于 1983 年 4 月 5 日,前身是始建于 1949 年 8 月的中国人民公安中央纵队。武警部队是中华人民共和国武装力量的重要组成部分,自 2018 年 1 月 1 日起,武警部队由党中央、中央军委集中统一领导,实行中央军委—武警部队—部队领导指挥体制。武警部队的编制与解放军不同,采用了总部、总队、支队、大队、中队等编制。武警部队的职能属性不变,不列入解放军序列。2021 年 8 月 1 日起,中国人民武装警察部队徽正式启用。

武警部队由内卫部队、机动部队、海警部队以及院校和研究机构等组成。武警部队担负执勤、处置突发社会安全事件、防范和处置恐怖活动、海上维权执法、抢险救援和防卫作战以及中央军委赋予的其他任务,拓展了维护国家领土主权完整和国家安全职能的领域。武警部队执行下列安全保卫任务:国家规定的警卫对象、目标和重大活动的武装警卫;关系国计民生的重要公共设施、企业、仓库、水源地、水利工程、电力设施、通信枢纽的重要部位的武装守卫;主要交通干线重要位置的桥梁、隧道的武装守护;监狱和看守所的外围武装警戒;直辖市、省、自治区人民政府所在地的市,以及其他重要城市的重点区域、特殊时期的武装巡逻;协助政法机关依法执行逮捕、追捕、押解、押运任务,协助其他有关机关执行重要的押运任务;参加处置暴乱、骚乱、严重暴力犯罪事件、恐怖袭击事件和其他社会安全事件;国家赋予的其他安全保卫任务。

三、国防后备力量

国防后备力量,是指经过动员可以直接为战争所用,战时能迅速转化为直接或间接参战的军事力量。国防后备力量既是国家武装力量的重要组成部分,也是常备军在战时扩军、补充的重要来源。

1. 预备役部队

预备役部队是以现役军人为骨干、以预备役军官和士兵为基础编组起来的武装组织,是我军后备力量的重要组成部分。预备役部队既区别于现役部队又不同于民兵组织,是平战结合的一种形式,是战时实施快速动员的重要力量。

预备役部队的基本任务是:努力提高军政素质,不断增强现代战争条件下的快速动员和作战能力；切实做好战时动员的各项准备，根据上级命令，随时转为现役部队，执行作战任务；积极参加社会主义现代化建设，必要时可以依照法律规定协助维护社会秩序，在物质文明和精神文明建设中发挥骨干带头作用。

2. 民兵

民兵是中国共产党领导的、在长期革命战争中逐步发展起来的、不脱离生产的群众武装组织，是中国人民解放军的助手和后备力量。民兵在历次革命战争中都发挥了重要作用，为中国人民解放事业做出了重大贡献。中华人民共和国成立后，民兵制度成为一项军事制度。

民兵既是国家武装力量的组成部分，又是预备役的基本组织形式。民兵分为基干民兵和普通民兵。28岁以下退出现役的士兵和经过军事训练的人员，以及选定参加军事训练的人员编为基干民兵；其余18岁至35岁符合服兵役条件的男性公民编为普通民兵。根据需要，吸收女性公民参加基干民兵。民兵一般不脱离生产，平时其成员各事其业，定期进行必要的军事训练；战时就地配合军队作战或开展游击战，并做好随时参军的准备。

民兵的基本任务是：积极参加社会主义现代化建设，带头完成生产任务；担负战备勤务，维护社会治安；随时准备参军参战，支援前线，抵抗侵略，保卫祖国。

第五节 国防动员

国防动员又称"战争动员"，是指国家为准备战争和实施战争而在相应范围内由平时状态转入战时状态所采取的统一调动人力、物力和财力的紧急措施。国防动员与战争紧密相连，是战争活动的重要组成部分和前提条件。2020年12月，第十三届全国人大常委会第二十四次会议修订通过了《国防法》，规范了国防动员平时准备和战时实施的基本内容，规定了公民和组织在国防动员活动中的权利和义务，完善了国防动员制度。

一、国防动员的内涵

国防动员是国家根据国防需要，使社会诸领域从平时状态转为战时状态或者紧急状态所进行的活动。要理解国防动员的内涵，需要把握以下三点。

(一) 国防动员的行为主体是国家

国防是国家根本利益所在,也是国家的一项重要职能。国防行为是国家维护自身安全利益而行使主权所进行的一切活动的统称,是国家行为的一个重要组成部分。为维护国家安全利益而采取的行为手段称为"国防手段",主要包括军事、经济、政治、文化、外交等,其中战争(军事)是国防行为的最高形式和手段。一切国防手段都是国家行为与意志的集中体现,因此,国防动员是国家行为,履行国家职能的各级政府是国防动员活动的行为主体。

(二) 国防动员的对象是国防潜力资源

国防动员的目的是统一调动人力、物力、财力以应对战争或其他危机,是将国防潜力转化为战争实力或应对其他危机实力的过程,是国家对国防资源处在非常状态时的利用。国防潜力资源包括人力资源、物力资源和财力资源。其中,人力资源具有特殊性,因为人既是主体又是客体。马克思主义认为,在人和物两种战争因素中,人的因素对战争的胜负具有决定性作用。因此,国防动员对象的重点是人而不是物,只有把国防意志变为广大群众的意志和行动,才能真正使国家的政治精神和物质财富很好地结合起来为战争服务。

(三) 国防动员的实质是国防潜力的调度和转化

平时"静态""散在"的国防潜力资源要成为服务于战争或应付其他危机的动态和集中的力量,必须进行有效的调度和转化。只有经过动员,各种潜力资源的存在结构才能由"潜力"形态转化为"实力"形态,并与战争或应付其他危机活动融为一个有机整体。从这个意义上说,动员是"潜力"向"实力"转化的基本措施。因此,国防动员的实质,就是调度和转化国防潜力为应对战争或其他危机实力的活动。

二、国防动员的意义

习近平总书记在党的二十大报告中强调:"加强国防动员和后备力量建设,推进现代边海空防建设。"高效的国防动员实力就是战斗力,因此国防动员意义重大。

（一）国防动员是决定战争胜负的重要条件

战争是实力的较量，没有强大的实力就不可能打赢战争。国防动员不仅能够通过平时的准备，为战争实施积聚强大的战争潜力，而且能够通过建立一套完善的动员机制，使战争潜力在战争爆发后迅速转化为实力，从而为战争的胜利奠定坚实的基础。此外，战争具有巨大的破坏性，遏制战争的爆发是人们降服战争"恶魔"的重要步骤，而国防动员是遏制战争的有效手段。实践中，不少国家通过积聚力量和显示使用力量的决心，有效地遏制了战争的爆发。

（二）国防动员是确定军事战略的重要依据

军事战略是国家军事斗争全局的谋划和指导，无论是确定军事斗争的目标还是选择实现目标的途径，都必须考虑国防动员的能力。我国一直奉行积极防御的军事战略，作为防御型的军事战略，一般都以打赢可能面临的各种规模、强度的反侵略战争为出发点。而要打赢各种规模、强度的反侵略战争，就要具备与之相适应的动员基础和动员能力。因此，一个国家军事战略的制定和实施，必须以本国的动员实情为依据。

（三）国防动员是支援经济发展的重要力量

动员建设实行"平战结合、军民结合、寓军于民"的原则，在和平时期，动员建设的成功可以直接为经济建设服务。加强动员建设还可以节约国防开支，有利于国家集中力量发展经济。和平时期，国家的中心任务是发展经济，提高人民生活水平，因此对国防建设的投入是有限的，必须提高国防建设的效益。用有限的国防经费获得尽可能强的国防力量，最有效的方法就是建设精干的常备军，加强后备力量建设，完善国防动员体制，做到"平时少养兵，战时多出兵"。这样不仅可以保持较强的国防整体威力，为国家提供可靠的安全保障，还可以减轻国家负担，促进经济发展。

三、国防动员的内容

国防动员具有很强的现实针对性，动员内容非常丰富。根据动员领域的不同，国防动员的内容可分为武装力量动员、国民经济动员、人民防空动员、交通动员、装备动员、信息动员、政治动员。

（一）武装力量动员

武装力量动员是国家为适应战争或其他安全威胁的需要，扩充和调整军队及其他武装组织遂行任务所进行的活动。武装力量动员是国防动员的核心。武装力量动员通常包括现役部队动员、预备役部队动员和民兵动员。现役部队动员是指将人民解放军各军兵种部队和武警部队从平时编制转为战时编制，按照动员计划进行扩编，并按照国家战略计划实施战略展开。预备役部队动员是指征召大批预备役人员成建制地转服现役，充实预备役部队，使之能够担负作战任务。民兵动员主要是指发动民兵担负参战支前任务。

（二）国民经济动员

国民经济动员是国家为应对战争或其他安全威胁，将经济部门、经济活动和相应的经济体制由平时状态转为战时状态或紧急状态所进行的活动。国民经济动员是战争动员的基础，目的是充分发挥国家的经济潜力，提高军品生产能力，保障战争或应急需要，通常包括工业动员、农业动员、财政金融动员、邮电通信动员、医疗卫生动员等。

★知识链接：2020年春全国抗击新型冠状病毒感染疫情的动员

2020年春，一场全国抗击新型冠状病毒感染疫情的阻击战骤然打响。各地国防动员系统坚决贯彻落实党中央、中央军委主席习近平的决策部署，敢打硬仗、主动作为，交出了一份令人民满意的抗疫答卷。面对发展迅猛的新型冠状病毒感染疫情，通过紧急动员，陆、海、空三军率先派出4000多名军队医护人员，携带防护装备赶赴武汉，展开一场生命守卫战。紧接着，全国各地先后派出340多支医疗队、40000多名医务工作者奔赴荆楚大地。这场防控新型冠状病毒感染疫情的人民战争彰显了中国特色社会主义制度和国家治理体系的巨大优越性，展现了我国国家治理体系的高效社会动员力、组织力、协调力以及中国人民强大的凝聚力。

（三）人民防空动员

人民防空动员是国家发动和组织人民群众防备敌人空袭、减少空袭损失、消除敌人空袭后果所进行的一系列活动。人民防空动员对减轻空袭危害、减少人民群众生命财产损失、保持后方稳定、保存战争潜力等具有重要的作用。人民防空动员主要包括人防预警动员、群众防护动员、重要经济目标防护动员、人防专业队伍动员等。做好人民防空动员准备，在搞好人防系统工程建设的基础上，还应做好以下准备：①建立健全人民防空动员方案；②做好人民防空常识教育；③加强人民防空物资器材储备；④组建城市防空专业队伍；⑤组织人民防空动员演练。

（四）交通动员

交通动员是国家为应对战争或其他安全威胁，统一组织和利用各种交通运输线路、设施、工具和通信系统，进行人员、物资、装备输运的活动。交通动员包括交通运输动员和通信动员。交通和通信是人员、物资及信息流动的物质载体。交通动员对保障部队和其他人员、物资的前送后运，以及保障作战指挥和通信网络的畅通具有重要的作用。

（五）装备动员

装备动员是国家出于实施战争和应对其他安全威胁的需要，对国家和社会的装备科研生产、技术人员、通用物资等资源进行统一调配与运用的活动。装备动员主要包括专用装备、设备、器材紧急增产（转产），通用装备、设备、器材征用和改装，装备保障力量动员，装备保障设施征用等。信息化联合作战对各类装备物资的使用消耗巨大，必须通过有效的装备动员才能满足战时和紧急状态下的装备需求。

（六）信息动员

信息动员是国家出于实施战争和应对其他安全威胁的需要，将以信息产业部门为主的行业系统由平时状态转为战时状态或紧急状态，统一征用和调配信息资源的活动。在信息化条件下，战争的胜负已不是简单地取决于战场上投入军队和武器的数量，而是主要取决于谁能控制和使用更多的信息资源，夺取和保持制信息权。应对危机或灾害的威胁，强化信息保障至关重要。在信息技术飞速发展的时代，信息流主导着物质流和能量流，信息资源正在超越其他资源发挥的作用，成为信息化战争的重要物质基础。因此，信息动员成为整个国防动员的"制高点"。信息动员主要包括信息基础设施动员、信息情报资源动员、信息专业力量动员和信息产业动员。

（七）政治动员

政治动员是国家为应对战争或其他安全威胁而开展的宣传、教育、组织工作和外交活动。政治动员为其他领域的动员活动提供思想保障，是战争动员的一项重要内容。政治动员主要包括国内政治动员和国际政治动员。国内政治动员是政府、军队和社会团体等运用各种舆论宣传工具，对全国军民进行以爱国主义和革命英雄主义为核心的国防教育，使之强化国防观念，坚定打败敌人、夺取胜利信心的行动。国际政治动员，是指国家通过各种外交活动和对外宣传，揭露敌人的战争阴谋，控诉敌人的战争暴行，瓦解敌人的战斗意志，争取各国的声援和支持，建立国际统一战线，或者结成国际联盟。

思考题

1. 国防的内涵是什么？
2. 中国国防历史带来的启示有哪些？
3. 现代国防的基本特征有哪些？
4. 公民享有哪些国防权利？履行兵役义务的途径有哪些？
5. 中国的武装力量由哪几部分构成？
6. 国防动员的内容有哪些？

第二章 国家安全

要实现中华民族伟大复兴的中国梦,保证人民安居乐业,国家安全是头等大事。维护国家安全,是坚持和发展中国特色社会主义,实现第二个百年奋斗目标和中华民族伟大复兴的重要保障。

第一节 国家安全概述

一、国家安全的科学内涵

2015年7月1日,第十二届全国人民代表大会常务委员会第十五次会议通过了《中华人民共和国国家安全法》(以下简称《国家安全法》)。该法对国家安全的定义是:"国家安全是指国家政权、主权、统一和领土完整、人民福祉、经济社会可持续发展和国家其他重大利益相对处于没有危险和不受内外威胁的状态,以及保障持续安全状态的能力。"这个定义从国家法律的视角,科学地界定了我国国家安全的内涵和外延,明确了维护国家安全的各项任务,对建立健全国家安全制度和国家安全保障措施、构建国家安全体系、走出一条中国特色国家安全道路奠定了坚实的法律基础。这个定义明确了国家安全的五个内涵。

(1)国家安全的主体是国家。安全有不同的主体,不同的主体有不同的安全问题。当安全的主体是国家时,便构成了国家安全。

(2)国家安全的客体可以是任何现实的物、系统及其组成部分。这些安全客体需要得到安全保护,使其免受损害或破坏。我国国家安全的客体既包括个人与全体公民、社会组织和国家机构,也包括国家领土、主权、统一和其他国家利益领域组成的不同系统。

(3)国家安全的概念本身虽然抽象但具有概括性,它全面反映了国家安全现实。国家安全是指国家既没有受到外部威胁和侵害,又没有内部混乱和疾患的客观状态。国家安全包括外部安全和内部安全两个方面。既重视外部安全又重视内部安全,才是符合国家安全概念的全面的国家安全观。

（4）国家安全是一种国家利益，但不是一般利益，而是国家的基本利益。我国国家安全利益的构成，包括国家政权、主权、统一和领土完整、人民福祉、经济社会可持续发展和国家其他重大利益。我国国家安全的构成要素，既包括传统领域国家安全利益维护问题，也包括非传统领域国家安全利益维护问题。

（5）国家安全不仅包括人民处于没有受到威胁和危害的客观状态和心理感受，而且包括保障国家持续安全状态的能力。如果没有保障国家持续安全状态的能力，国家安全必然受到威胁与危害。

二、维护国家安全的基本原则

根据《国家安全法》等法律法规的规定，开展维护国家安全工作应当坚持以下五个原则。

（一）坚持中国共产党对国家安全工作的领导

《国家安全法》规定："坚持中国共产党对国家安全工作的领导。"坚持中国共产党对国家安全工作的领导，是总体国家安全观的根本原则。维护国家安全，是中国特色社会主义建设事业顺利推进的重要保障，也是实现国家长治久安和中华民族伟大复兴的重要基础。在革命、建设、改革的各个历史阶段，中国共产党始终将党的前途命运与中华民族的前途命运紧密联系在一起。中国共产党与中华民族的前途命运，构成了当代中国最为关键的"命运共同体"。党要巩固执政地位，要团结带领人民坚持和发展中国特色社会主义，保证国家安全是头等大事。国家安全是安邦定国的重要基石，必须毫不动摇地坚持中国共产党对国家安全工作的绝对领导，这是维护国家安全的必然要求，也是发挥党总揽全局、统筹协调作用的重要体现。

（二）坚持社会主义法治原则

法治原则通常包括宪法至上、尊重和保障人权、权力必须依法行使等内容。维护国家安全应当坚持法治原则。具体来讲，除了要遵循一般意义上的法治原则，还要突出强调依法维护国家安全，坚持人民主体地位，坚持法律面前人人平等，坚持从中国实际出发。依法维护国家安全，首先要逐步构建起以国家安全法为基本法律的国家安全法律制度体系；其次要加强国家安全领域的严格执法和公正司法，防范、制止和依法惩治一切危害国家安全的行为；最后要推进全民守法，坚持全民国家安全法治教育，增强全民国家安全法治观念，尤其是各级领导干部要做学习和遵守国家安全法律制度的模范。

（三）坚持尊重和保障人权原则

我国《宪法》第三十三条规定："国家尊重和保障人权。"尊重和保障人权是社会主义法治的基本原则。人权是每个人作为人应该享有的权利，是现代社会的道德和法律对人的主体地位、尊严、自由和利益最低限度的确认。人权是社会文明进步的标尺和动力，体现了现代法律的精神，是现代法律的合理性基础，因而世界各个国家法律中都有关于保障人权的规定。《国家安全法》规定"尊重和保障人权，依法保护公民的权利和自由"，这一方面体现了现代法治精神，有利于在维护国家安全工作中实现和保障人权，有效提升国家安全法治化水平；另一方面也有利于回应国际舆论质疑，有助于树立我国民主、开放的大国形象。

（四）坚持统筹兼顾原则

《国家安全法》第八条规定："维护国家安全，应当与经济社会发展相协调。"明确了维护国家安全必须遵循统筹兼顾的重要原则。随着改革开放的深入，我国综合国力不断增强，在国际舞台上的地位越来越重要；同时，面对的风险挑战更大、利益关系更复杂，对统筹兼顾的要求也更高。概括而言，维护国家安全必须统筹处理好发展和安全的关系、内部安全和外部安全的关系、国土安全和国民安全的关系、传统安全和非传统安全的关系、个人安全和共同安全的关系。

（五）坚持预防为主、标本兼治和专群结合原则

《国家安全法》第九条规定："维护国家安全，应当坚持预防为主、标本兼治，专门工作与群众路线相结合，充分发挥专门机关和其他有关机关维护国家安全的职能作用，广泛动员公民和组织，防范、制止和依法惩治危害国家安全的行为。"明确了维护国家安全要坚持预防为主、标本兼治和专群结合原则；坚持把预防和治乱结合起来，既防患于未然，又正本清源。

三、总体国家安全观

（一）总体国家安全观的提出与内涵

2014年4月15日，习近平总书记在中央国家安全委员会第一次全体会

议上首次正式提出总体国家安全观。总体国家安全观要求，必须坚持国家利益至上，以人民安全为宗旨，以政治安全为根本，统筹外部安全和内部安全、国土安全和国民安全、传统安全和非传统安全、自身安全和共同安全，完善国家安全制度体系，加强国家安全能力建设，坚决维护国家主权、安全、发展利益。总体国家安全观的提出准确把握了新时代国家安全形势变化的新特点、新趋势，深刻揭示了总体国家安全观的原则要求和丰富内涵，系统回答和解决了新时代我国国家安全工作的理论与实践问题。

总体国家安全观是一个富有中国特色的安全概念。总体国家安全观对国家安全在内涵和外延上的概括，可以归结为五大要素和五对关系。

（1）五大要素。五大要素就是以人民安全为宗旨，以政治安全为根本，以经济安全为基础，以军事、文化、社会安全为保障，以促进国际安全为依托。以人民安全为宗旨，就是要坚持以民为本、以人为本，坚持国家安全一切为了人民、一切依靠人民，真正夯实国家安全的群众基础。以政治安全为根本，就是要坚持党的领导和中国特色社会主义制度不动摇，把制度安全、政权安全放在首要位置，为国家安全提供根本政治保证。以经济安全为基础，就是要确保国家经济发展不受侵害，促进经济持续稳定健康发展，提高国家经济实力，为国家安全提供坚实物质基础。以军事、文化、社会安全为保障，就是要注意这些领域面临的大量新情况新问题，遵循不同领域的特点规律，建立和完善强基固本、化险为夷的各项对策措施，为维护国家安全提供硬实力和软实力保障。以促进国际安全为依托，就是要始终不渝走和平发展道路，在注重维护本国安全利益的同时，注重维护共同安全，推动建设持久和平、共同繁荣的和谐世界。上述五大要素，清晰反映了国家安全的内在逻辑关系。

（2）五对关系。五对关系就是既重视外部安全又重视内部安全，强调外部安全与内部安全彼此联系、相互影响；既重视国土安全又重视国民安全，强调国土安全与国民安全存在有机的统一；既重视传统安全又重视非传统安全，强调传统安全威胁与非传统安全威胁相互影响，并在一定条件下可能相互转化；既重视发展问题又重视安全问题，强调发展和安全是一体之两面，如果只以其中一项为目标，那么两个目标均不可能实现；既重视自身安全又重视共同安全，强调全球化大环境下中国和世界的安全已密不可分。也就是说，国家安全是一个不可分割的安全体系，每一要素虽然各有侧重，但是都必然、必须与其他要素相互联系、相互影响。上述五对关系，准确反映了辩证、全面、系统的国家安全理念，是对传统安全理念的超越。

（二）坚持走中国特色的安全道路

1. 以保证政权安全和制度安全为首要任务

国家安全工作要以保证政权安全和制度安全为首要任务，紧紧围绕如何确保政权安全和制度安全展开。当前，随着国际国内形势发展变化，我国维护政治安全和社会稳定的压力明显加大。为此，国家安全工作必须从战略的高度出发，坚决捍卫国家政权安全、制度安全，旗帜鲜明地维护中国共产党的领导权威，为发展提供安全稳定的国内政治环境。

2. 坚持国家利益至上

国家利益是国家制定和实施安全战略的出发点，也是国家判断安全状态的主要标准。国家利益涉及国内与国际，涉及传统威胁与非传统威胁，涉及政治、国土、军事、经济、文化、社会等领域。国家利益反映的是国家作为整体的需求，因而往往具有至高无上的特点。做好国家安全工作是维护国家利益的重要途径，坚决捍卫国家利益是国家安全工作的根本使命。有效维护国家利益，离不开国家安全工作的坚强保障。当国家利益受到侵犯时，必须有效地予以保卫和回击，这是国家安全工作的神圣使命。《国家安全法》对国家安全的任务作出了明确规定，要求在所有的安全领域捍卫国家利益，为实现国家安全目标提供有力保障。

3. 坚持以人民安全为宗旨

人民安全是国家安全最核心的部分，其他安全都应统一于人民安全。人民安全高于一切，是总体国家安全观的精髓所在。历史事实证明，国家安全的根基在人民、力量在人民，人民对国家的认同和支持是维护国家安全的不竭动力。人民安全是国家安全的基石和归宿，只有建立在人民安全的基础上，国家安全才能成为有源之水、有本之木。只有充分保障人民群众的安全利益和当家做主的权利，增强人民群众实现中华民族伟大复兴的中国梦的责任感和使命感，才能切实打牢国家安全的群众基础和人民防线。

4. 坚持共同安全

当今世界，各国人民命运与共、唇齿相依。全球化的深入发展意味着国与国之间利益交织，彼此关切，形成深层次的相互依赖。任何国家都不可能脱离世界大环境而实现自身安全，也不可能将自身安全建立在其他国家不安全的基础上。维护我国国家安全，需要立足国内，放眼国际，高举和平发展、合作共赢的旗帜，坚持互信、互利、平等、协作的原则，在维护自身利益的同时，同各国政府和国际组织开展安全交流合作，履行国际安全义务，促进共同安全。实现共同安全必须着力推动和平解决国际争端，着力推进国际安全领域的合作，着力推进地区安全领域的合作。维护共同安全是一项复杂的系统工程，单靠一方的努力是不行的，只有各方形成合力，才有可能形成新的国际安全模式。

5. 坚持促进中华民族伟大复兴

要实现中华民族伟大复兴，保证国家安全是头等大事。在这一历史进程中，要始终高度警惕国家被侵略、被颠覆、被分裂的危险，始终高度警惕改革发展稳定大局被破坏的危险，始终高度警惕中国特色社会主义道路进程被打断的危险，始终不渝地坚持走中国特色国家安全道路。在实现中国梦的新征途中，中华民族要紧紧地抓住历史发展的机遇，强化维护国家安全的坚强决心和执行能力，向着更高、更远、更宏伟的目标，扬帆破浪，高歌猛进。

第二节 国家安全形势

近年来，我国综合国力不断提升，国际影响力日益增强，国家安全形势总体向着更加有利的方向发展。但同时，围绕中国和平崛起的话题越来越受到国际社会的关注，在一系列成绩和繁荣景象背后，复杂多变的国内外形势也给我国国家安全带来了一系列新的挑战。

一、我国地缘环境概况

我国陆地领土面积约 960 万平方千米，居世界第三位，陆地边界 2.2 万多千米，与 14 个国家陆地接壤，分别是蒙古、俄罗斯、朝鲜、越南、老挝、缅甸、尼泊尔、不丹、印度、巴基斯坦、阿富汗、塔吉克斯坦、吉尔吉斯斯坦、哈萨克斯坦。我国既有广大的陆地，也有辽阔的海域。大陆海岸线长 1.8 万多千米，与 6 个国家隔海相望，分别是韩国、日本、菲律宾、马来西亚、文莱、印度尼西亚。与我国海陆双临的国家有两个，分别是朝鲜和越南。此外，基于历史、文化等方面的原因，有些国家虽与我国无共同边界或海域，但与我国的关系历来相当密切，如柬埔寨、泰国、新加坡、孟加拉国等，一般我们也把它们看作邻邦。

我国及周边地区是世界上人口最密集，社会、经济发展最不平衡的地区。截至 2022 年末，世界上 14 个人口过亿的国家中，有 8 个在这个地区，分别是中国 14.12 亿、印度 14.17 亿、印度尼西亚 2.78 亿、巴基斯坦 2.36

亿、孟加拉国 1.67 亿、俄罗斯 1.46 亿、日本 1.25 亿、菲律宾 1.11 亿。越南、泰国、韩国和缅甸等国的人口都在 5000 万以上，也是人口较多的国家，其中越南人口 9900 万，未来有望成为第 15 个人口过亿的国家。在我国周边，既有世界第三大经济体日本，也有新兴工业化国家，如韩国、马来西亚、新加坡等，还有较为贫穷的国家如缅甸、老挝、柬埔寨、蒙古等。2022 年，日本的人均年收入为 4.2 万美元，韩国为 3.6 万美元，马来西亚为 1.2 万美元，而缅甸、柬埔寨等国的人均年收入不到 2000 美元，一直处在战火之中的阿富汗，其人均年收入不到 500 美元。中国周边地区有着如此巨大的经济发展差距，给地区经济合作和安全合作带来了相当大的困难。我国及周边地区也是世界上大国最集中的地区，而且军事强国多，核扩散形势相当严峻。"冷战"结束后，世界公认的五大力量中有四个在这一地区角逐，除欧盟与中国没有直接的利害冲突外，美、日、俄均与我国有着复杂的利害关系。

二、我国地缘安全状况

近年来，随着我国"睦邻、安邻、富邻"周边外交的深入推进，我国的周边地缘安全形势得到了极大改善。但是，当前影响我国周边地缘安全的环境依然复杂，存在多重不稳定因素，面临着多方面的安全压力。

美国是我国地缘安全环境中隔洋相望的"特殊邻国"，我国面临的地缘安全问题无一没有美国这一因素的干扰。美国因素对中国安全的影响是时间上的恒久性、空间上的广阔性、力量上的多元性和战略上的多层性的混合体，可以说是一个首要的外部因素。美国企图长期维持世界霸主地位。在 2022 年《美国国家安全战略报告》中，拜登政府将中国列为意图重塑国际秩序的唯一竞争对手，也是重塑国际秩序的经济、外交、军事和技术力量的唯一竞争对手。拜登政府虽部分放弃了前任政府所采取的激烈对华政策，转而在特定领域对中国实施制裁，但对中国实施战略遏制的根本态势没有变，与特朗普政府并无实质性区别，在某些方面甚至有过之而无不及。此外，我国周边一些国家还积极充当美国的"马前卒"，在我国周边四处煽风点火，频频对我国核心利益发起挑战。

从地理空间维度看，我国周边安全环境主要分为东、南、西、北四个方向。东北方向，中国因"朝核"问题长期面对"城门失火，殃及池鱼"的战争"讹诈"。北部和西部方向，中俄两国解决了漫长的陆地边界争议，中国、俄罗斯和中亚国家建立的上海合作组织在一定程度上缓解了我国西北以及西部地区的不稳定因素。但自2020年以来，以美国为首的西方势力加紧在我国西部邻国推进"颜色革命"，中亚五国（哈萨克斯坦、土库曼斯坦、乌兹别克斯坦、吉尔吉斯斯坦、塔吉克斯坦）及阿富汗国内政治安全受到严重威胁，这在一定程度上威胁着我国西部、西北方向的稳定。西南方向，中国与巴基斯坦关系处于相对稳定的态势；印度自2017年以来频频在边境问题上挑起事端，中印边境矛盾冲突不断，近几年中印关系处于自1962年以来的最低点。东南方向，中国与日本的东海争端、中国与东南亚等国的南海争端有所缓和，但美国在东海、南海动作频频。当前，我国主要战略方向在东南，周边地缘安全的压力主要来自海洋，海洋方向的安全威胁远大于陆地方向，这构成了中国周边安全环境的基本态势。在环绕中国周边的"地缘不稳定圈"内，有众多双边和多边因素，涉及美国、俄罗斯、日本、印度以及其他中小国家的国家利益，周边地缘安全环境异常复杂。

现今我国周边地缘安全环境有三个新动向。一是亚太地区力量格局呈现多极化趋势。中、印、俄等新兴大国与美、欧等传统西方大国和地区之间的整体实力差距正逐步缩小。美国掌控国际事务的能力正在下降，中国周边各国雄心高涨，政治利益诉求多样化。日本力求成为所谓的"正常国家"，印度尼西亚欲成为东盟领导者，澳大利亚欲发挥亚太区域枢纽作用，印度想要当"南亚霸主"。各主要力量此消彼长，导致亚太地区大国之间竞争加剧。二是美国"遏制战略"引起亚太地区新一轮战略角逐。美国实行战略收缩和政策调整使其全球战略定位明确化。美国在亚太地区以海洋争端和历史遗留问题为"抓手"，为实现"重返亚太"目标，同时相继推出"亚太再平衡战略""印太战略""亚太战略""亚太战略（新）"，力图有效掌控亚洲，特别是掌控东亚地区的政治格局。这具体表现在：利用"天安舰"事件、延坪岛炮击事件、中日钓鱼岛争端等，加强美日韩三边军事合作机制建设；积极介入南海问题，在东盟地区论坛上蓄意挑起南海争端；参与东亚峰会等多边机制，处处插手亚太事务。美国战略重心东移的过程与世界海洋格局变化所引发的亚洲各国对海洋的激烈争夺过程相契合，导致海上威胁成为当前中国周边地缘安全的主要威胁。三是中国的持续崛起引起其他大国和周边国家（地区）的反应。中国的快速崛起和捍卫海洋权益的意识和行动，引起了美国和日本等国家不同程度的担忧和反应。在此力量格局大变革的背景下，美国看到自己地位和影响力的下降，需要制造争端以维持平衡；而日本则感受到自身影响力的下降，需要"重振"。

三、新形势下国家安全现状

（一）和平与发展是我国目前国家安全环境的主流

"冷战"结束后和平与发展成为新时代的主流。一个相对和平的安全环境已经出现，中国与世界大国建立了良好的关系并与所有邻国的关系得到全面改善。

1. 与世界大国建立了合作伙伴关系

中美关系是当今世界大国关系中最为重要的关系之一，经历了跌宕起伏的坎坷历程。在第二次世界大战期间，两国曾是世界反法西斯战争的盟友，从中华人民共和国诞生到中美建交前，两国关系从长期对峙逐渐趋向缓和。中美建交后，两国关系出现了历史性的改善。中美三个联合公报是中美两国发展稳定、健康、正常国家关系的基础。中美关系发展受到诸多因素影响。中美两国在维护世界和平与稳定、地区安全和防止核扩散等重大问题上存在的共同利益，是两国关系发展的基础。中美两国各自的战略需求是两国关系发展的动力，大国关系的互动和意识形态因素等都会给两国关系带来影响。另外，美国国内因素，如决策圈内的总统、国会和军方，决策圈外的利益集团、新闻媒介、公众舆论等，也对中美关系影响极大。其中，台湾问题始终是中美关系中最重要、最敏感的核心问题。

中俄关系对中国安全的影响深远。当前，中俄关系发展顺利，两国保持着良好的国家关系，两国领导人保持互访，发表了一系列联合声明。1996年，双方建立了"平等信任、面向21世纪的战略协作伙伴关系"，由原来的"建设性伙伴关系"上升到"战略协作伙伴关系"，中俄由此建立了不对抗、不结盟，以"和平共处五项原则"为基础的友好和互利合作关系。2001年7月，两国元首在莫斯科签署了具有历史意义的《中俄睦邻友好合作条约》。该条约以"永做好邻居、好朋友、好伙伴，永不为敌"的战略思想为核心，全面总结了20世纪中俄关系的历程，并对未来双边关系发展确定了指导原则。中俄两国建立的良好国家关系，在普京2002年访华期间双方签署的《中华人民共和国与俄罗斯联邦联合声明》重申："无论国际风云如何变幻，无论中俄各自国内发生什么样的变化，双方决心恪守条约（《中俄睦邻友好合作条约》）所确定的方针和原则，不断推进、扩大并以新的内容充实和深化两国战略协作伙伴关系，在双方关切的问题上协调立场和相互支持。"2019年6月5日，中俄元首决定将两国关系提升为"新时代中俄全面战略协作伙伴关系"。2021年6月28日，习近平主席同俄罗斯总统普京举行视频会晤，两国元首宣布《中俄睦邻友好合作条约》延期。2023年3月20日，在赴莫斯科对俄罗斯联邦进行国事访问之际，国家主席习近平在《俄罗斯报》和俄新社网站发表题为《踔厉前行，开启中俄友好合作、共同发展新篇章》的署名文章。未来，两国关系必将更加稳固，合作领域将更加宽广。

中日关系是我国国际关系的重要组成部分。中日邦交正常化后，两国关系发展基本平稳，双方都把发展长期稳定的友好关系作为各自的基本国策。中日两国的根本利益，必将使中日关系克服一切困难向前发展。

中国与欧盟各国保持着良好的关系。中国和欧盟都是全球重要的经济体。欧盟与中国建立双边关系以来，一直是中国的最大贸易伙伴、出口市场和技术引进来源地。中国也于2020年超越美国成为欧盟第一大贸易伙伴。

2. 与邻国友好关系发展顺利

我国在坚持"和平共处五项原则"的基础上与一切国家发展友好关系，特别注重发展与邻国的睦邻友好关系。目前，我国与所有邻国的关系均得到改善。20世纪90年代以来，我国分别与俄罗斯、哈萨克斯坦、吉尔吉斯斯坦、塔吉克斯坦签订了国界协定，与以上国家的国界问题已经得到完全解决。中、俄、哈、吉、塔五国领导人多次会晤，签署了关于边境地区加强信任及相互裁减军事力量的协定。

我国同越南、印度的关系也得到发展，政治、经济、文化交往全面加强，国家领导人正常互访。1999年，我国与越南签署了《中华人民共和国和越南社会主义共和国陆地边界条约》，使中越边界问题得到较好解决。中国和印度有着两千多年的友好历史，作为世界上两个人口大国和重要的发展中国家，两国有足够的空间实现更大规模的共同发展，在地区和国际事务中发挥各自作用。虽然近几年中印因边界问题发生多次冲突，但伴随着双方军队脱离接触，目前两国正在积极解决长期困扰中印关系的边界问题。作为正在形成中的多极化国际秩序中的两个主要国家，中国和印度同时发展将对未来国际体系产生积极影响。同时，我国也与韩国、日本等国在经济贸易和文化等领域进行了广泛交流与合作。

3. 周边"热点"波动频繁

所谓"热点"，是指一些地区或国家经常或多年发生战争。中华人民共和国成立后，我国周边的热点较多，如朝鲜战争、越南战争、阿富汗战争、印巴冲突等。这些战争和冲突发生在我国周边，不同程度地威胁着我国边界地区的安全。这几个热点地区波动频繁，战争的危险没有完全消除。

目前在周边的热点中,对我国安全影响较大的是朝核问题。另外,对我国影响较大的另一热点是印度与巴基斯坦的严重对立问题,印巴两国关系虽曾有一定程度的改善,但存在的对立问题未能得到根本的解决。我国周边热点问题较多,总的看来,我国周边安全环境在和平稳定中存在着不稳定因素,有再次成为热点的可能。

(二) 相对稳定的安全环境中存在着不安全因素

我国的安全环境存在两重性,一是相对和平稳定的安全环境不断得到巩固和发展,二是我国仍面临着一些不安全因素和潜在的威胁。

1. 西方军事强国对我国安全环境影响深远

在世界军事强国中,美国对我国安全环境的影响尤甚。美国与我国虽远隔重洋,但对我国安全的影响无处不在。在各大国与我国的关系向前发展的同时,以美国为首的西方世界仍然有一股企图遏制我国发展的逆流,顽固地坚持"冷战"思维,不愿意正视我国政治、经济的发展以及在国际社会中发挥的积极作用,散布所谓的"中国威胁论",以"人权"为幌子,干预我国的内政,继续坚持对台军售,阻挠我国统一大业。随着亚洲经济的整体性崛起,美国"亚太再平衡战略"(后逐步发展为"亚太战略""印太战略")对中国遏制的指向性更为明显。在政治安全领域,美国强化与日本、韩国、澳大利亚的军事同盟关系,重点推进日本、澳大利亚、印度等国在"亚太再平衡战略"中发挥更大作用。其中包括支持日本行使集体自卫权,强调《日美安保条约》第五条适用于"钓鱼岛防卫";与澳大利亚签署一份为期25年的军事部署协定;同意向印度提供军事技术转让,支持印度申请成为联合国安理会常任理事国,谋求与印度一起构筑制衡、牵制中国崛起的准同盟关系。美国重返亚洲的动机是双重的:既想分享亚洲经济高速增长带来的收益,又要遏制中国的崛起。从这一系列动作可看出,美国围堵遏制中国的意图十分明显,从目前来看,美国是我国安全环境不稳定的主要因素之一。

★知识链接:美国的"印太战略"

2017年12月,美国公布《美国国家安全战略报告》,表示美国将整合其军事意愿和军事能力,以便在印度洋—太平洋地区开展竞争,并指中国是其"战略竞争者"。《2018美国国防战略报告》清楚地表明,美国认为中国是其世界地位的"头号威胁",并且将这一"威胁"指向印度洋—太平洋地区。这一地区的海洋空间与中国有着直接的利害关系,是中国最为重要的海洋活动空间,是中国直接相邻的重要战区。美国在其"印太战略"下搭建的各种合作机制都是排他性和对抗性的,主要就是针对中国;其真实意图在于分裂亚洲,诱导和胁迫该地区国家在中美之间"选边站队"。美国不断强化其在亚太地区的军事同盟及伙伴关系,尤其是组建美日印澳"四方机制"和美英澳"三边安全伙伴关系";其根本目的在于制造地区紧张局势,从而动员盟友伙伴,构建反华遏华的"小圈子"。

2. 周边热点地区仍有发生情况突变的可能

我国周边热点地区之一的朝鲜半岛,由于各方在朝核问题上的立场相差甚远,且美国、日本等坚持对朝鲜采取敌对态度和制裁措施,军事对峙的僵局很难被打破。在朝鲜半岛局势持续紧张、军事高度对峙的情况下,不排除发生擦枪走火的可能。一旦这种情况发生,必将对我国安全造成影响。

印度与巴基斯坦的对立局面一天不解决,我国在这一边境地区的安全隐患就无法排除。出于历史原因,印巴两国既存在民族怨恨,又存在宗教纠纷,还存在领土争端,两国矛盾在短时间内难以得到解决。多年来,印巴军事摩擦时有发生。印度作为地区大国,1996年拒绝在《全面禁止核试验条约》上签字,并以"中国威胁论"为借口,大力发展核武器,积极谋求世界核大国地位。印巴核军备竞赛的升级和对立的加剧,对我国的安全环境产生了不利影响。印巴双方陈兵于边境,相互对峙,克什米尔地区是印度和巴基斯坦争夺的焦点,如果战争爆发,必然会对我国边境安全构成较大威胁。另外,伊朗核问题、伊拉克战争造成的地区安全问题、阿富汗重建问题等也不可避免地给我国安全环境带来影响。

3. 边界和海洋权益争端尚存

我国始终坚持在"和平共处五项原则"的基础上与一切国家发展友好关系,特别注重发展与邻国的睦邻友好关系。但也必须看到,我国与邻国的边境争议和关于海洋权益的争议情况复杂,解决起来难度很大,这些争议是影响我国边境和领海安全的不稳定因素。在这些争议中,陆地边界问题的争议尤以中印边界争议较为突出。关于海洋权益的争议则更为复杂。我国与朝鲜、韩国之间关于黄海、东海大陆架划分,与日本之间关于东海大陆架划分和钓鱼岛的归属问题,都存在着纷争。中国的南海处于部分岛屿被侵占、海域被分割、资源被掠夺的严重局面,我国南沙群岛的海面岛礁几乎被瓜分殆尽。2012年爆发的"中菲黄岩岛对峙"和日本"购岛"闹剧都是我国周边国家企图窃取我国海洋权益的具体体现。这些突发事件如果处理不当，就有可能引起国际争端或诱发武装冲突甚至局部战争。

★知识链接：三沙市简介

2012年6月21日，民政部发布公告，宣布国务院批准撤销海南省西沙群岛、南沙群岛、中沙群岛办事处，设立地级三沙市，管辖西沙、南沙、中沙诸群岛及海域。设立地级三沙市是我国对海南省西沙群岛、南沙群岛、中沙群岛的岛礁及其海域行政管理体制的调整和完善。

三沙市的设立，标志着中国继浙江省舟山市之后，出现第二个以群岛为主体的地级市，它也是中国地理纬度位置最南端的市；这也意味着中国在对南海岛礁及相关海域的控制上迈出了重要的一步，且有了更为有利的法理依据。更重要的是，三沙市的设立有利于国家维护南海固有领土主权的阵线向南疆前移。

4. 外国势力插手台湾问题，影响我国统一大业

台湾是我国第一大岛，位于我国东南海域，西隔台湾海峡与福建省相望，东临太平洋。它是我国东南的海上屏障，扼西太平洋南北航线之要冲，战略地位十分重要。自古以来，台湾就是中国领土不可分割的一部分。台湾问题事关国家主权和领土完整、国家现代化进程和民族复兴大业。长期以来，在国际反华势力的支持下，"台独"分子大肆进行分裂活动。民进党当局顽固坚持"台独"分裂立场，拒不承认体现一个中国原则的"九二共识"，推行"去中国化""渐进台独"进程，图谋推动"法理台独"，强化敌意对抗，挟洋自重，在分裂道路上越走越远。美国长期坚持"以台制华"政策，不断提升售台武器的数量和质量。美国国会众议院议长佩洛西窜访中国台湾地区，严重侵犯中国主权，严重干涉中国内政，严重危害台海和平稳定，阻碍我国实现统一大业。2005年3月14日，第十届全国人民代表大会第三次会议通过《反分裂国家法》，对反对和遏制"台独"，维护两岸关系的稳定发展，维护台海和亚太地区的和平、稳定和繁荣有着深远的意义。

5. 恐怖主义和民族分裂活动威胁我国安全

我国是一个多民族的国家，国家统一、民族团结、社会稳定始终是国家安全和发展的重要前提。但恐怖主义和民族分裂势力对我国安全统一的危害不容低估。当前，世界出现了民族分裂势力、国际恐怖势力和宗教极

端势力合流的趋势。这三股势力内外勾结、相互借重，对世界和平与发展构成严重威胁。中东、中亚、南亚和东南亚成为恐怖主义活动的高发区。我国也处于恐怖主义和民族分裂势力活动的威胁之中，境外"东突"恐怖组织和"藏独"分子正加紧向我国境内渗透。恐怖主义和民族分裂势力的活动，对我国改革、发展、稳定构成最直接和最现实的威胁。

四、更新国家安全观念，营造睦邻友好环境

更新国家安全观念，营造睦邻友好环境，是我国国家安全政策的基本着眼点。保持和维护本区域的安全利益，是我国和周边国家共同追求的目标。我国需要长期和平、稳定的周边环境，把同周边国家发展睦邻友好关系作为既定国策，积极参与构建地区安全体制，营造良好的周边安全环境。

（一）构筑软实力，强化新的战略安全观

国家安全涉及哲学问题，往往体现国家大战略的总体思想。随着全球化的深入发展，围绕国家安全问题产生了新的现代战略文化。着眼需要，我国树立并遵循"总体国家安全观"这一新的战略安全观。总体国家安全观认为，国际安全问题除了以主权概念为核心的政治安全和军事安全外，还有经济安全、环境安全、文化安全、社会安全等一系列新的安全问题。其中，经济安全是综合安全的基础和持久安全的根本保证，各国在维护经济安全方面有着越来越多的共同利益。总体国家安全观主要包括7点：①以国家为安全主体，突出主权安全；②以"和平共处五项原则"为政治基础；③以"相互安全"为理论前提；④以"综合安全"为安全维护的内容；⑤以"合作安全"为实现安全的途径；⑥以"共同安全"和"普遍安全"为目标；⑦以"互信、互利、平等、协作"为新安全观的核心。

安全观对国家的软实力具有很强的依赖性。一个国家所倡导的安全观念能否为多数国家所接受，与该国软实力的强弱有着非常直接的关系。软实力是一种吸引力，软实力强的国家，别的国家会不由自主地跟随。我国传统文化中有很多地方值得借鉴，具有极强的凝聚力，在东亚地区影响非常广泛。特别是改革开放以来我国发展模式的巨大成功产生了广泛影响，已成为我国软实力的重要组成部分。同时，我们也必须清醒地看到，我国的软实力还有待进一步加强和完善。

（二）推动构建新型国际关系

中国历来重视与大国关系的发展，面对"冷战"后国际体系复杂化的挑战，在发展大国关系政策上也有新的定位。

1. 走"对话而不对抗、结伴而不结盟、共赢而非零和"的新型安全之路，建立大国间健康稳定的关系

中国出于共同利益的考虑，重视与大国加强合作与协调，改善和发展与各大国的关系。国家主席习近平提出全球安全倡议，倡导共同、综合、合作、可持续的安全观，走"对话而不对抗、结伴而不结盟、共赢而非零和"的新型安全之路。倡议体现了人类命运共同体理念的核心要义，这不仅符合今后大国关系发展主流，也为中国塑造良好的国际形象发挥了积极的作用。

★知识链接："零和"理论

"零和"是博弈论的一个概念，意思是双方博弈，一方得利必然意味着另一方吃亏，一方得益多少，另一方就吃亏多少，双方得失相抵，总数为零，所以称为"零和"。"零和"理论认为，世界是一个封闭的系统，财富、资源、机遇都是有限的，个别人、个别地区和个别国家财富的增加必然意味着对其他人、其他地区和其他国家的掠夺。"零和"思维导致"囚徒困境"，即每个人或每个国家都在你输我赢的博弈中，都在追求自身利益的最大化。在"零和"博弈中，博弈双方是没有合作机会的。这一理论在世界政治领域的应用，导致国家与国家之间的矛盾此起彼伏。但在经历两次世界大战之后，"零和"观念正逐渐被"双赢"观念所取代。人们开始认识到，通过有效合作，可以达成互利互惠的"双赢"局面。

2. 包容整体利益的"双赢"策略定位

"冷战"思维包含霸权思想、"零和"理论，迷信实力或武力，支持"单赢"的思想。"冷战"虽已结束，但这种"冷战"思维并未就此销声匿迹。"冷战"没有毁灭世界，但"冷战"思维会给世界制造灾难性的后果。因此，与时代潮流合拍的高度政治智慧应当是包容整体利益的"双赢"策略。我国在发展大国关系中努力构筑伙伴关系框架，为我国营造良好的国际环境发挥积极作用，不失为一种实现"双赢"的理念基础。

3. 多重角色并举、灵活多变、万变不离其宗的角色定位

我国注重在国家利益的基础上构筑良性互动、多边平衡的新机制，并在内外战略上向以经济、科技为导向的综合国力倾斜。我国注重多重角色并举、灵活多变、万变不离其宗的大国关系战略，即以国家利益作为对外行为的根本出发点。可以在政治领域是对手而在经济领域是伙伴，或昨天是对手而今天是伙伴。

（三）稳定周边，改善安全环境

我国的睦邻政策以和平共处五项原则为核心。"近者悦，远者来""四邻安，国乃兴""亲仁善邻，国之宝也"等是我国传统的立国方略。

营造稳定的周边环境是我国发展经济的必要前提，也是进一步发展与全球国家合作关系的基础。稳定陆地边界，继续加强与俄罗斯的经济贸易、科技、能源及战略利益"捆绑"；维护南亚战略平衡，争取与印度关系有新的改善，继续发展与巴基斯坦的传统友好关系；在东部濒海战略带，在东北亚继续推进与朝鲜、韩国友好合作关系，并与美国合作，防止竞争失控；增进与日本的信任度，对两国间的具体争端要避免向全局扩散，而对日本军事大国化问题，则要继续保持高度警惕。同时，加强在东南亚的战略投入，以经贸为基础，落实中国—东盟自由贸易区计划，在推动经济区域化的同时，加强安全对话、举办博鳌亚洲论坛等，加强与东盟和周边国家的联系。我国是亚太地缘政治区域中心的政治和经济大国，立足亚太是我们坚定不移的方针。

（四）重塑国家安全体制和巩固区域合作机制

国家综合安全没有平时、战时之分，也没有前方、后方的界限，需要建立包括危机预警、反应评估、管理保障在内的指挥控制与协调机制，形成对国家安全体制机制和各要素的规范化。国家安全体制和机制的建立是保证国家安全的必要条件，它随着全球化的不断深入而不断发展。所以，我国把践行新安全观的重点放在积极推进安全体制的重塑和建设上，通过重塑国家安全体制和区域合作机制，固化新安全观所取得的成果。

1. 深化上海合作组织的机制化建设

自《上海合作组织成立宣言》等一系列文件签署以来，地区性的国际组织已经向机制化的方向迈出了坚实的步伐。但总体而言，这些文件只是确立了这一合作组织的基本原则，缺少可操作的具体安排。作为对"冷战"后新型国家关系和新安全合作模式的探索性外交实践，上海合作组织要应

对不断出现的新挑战、新问题，还需要进一步明确自身在地区和国际政治舞台上的位置，并进一步加强自身的机制化、制度化建设，继续健全会晤与协商机制，在组织内部形成统一的合作管理系统。规范常设机构的工作职能和运作方式等，是重塑国家安全体制机制亟待解决的重要问题。

★知识链接：上海合作组织

上海合作组织源于1996年在上海成立的"上海五国"会晤机制，是从中国、俄罗斯、哈萨克斯坦、吉尔吉斯斯坦、塔吉克斯坦五国关于加强边境地区信任和裁军谈判机制发展起来的。2001年6月，"上海五国"会晤机制诞生五周年之际，吸收乌兹别克斯坦成为"上海五国"会晤机制成员。为提升合作层次和水平，六国决定在"上海五国"会晤机制基础上成立上海合作组织。上海合作组织的宗旨是：加强成员国之间的互相信任与睦邻友好，鼓励成员国在政治、经济、科技、文化、教育、能源、交通、环保和其他领域的有效合作，联合致力于维护和保障地区的和平、安全与稳定，建立民主、公正、合理的国际政治经济新秩序。上海合作组织每年举行一次成员国国家元首正式会谈，定期举行政府首脑会谈，轮流在成员国举行。上海合作组织尤其重视并尽一切必要努力保障地区安全。

2. 积极推动东盟地区论坛的机制化进程

东盟地区论坛成立以来，通过不同层次、不同形式的对话，为各成员国提供了一个相互了解和表明各自对安全问题的观点、立场，以及增加信任、防止冲突的广阔舞台。但是，出于亚太地区各国社会制度与经济体制的差异、文化传统和宗教习俗的多样性、政治安全形势的复杂性以及国家利益的交错性等诸多原因，东盟地区论坛至今仍是一个较为松散的安全对话与合作的组织形式，还不能算是一个完整意义上的区域性国际安全组织。

3. 全面推进 RCEP 合作机制

区域全面经济伙伴关系协定（Regional Comprehensive Economic Partnership，RCEP）是由东盟十国发起，邀请中国、日本、韩国、澳大利亚和新西兰参加，旨在削减关税和非关税壁垒，建立15国统一市场的自由贸易协定，成员国之间互相开放市场，实现区域经济一体化。2022年1月1日，RCEP正式生效，这是全球和区域一体化进程中一个新的里程碑。RCEP进一步提高了区域合作的深度和广度，各成员国都将获益。RCEP的生效，可以增加地区内各个国家的收入，并创造280万个工作岗位；供应链会变得更加区域化，更有韧性。此外，RCEP 有非常好的基础来推动经济全球化，从而避免"逆全球化"。RCEP 成员国之间的贸易争端和冲突可以在 RCEP 框架下得到解决，使争端和冲突的影响降到最低。

（五）独立自主和平推进多极格局

独立自主、和平外交是中国外交的首要方针，也是我国对外开放的重要保证。独立自主的关键在于本国的政策战略不置于任何一个国家的影响之下。我国在国际战略平衡中强调多种文化的共融，加强多边协商和合作机制，主张通过谈判和协商解决国际争端，不诉诸武力等。

在多极化格局中，有多个独立的权力中心，这些权力中心没有一个强大到可以支配别的国家，这种格局可能相对稳定，维持同样的互动模式，因而发生战争的概率较小，这在一定程度上限制了某些大国的一意孤行，给某些小国在特殊情况下发挥较大作用提供了条件。因此，推动多极制衡战略有利于我国开拓外交活动空间、拓宽战略回旋余地，有利于合纵连横、制止霸权，有利于地区稳定和世界和平。

在新的历史时期，中国坚持独立自主、和平外交和不结盟政策。坚持所有国家不论大小、贫富、强弱一律平等，反对以大欺小、以富压贫、以强凌弱，尊重别国独立自主的权利，尊重别国的民族利益和民族尊严。和平与发展已成为当今世界主题，和平与安全因素进一步增加，世界总趋势走向缓和。在世界形势趋于缓和的环境中，我国安全环境的维持既有机遇又有挑战，而机遇大于挑战。我们要抓住有利机遇，利用和争取一个时间较长的和平环境，发展经济，增强综合国力，加强国防现代化建设，维护祖国统一和保卫国家安全。

五、非传统领域的国家安全

安全在不同的时空背景下具有不同的意义。国家安全的内涵和外延不是固定不变的，是依据时代发展和具体国内外情况而不断调整的结果。传统国家安全包括政治安全、国土安全和军事安全，非传统国家安全不仅包括经济安全、文化安全、科技安全、信息安全、生态安全、生物安全、海外利益安全等，还包括来自跨国犯罪、非法移民、恐怖主义、食物短缺、病疾蔓延等诸多挑战。

★知识链接：传统国家安全

政治安全是指一个国家以政权、政治制度和意识形态为要素组成的政治体系相对处于没有危险和不受威胁的状态，以及面对风险和挑战时能够及时有效防范、应对，从而确保国家良好政治秩序的能力。政治安全是我国国家安全的根本，核心是政权安全和制度安全，最根本的就是维护中国共产党的领导和执政地位、维护中国特色社会主义制度。

国土安全涵盖领土、自然资源、基础设施等要素，核心是指领土完整、国家统一，边疆边境、海洋权益等不受侵犯或免受威胁的状态，以及持续保持这种状态的能力。国土安全是立国之基，是国家生存和发展的基本条件。

军事安全是指国家不受外部军事入侵和战争威胁的状态，以及保障这一持续安全状态的能力。军事安全既是国家安全体系的重要领域，也是国家其他安全的重要保障。

实际上，多数非传统安全问题久已有之，并与传统国家安全问题相伴共生，且非传统安全问题越来越突显出不可预测性、突发性和跨国性等特点，对国家安全影响巨大。非传统安全问题与传统安全问题之间没有绝对的界限，二者往往相互渗透、相互转化。传统安全关注战争与和平问题，非传统安全关注社会与发展问题。表面上看，这些非传统安全问题似乎与传统安全问题之间并没有必然的联系，但事实上非传统安全问题的产生和解决都与传统安全问题紧密相连。许多军事安全问题往往都是通过使用非传统安全手段来解决的，也有不少非传统安全问题可能会演变为或引发军事冲突。可以说，在全球化的今天，任何国家的安全都面临着传统安全和非传统安全问题的双重挑战，需要在不同层面对二者的关联性挑战保持警惕。

（一）经济安全

在全球化大背景下，经济安全问题日益复杂。首先，我国与外部世界的经济联系越来越密切，也越来越复杂，与其他国家发生利益冲突和对抗的可能性不断增大。我国的对外贸易依存度逐年提高，与国外的贸易摩擦、贸易争端也越来越多。过去争端主要集中在与发达国家的经济交往中，现在与部分发展中国家也出现了一些摩擦。可以预见，未来我国与其他国家不仅会在贸易方面，而且会在经济规则、市场开放以及世界经济秩序等方面出现分歧，甚至还会有激化的可能。其次，国际环境对我国经济的影响与压力越来越明显。随着我国在市场和投资领域的进一步开放，跨国公司不断拓展在华业务，这不仅给我国国内企业带来前所未有的竞争压力，还给我国的民族产业安全带来了严峻挑战。最后，我国经济在融入世界的过程中，面临的风险也越来越突出。特别是在金融领域，我国的金融市场本身发育尚不成熟、监控体系不甚健全、防范能力较弱，大量外资金融机构的进入无疑会给我国整体较脆弱的金融行业带来巨大压力。国际金融市场的动荡和投机性资金的流动始终是我国金融安全面临的最大威胁。

（二）文化安全

文化安全主要涉及文化制度、意识形态的选择权以及文化传播和文化交流的自主权等。在全球化时代，维护国家文化安全就是保障和捍卫国家文化主权的独立性和自主性。当前，我国在文化安全领域面临的挑战主要集中在西方政治文化的渗透和反华舆论的鼓噪。现代信息技术的高速发展为西方政治文化"外溢"提供了强有力的手段，一些西方国家大肆利用高科技信息手段进行文化渗透与扩张，试图对我国的价值观念、政治制度进行渗透和颠覆，严重威胁我国的政治稳定与经济社会发展的大好局面。其中美国的文化战略最为典型，对我国文化安全的威胁最大。国际文化交流是一些西方国家对我国进行文化渗透与扩张的重要手段。它们妄图利用西方的精神和文化价值观影响和动摇我国人民的信念，从而逐渐侵蚀我国的社会主义意识形态基础。一些反华舆论甚至裹挟了一些西方国家本不了解我国的民众的心理，进而形成了一种不利于我国的所谓的"民意"，不仅影响了这些国家与我国的文化交流与合作，而且对这些国家的对华政策产生负面影响，有损于这些国家与我国关系的正常发展。

（三）科技安全

科技安全是国家安全的重要组成部分，主要包括保护国家利益不受外国科技优势与技术手段的威胁，以及国家利益不受科技发展的负面影响。当前，我国面临的科技安全问题非常突出，需要集中精力解决"卡脖子"的技术短板问题。同时，科技安全对其他领域的国家安全影响也很大：①政治安全方面，近年来发生的信息技术革命对技术与国家的主权关系提出了挑战；②军事安全方面，军事优势始终掌握在科学技术先进一方的手里；③经济安全方面，技术进步对经济增长的贡献率越来越高，经济方面问题的解决越来越离不开科学技术的手段和科技安全的保护；④生态安全方面，现代生态危机在很大程度上是人们单纯追求经济增长而滥用现代科技的结果；⑤文化安全方面，现代科学技术为西方某些国家通过大众信息传播进行文化侵略提供了强有力的手段，而受到文化侵略的发展中国家在科学技术上的落后导致了在反文化侵略上的不力；⑥社会安全方面，国内外恐怖主义势力或恐怖主义分子往往利用科技手段来进行违法犯罪等活动，增加了维护社会安全的难度。因此，只有把核心技术掌握在自己手中，才能真正掌握竞争和发展的主动权，才能从根本上保障国家经济安全、国防安全和其他安全。

（四）信息安全

近年来，我国信息化发展速度令人瞩目，但信息安全问题也相伴而来。信息安全是物理安全、网络安全、数据安全、信息内容安全、信息基础设施安全与公共信息安全的总和。信息安全与国家的安危紧密相连，没有信息安全就没有真正的政治安全、军事安全和经济安全，也就没有完全意义上的国家安全。目前，我国的信息安全相当脆弱，是各种安全中最薄弱的环节。国家的通信、能源、交通、航空、救灾、消防、金融等基础设施系统越来越多地依赖网络传输数据进行管理，各系统之间相互依赖，信息安全的威胁主要源于技术系统本身，如技术缺陷、网络黑客、电脑病毒、信息污染等。随着技术的发展，这些威胁不断得到强化。另外，政务信息化也增加了泄密的可能性。我国基础信息技术严重依赖国外，计算机芯片、骨干路由器、操作系统和数据库管理系统以及大量的应用软件等自主核心技术缺乏，成为国家信息安全的根本问题或最大隐患。总之，信息安全已呈现出突发性、扩散性、全球性等特点，其复杂性、跨国性、不可控性越来越突出。

★知识链接："棱镜计划"

"棱镜计划"是由美国国家安全局自2007年小布什政府时期开始实施的一项绝密电子监听计划。2013年6月，美国中央情报局原职员爱德华·斯诺登披露：美国国家安全局有一项代号为"棱镜"的秘密项目，要求电信巨头威瑞森公司必须每天上交数百万用户的通话记录；美国国家安全局和联邦调查局通过进入微软、谷歌、苹果、雅虎等网络公司的服务器，监控个人的电子邮件、聊天记录、视频及照片等秘密资料。"棱镜事件"向我们敲响了信息安全的警钟：网络空间的较量关系全球信息化格局和信息社会的发展，关系国家的综合实力和战略优势。"棱镜事件"反映美国实际上已经拥有了全球互联网的控制权,这主要体现在重要资源的分配权、网络空间行为规则的话语权、核心技术的垄断权以及全球数据的掌握权上。"棱镜事件"让我们认识到网络信息安全问题的战略意义,即信息安全事关未来战争的成败,事关国家长治久安。

(五)生态安全

生态安全是指一个国家具有支撑国家生产发展较为完整、不受威胁的生态系统,以及应对内外重大生态问题的能力。生态安全是人类生存发展的基本条件。保护生态环境就是保护生产力,改善生态环境就是发展生产力,良好的生态环境是最公平的公共产品,是最普惠的民生福祉。近年来,我国生态环境问题仍十分严重。一方面,庞大的人口对生态环境造成了巨大且持久的压力;另一方面,传统粗放式发展模式和先发展后治理的思路也使生态环境遭受了巨大的冲击和破坏。我国生态环境安全问题主要集中在水土流失、空气污染和酸雨、水资源稀缺和污染、生物多样性减少等方面。在土地安全方面,主要问题是森林植被遭到破坏、土地荒漠化加剧。我国是世界上荒漠面积较大、分布地区较广、危害程度较为严重的国家之一,水土流失面积巨大。在大气环境安全方面,废气中二氧化硫排放量、烟尘排放量、工业粉尘排放量逐年提高,许多城市的空气质量尚未达到三级水平,同时酸雨也呈蔓延之势。在水安全方面,淡水资源稀缺、淡水污染、海洋生物资源利用过度、海洋污染等问题在不断加剧。

(六)生物安全

生物安全是指生物的正常生存、发展以及人类的生命和健康不受人类的开发利用活动侵害或损害的状态。生物安全的概念有狭义和广义之分。狭义的生物安全是指防范现代生物技术的开发和应用所产生的负面影响(即对生物多样性、生态环境及人体健康可能造成的风险)。广义的生物安全还包括防范重大新突发传染病、动植物疫情、外来生物入侵、生物遗传资源和人类遗传资源的流失、实验室生物安全、微生物耐药性、生物恐怖袭击、生物武器威胁等。作为当今世界快速发展的新兴经济体和生物多样性大国,我国面临的生物安全形势十分严峻。当前,我国生物安全防控面临的巨大挑战主要表现在以下五个方面。①新突发传染病造成难以估量的生命和财产损失。如新型冠状病毒感染疫情,在给人体健康与生命安全造成巨大威胁的同时,也给社会经济发展造成了难以估量的损失。②外来入侵生物危害不断加剧。随着我国对外经济贸易的不断发展，新兴业态不断涌现，从口岸截获的外来有害生物也呈现出种类批次增多、蔓延范围扩大、危害加剧的特点，对我国生态环境、农林生产和人体健康造成巨大危害。③生物遗传资源流失严重，国家利益蒙受巨大损失。④生物战威胁将长期存在，生物恐怖袭击不容忽视。⑤转基因生物的大规模应用可能产生潜在风险。因此，我们要把生物安全纳入国家安全体系，系统规划国家生物安全风险防控和治理体系建设，全面提高国家生物安全治理能力。

（七）海外利益安全

海外利益安全是国家安全的重要组成部分，主要包括海外能源资源安全、海上战略通道安全、海外中国公民及法人的安全。目前，我国已成为全球第一货物贸易大国和对外投资大国，随着自身实力不断增强以及与世界联系日益紧密，特别是"一带一路"倡议加快实施，我国企业、机构和人员大规模"走出去"，海外资产规模不断扩大，维护海外利益安全至关重要。2011年利比亚撤侨、2015年也门撤侨、2023年苏丹撤侨，是我国维护海外公民及法人安全的具体体现，但国际安全环境复杂，维护我国海外利益安全依然任重道远。

第三节 国际战略形势

所谓国际战略形势，是指国际关系中那些在长时间内、具有全局性的发展趋势，其决定或制约着一个国家政治、军事、经济斗争的对象和敌友关系以及采取的方针、政策和策略。对国际战略形势的分析和判断，是制定战略决策和战略实施过程中必须特别加以重视的问题。只有站在时代的高度，从各主要国家或政治集团的战略利益关系入手，较系统地考察一个时期内国际战略格局的状况和国际战略形势的发展趋势，综合分析影响国家安全和发展的各种国际化条件，判明本国遭受威慑的可能、方向、性质和程度，才能提出正确的战略对策。

一、国际战略形势的现状与发展趋势

当前国际战略形势的主要态势是，美国构筑"单极世界"的战略不断推进，但它没有也不可能阻止世界多极化的发展趋势。两极格局结束后，

世界出现了"一超"和"多强"并立的态势，大国之间的关系不断发生变化与调整，世界上各种政治力量不断分化组合，当今世界正经历百年未有之大变局。多极化趋势的发展，有利于世界的和平、稳定和繁荣，有利于推动建立公正合理的国际政治经济新秩序。

（一）国际战略形势的现状

1. 美国推行单边主义，继续谋求唯一超级大国地位

"冷战"结束后，美国成为世界上唯一的超级大国，美国经济长期高速增长，国力日益增强，军事实力强大，政治影响广泛，综合实力处于绝对领先地位，为其独自称霸世界提供了雄厚的基础。截至2022年，美国国内生产总值仍居世界第一，是世界第一科学技术大国，而且在关键技术领域保持领先地位，因此，美国极力保持"一超"的局面，构建美国领导下的"单极世界"。20世纪90年代初，老布什提出建立"世界新秩序"的构想，强调美国在"新秩序"中要发挥领导作用，将维护美国的领导地位作为建立新秩序的首要任务。1997年克林顿连任总统后，曾宣称20世纪是美国世纪，美国要继续前进，使21世纪也成为美国世纪。为了实现建立"单极世界"的目标，美国已制定并实行了一整套战略措施。在政治上，极力推行以美国为模式的所谓"全球民主化"；在经济上，倚仗其强大的经济实力，以经济制裁为手段，迫使别国无限度地开放市场，利用高科技和不等价交换等手段剥削发展中国家；在军事上，保持庞大的"防务"开支，努力发展高、新、尖武器，在世界各地部署军事力量并建立军事联盟，插手干涉别国内部事务。在全球战略方面，既联合又试图控制欧洲；既利用又要制约日本；以北约东扩为手段，进一步挤压、削弱俄罗斯；将中国视为主要竞争对手，向台湾出售武器。不顾欧洲国家的强烈反对，拒绝接受《京都议定书》，谋求建立美国主导下的单极世界的企图不断膨胀。

虽然美国在20世纪通过两次世界大战建立起它在全球的霸权地位，但20世纪并非美国世纪，21世纪也不可能是美国一家独霸。第二次世界大战后历史演变的事实说明，美国在全球的实力地位和影响力已相对减弱，不过不是直线下滑，而是时有起伏。从整体来看，美国作为"冷战"后唯一超级大国的地位逐渐衰退，成为多极格局中的一极，但它仍将在较长时期内拥有较其他国家更强的实力，并在许多领域特别是军事和科技领域占有领先地位。

★ 知识链接：北约东扩

北约东扩是指北约将苏联加盟共和国和中东欧的国家纳入该组织，这是"冷战"后欧洲战略格局转变时期的产物。其原因是错综复杂的，既有大国霸权因素，又有小国寻求"保护伞"因素。"冷战"后不久，中东欧国家和苏联加盟共和国相继敲响了北约的大门，申请正式加入北约。1999年3月，北约首先将捷克、匈牙利和波兰吸纳为组织成员。2004年3月，斯洛伐克、保加利亚、罗马尼亚、斯洛文尼亚以及波罗的海沿岸国家爱沙尼亚、拉脱维亚和立陶宛等七国成为北约组织的正式成员国，该组织的成员国也由先前的19个增加到26个。2008年4月，布加勒斯特峰会同意克罗地亚和阿尔巴尼亚加入北约，成员国达到28个。2017年6月，黑山加入北约。2020年3月，北马其顿加入北约，成员国达到30个。北约东扩是"冷战"后国际政治军事领域中的重大事件，势必会对北约自身及各成员国的发展产生重大影响，同时也将对全球安全格局尤其是欧洲安全格局产生深远的影响。

2. 欧盟势力影响日益扩大

在欧亚这块辽阔的大陆上，对美国在全球的独霸行径提出质疑的各种力量正在崛起。传统的资本主义活动中心——西欧正在重新寻找自己的位置，受第二次世界大战后世界形势影响，西欧正在走向一体化。西欧是资本主义国家最集中的地区，也是两次世界大战的主战场。正是第二次世界大战改变了欧洲的面貌和格局，也使欧洲联合有了新的思想基础和条件，其转折点便是有着几代仇恨的法、德之间和解。德国前外长菲舍尔也明确地说过：在当今全球化的时代，欧盟各国，包括其中最强大的国家，均无法单独称雄；只有联合，才能迎接挑战，因此，欧盟坚持走向一体化。

通过2004年和2007年两次扩张，欧盟目前拥有27个成员国，包括一个拥有核武器的联合国安理会常任理事国，总人口约4.5亿。实际上，欧盟已将绝大多数欧洲国家统合在自己麾下。2004年，欧盟首脑会议一致通过《欧盟宪法条约》草案，以保证欧盟的有效运作以及欧洲一体化进程的顺利进行。目前，欧盟的经济形势比较稳定，经济实力大幅提升，欧元在国际金融体系中的地位大幅攀升。这些都表明欧盟在提升实力、地位和统合欧洲的道路上实现了一次历史性跨越，朝着建设"欧洲人的欧洲"和世界独立一极目标迈出了实质性步伐。

随着一体化的扩大、深化和实力的壮大，欧盟独立自主的意识日益增强，要求在北大西洋联盟中进行权力再分配和角色重新定位，力争与美国建立新的平等伙伴关系。由于战略利益的差异，欧盟在国际秩序观、格局观、安全观及对待非西方大国和发展中国家及中东局势等当代世界重大问题上，同美国的距离越来越大。法国、德国等欧盟核心国家在伊拉克战争问题上甚至同美国分道扬镳。特别是欧盟不认同美国的单极战略而主张多极化，并朝着世界独立一极的目标迈进，对美国的单极战略构成有力的挑战。因此，欧盟在国际上发出的声音更为响亮有力，地位、作用日益增强。毫无疑问，未来欧盟将成为国际社会具有重要影响力的一极。

3. 俄罗斯意欲重振大国地位

20世纪90年代以后，俄罗斯国内形势不稳，金融危机严重、生产停滞、经济滑坡，大国地位受到严重削弱，但它拥有良好的工业和科技基础，拥有丰富的资源和巨大的发展潜力。在军事上，它仍然是目前唯一能够和美国相抗衡的核大国。在普京执政后，俄罗斯社会趋向稳定，经济开始恢复与增长，而且增长的质量明显提高；同时，近几年呈现出各行业全面增长的态势，一系列宏观经济指标都有较大改善。2010年以来，俄罗斯国民经济实现连续多年增长，年增速稳定保持在3%~4%。俄罗斯在财力有限的情况下，利用高科技提升防务能力，保持了世界第二大军事强国的地位。随着经济的复苏，俄罗斯加快了军队建设和武器装备更新换代的步伐，重振大国的意图更加明显。俄罗斯的发展将证实邓小平同志的预言："未来多极世界，俄罗斯算一极。"

4. 日本走向政治军事大国步伐加快

日本是世界第三经济大国，从长期发展来看，日本经济仍将走在世界的前列。但基于历史等原因，日本在国际社会的政治、军事影响远未达到其经济对世界的影响的高度。它在外交上依附于美国，唯美国马首是瞻、亦步亦趋。人们很少在国际问题上听到日本与美国不同的声音。然而，近年来，日本在加速向政治大国目标迈进的过程中，其军事外向化倾向越来越明显。虽然日本仍声称坚持"专守防卫"政策，但实际上已实行"主动先制"的积极防御战略。2014年，日本发布新版《日本的防卫》白皮书，强调恐怖主义和大规模毁灭性武器扩散对国际安全环境构成重大威胁，渲染"中国军事威胁论"，突出朝鲜特别是朝导与朝核问题对日本安全的重大威胁，同时提出要"遏制侵略于未然"，并将其解释为"以足够有力的军事力量作威慑，使对手放弃对日武装侵略的企图"。该白皮书还强调，日本自卫队将以"更加积极主动"的姿态参加海外维和行动，使日本在国际舞台上扮演"更重要"的角色。

日本还提出要对敌人导弹发射基地实施"先发制人"打击。而且，日本进一步拓展了战略视野，提出"领域防御"的新概念，把包括领陆、领海、领空、海上航线、偏远孤岛和专属经济区等在内的广泛领域均作为其防御范围。在战略布局上，日本将重点移至西部和西南方向，加强对整个西南岛屿链的防御，这既有基于其威胁判断的考虑，也有加强其海洋权益争夺的用意。这些都表明，日本由经济大国向世界政治大国甚至军事大国转变的步伐正在加快。

5. 中国综合国力稳步上升

中国经济持续保持快速增长，综合国力迈上新台阶。改革开放40多年来，中国保持了持续发展的强劲势头，经济总量明显增加，与世界经济的联系更加紧密。中国经济总量在世界上的排名，从改革开放之初的第11位，跃升到了当前的第二位。根据国家统计局的数据，2021年，我国国内生产总值比上年增长8.1%，经济增速在全球主要经济体中名列前茅，经济总量稳居世界第二，我国全年经济增长对世界经济增长的贡献率在25%左右。

中国的发展和开放，为世界商品和资金提供了广阔市场，为许多国家的企业创造了商机，也为世界创造了众多的就业机会。作为当今世界经济重要的拉动力，中国经济的发展状态与全球息息相关。中国坚持走和平发展的道路，努力与世界各国平等互利合作，不单纯只为追求己方利益，而是力主双赢，并积极加强区域合作，推动共同发展，不断为促进全球发展和繁荣做出重要贡献。中国始终高举和平、发展、合作的旗帜，坚持原则，伸张正义，积极参与国际事务，在力所能及的范围内支持和援助其他国家，充分发挥一个负责任大国的作用，国际影响日益增大。

6. 印度实施全面赶超的军事战略

近年来，印度为维护其地区强国地位，也在积极进行军事战略调整。一是从陆上战略向海洋战略转变。"走向印度洋，称霸南亚"是印度长期以来的战略梦想。"冷战"结束后，印度的战略重心向印度洋转移，1998年组建远东海军司令部，加强对印度洋地区的管控，扩大海上边界；在逐步实现对印度洋控制的同时，其势力范围扩大到南中国海。二是从常规战略向核战略转变。1998年以后，印度已经成为事实上的核国家，目前仍在大力发展核力量，以求获得稳定的根基。为了进一步增强核威慑力，印度目前正在努力构筑以陆基核打击力量为主、以空中和海基核打击力量为辅的"三位一体"核打击力量体系，加快推进核武器实战化的步伐。三是从消极性防御向主动性进攻转变。印度新军事战略的核心正在由消极防御转变为积极防御，强调主动出击，打"有限战争"，争取以较小的代价取得最佳的效果。在新形势下，印度的新军事战略特别强调并突出"攻势防御"，其基本内涵是：在战争初期把战火引向敌国领土，在对方国土上歼灭敌方有生力量，而不是坚守国土。

7. 区域一体化组织蓬勃发展

广大中小国家为了在新形势下有效维护本国的独立和主权，提升本国的国际地位，在致力于自身发展的同时，强化联合自强、走区域一体化道路的势头。除了区域组织不断发展外，大区域一体化组织也在形成和加强。除欧盟、东盟外，近年还涌现出非洲联盟和南美洲联盟。

从长远看，美国的霸权主义战略和"单极世界"的目标必然受到诸多因素的制约，不可能得逞，多极化势头无法阻挡。除了美国，当今世界各国都主张多极化。就是在美国国内，也有相当多的战略家逐渐意识到"单极世界"的目标很难实现。此外，虽然与"多强"之中任何一方的单独力量对比起来，美国的力量明显高出一筹，而且这种势头还将保持一段时间，但是与"多强"的整体力量对比起来，美国的力量已呈相对下降趋势。第三世界的一些大国总体实力也正处在上升阶段，印度、巴西等国有可能在不远的将来加入"多强"的行列。

（二）国际战略形势的发展趋势

1. 多极化将是国际战略格局发展的必然趋势

从现实情况看，由于各种战略力量的制衡，美国企图建立一家独霸的"单极世界"构想，只能是一厢情愿。从历史经验看，世界上从来就没有永远的"霸权"，大英帝国的衰落就是历史见证。可以预见，美国的"单极世界"之路也是行不通的，多极化是必然的趋势。美国"一超"的局面既是两极体制被打破后的必然现象，又是一个终将被多极化体制所取代的暂时的历史过程。世界政治经济发展的不平衡所导致的均衡化趋势，是世界战略格局中两极体制解体并最终走上多极化的根本动因。

2. 国际战略格局中各方关系将日趋复杂化

两极格局解体后，当今世界的五大力量都在通过调整对外政策来寻求自己的有利地位。美国虽然认为自己是"唯一有能力进行全球干预的超级大国"，但现在也开始承认世界多极化的事实。因此，近年来美国的对外政策也在进行调整，特别是"9·11"事件后，美国出于"反恐"的需要，也在局部调整其外交政策和安全战略。在欧洲，美国积极推进北约东扩；同时，美国还改变了过去只要西欧盟国尽"义务"而不给"权利"的做法，支持西欧联盟在维护欧洲安全方面发挥更大的作用。在亚洲，美国着手建立美日之间的新型同盟关系，支持日本在参与亚太事务中承担更多的义务、获得更多的权利。俄罗斯也在积极调整对外政策,努力恢复大国的地位和作用。俄罗斯坚持在苏联地区的"特殊责任和特殊利益",反对北约东扩,并将外交政策的重点逐步转移到亚太地区。欧盟在积极推进欧洲政治、经济一体化的同时,也在加强欧洲自身的防务力量,逐步削弱美国对欧洲的控制和影响。日本为了谋求政治大国和军事大国地位,一方面加强日美同盟关系,另一方面积极寻求改善与亚洲国家的关系,谋求在参与国际和地区事务上发挥更大的作用。中国在大力发展经济的同时,通过开展灵活的、全方位的外交,明显改善了和周边国家的关系,进一步提高了国际地位和对国际事务的发言权。这些情况表明,随着"冷战"后国际形势的发展,当今世界几大力量的地位和关系已经发生了重要变化,呈现出多边性、多变性、复杂性的发展趋势。

3. 中国在多极格局中的地位与作用将愈显突出

中国是一个发展中的社会主义大国,也是当今维护世界和平的重要力量。随着中国自身综合国力的不断增强,作为未来多极格局中的一极,中国对世界的影响是多方面的,其主要作用体现在三个方面。一是在反对霸权主义和强权政治上起制约作用,二是在经济发展上起示范作用,三是在维护第三世界权益的斗争中起重要作用。2015 年 9 月 28 日,习近平主席在纽约联合国总部出席第 70 届联合国大会一般性辩论并发表题为《携手构建合作共赢新伙伴 同心打造人类命运共同体》的重要讲话。习近平强调,和平、发展、公平、正义、民主、自由是全人类的共同价值,也是联合国的崇高目标。当今世界,各国相互依存、休戚与共,我们要继承和弘扬联合国宪章宗旨和原则,构建以合作共赢为核心的新型国际关系,打造人类命运共同体。①

二、全球治理的中国方案:构建人类命运共同体

进入 21 世纪以来,世界多极化、经济全球化、文化多样化深入发展,和平与发展取代丛林法则逐渐成为世界潮流。但与此同时,和平赤字、发展赤字、治理赤字交织,人类面临各种矛盾和冲突,"逆全球化"思潮抬头,局部冲突此起彼伏,恐怖主义蔓延肆虐,非传统安全和全球性挑战不断增多,世界经济持续低迷,不稳定、不确定成为常态,全球治理遭遇瓶颈,制度供给严重不足。面对上述风险,任何一个国家无论多么强大都不可能独善其身,也成不了救世主,大家必须携手合作、共同应对。如何更

---

① 参见《习近平出席第 70 届联合国大会》,中国政府网,2015 – 09 – 29。

新全球治理理念、构建新的更加公正合理的国际秩序、开辟人类更加美好的发展前景、创造一个更美好的世界,已经成为国际社会必须回答的问题。基于此,习近平主席针对世界经济、政治、安全形势的新发展,着眼于维护世界和平、促进共同发展的现实需要,自觉以天下为己任,提出打造"人类命运共同体"的新构想,在对外交往中大力倡导和不断完善构建周边命运共同体、亚洲命运共同体以及人类命运共同体的重大战略思想,践行互利共赢理念,以实际行动不断推进构建人类命运共同体的远景目标,赢得了国际社会普遍赞誉。

(一)构建人类命运共同体的科学内涵

构建人类命运共同体主张适应国际局势新变化,兼顾世界各国新需要,具有非常丰富的内涵。构建人类命运共同体思想的根本原则是主权平等。构建人类命运共同体,不能忘记人类长期追寻的基本目标,不能脱离人类社会发展的正确方向,不能摒弃国际关系长期实践形成的基本原则。纵观近代以来的历史,建立公正合理的国际秩序是人类孜孜以求的目标。从1648年《威斯特伐利亚和约》确立的平等和主权原则到1864年《日内瓦公约》确立的国际人道主义精神,从1945年《联合国宪章》明确的四大宗旨、七项原则到1955年万隆会议倡导的和平共处五项原则,国际关系演变积累形成了一系列公认的原则。这些原则,特别是居于核心地位的主权平等原则,是数百年来规范国与国之间关系的最重要的准则,在维护世界和平、促进共同发展方面发挥了不可替代的关键作用,是值得人类社会倍加珍惜、发扬光大的宝贵财富,也是构建人类命运共同体的基本遵循。

构建人类命运共同体思想的根本目标与核心任务是建设持久和平、普遍安全、共同繁荣、开放包容、清洁美丽的世界。持久和平是人类长期追求的普遍愿望;普遍安全是解决国际社会现实安全挑战的关键举措;共同繁荣是全球化时代世界各国人民的直接诉求;开放包容是尊重文明差异、实现交流互鉴的必然要求;清洁美丽是尊重、保护自然,寻求永续发展的根本途径。推进构建人类命运共同体,既具有前瞻性、包容性、创造性思维和战略设计,又有重要抓手和切实举措。

(二)构建人类命运共同体的实践:"一带一路"倡议

构建相互尊重、公平正义、合作共赢的新型国际关系,走出一条国与国友好相处的新路,是构建人类命运共同体的重要路径。其中,"一带一路"扮演着关键角色,架起了从现在通向未来的桥梁。共建"一带一路"包括政策沟通、设施联通、贸易畅通、资金融通、民心相通,有助于打造国际合作新平台,增添共同发展新动力。

2013年秋天,习近平主席在哈萨克斯坦和印度尼西亚分别提出共建丝绸之路经济带和21世纪海上丝绸之路的倡议,即"一带一路"倡议。几年来,全球先后有100多个国家和国际组织积极支持和参与"一带一路"建设,联合国安理会的一些重要决议也吸收了"一带一路"倡议内容。"一带一路"倡议逐渐从理念转化为行动,从愿景转变为现实。

2017年5月,"一带一路"国际合作高峰论坛在北京隆重举行,习近平主席发表了重要讲话,描绘了"一带一路"更加美好的发展蓝图。展望未来,中国将继续加大对"一带一路"建设的资金支持,向丝路基金新增资金1000亿元人民币。此外,中国国家开发银行、进出口银行还将分别提供2500亿元和1300亿元人民币专项贷款,用于支持"一带一路"基础设施建设、产能、金融合作。中国将积极同"一带一路"建设参与国发展互利共赢的经贸关系,促进同相关国家贸易和投资便利化,建设"一带一路"自由贸易网络,助力地区和世界经济增长。

回望国际社会战争与和平相互交织、安全与发展相互依赖的演变进程,人类命运共同体思想深刻地把握了中国与世界关系的历史性变化,站在中国与世界的交汇点上,统筹国际国内两个大局、办好发展与安全两件大事,牢牢把握坚持维护世界和平稳定、促进繁荣发展这条主线,同世界各国一道维护人类良知和国际公理,在国际和地区事务中主持公道、伸张正义,为发展中国家走向现代化提供了借鉴路径,为解决人类问题贡献了中国智慧、提供了中国方案,为探索更好的政策理念、治理方案和发展模式等提供了现实参照。

★知识链接:亚洲基础设施投资银行

亚洲基础设施投资银行,简称"亚投行",是一个政府间性质的亚洲区域多边开发机构,也是首个由中国倡议设立的多边金融机构,其总部设在北京。亚投行以"促进亚洲区域的建设互联互通化和经济一体化的进程,并且加强中国及其他亚洲国家和地区的合作"为宗旨,重点支持基础设施建设。亚投行主要职能包括推动区域内发展领域的公共和私营资本投资、利用其可支配资金为本区域发展事业提供融资支持、鼓励私营资本参与投资,以及为强化这些职能开展的其他活动和提供的其他服务。

三、世界其他主要国家军事力量与战略动向

世界军事形势是指当前整个世界总的军事状况和未来发展趋势。它是国际战略环境的一个重要组成部分。世界各国和各国家集团军事实力的消长，决定了它们在国际政治中的地位和作用。"冷战"结束后，世界军事力量的总体规模呈减小趋势，但多数国家军队的质量水平仍在不断提高，加强军事力量仍是维护和扩展各国利益的重要手段，是各国争夺多极化格局中重要地位的战略筹码。

（一）美国以"遏制战略"应对崛起大国

美国拥有一支全球进攻性军事力量，2022年，其现役部队约有140万军人，文职人员约70万人，此外，还有一支素质较高、装备齐全的约85万人的预备役部队（包括国民警卫队和军种后备队）。2022年，美国军费总额高达8770亿美元，占世界各国军费总和的39%。美国现实行"前沿存在"战略，有1/4的现役作战部队部署在海外。美军将全球划为六大战区，即印度洋—太平洋战区、欧洲战区、中央战区、南方战区、北方战区和非洲战区。在美军现有总兵力中，本土驻军约118万人，海外驻军约25万人（其中驻欧洲战区约11万人，驻亚太战区约10万人，驻其他地区约4万人）。美国在世界各地保持着数百个军事基地，以控制战略要点，扼守全球海域的16个咽喉要道。美国在亚太地区驻军的主要战略意图在于应对东北亚可能发生的地区性冲突，同时也有针对亚太某些大国的战略考虑。

2012年1月，美国发布《维持美国全球领导地位：21世纪的防务重点》战略指南文件。该文件阐述美国的目标是塑造"2020年的联合部队"，增强美军的适应力，使之在资源紧缺的时代能以创造性的作战概念更好地应对未来的挑战，维护美国的全球利益和霸主地位。美国国防部将该战略定名为"亚太再平衡战略"，标志着美国加快将全球战略重点转向亚太地区。继"亚太再平衡战略"后，2017年特朗普政府将其发展为"印太战略"，拜登当选总统后将其改为"亚太战略"，2022年2月，拜登政府重新发布"印太战略"文件。从"亚太再平衡战略"到"印太战略""亚太战略"再到新"印太战略"，虽然名称有所不同，但是其具体措施均是以"遏制"中国为核心的对华战略。其内容可以总结为：一是全面整合地区联盟体系，企图建立美国、日本、印度、澳大利亚多边军事联盟体系，借此强化美国在亚太地区的主导权，加强对盟国的控制，同时将盟国推向前台，

借助其力量来减轻美军的军事负担;二是加强与印度、越南、蒙古等国的军事合作,加强对中国周边邻国的影响;三是调整亚太兵力部署,强化前沿军事威慑,包括保持或增强在亚太地区的兵力,加快亚太地区军事基地建设等。美国"遏制战略"的实质是以中国为主要"威胁"和军事对手,以应对中国"反介入和区域拒止"挑战为备战基点,基本目标是重建一个防范中国的亚太安全体系,长远构想是建立一条从西太平洋、东亚延伸到印度洋、南亚的"弧度"防线。这既是美国针对国际战略力量对比变化和自身实力相对衰落的被动应对,也是其应对中国快速崛起的主动选择。

在当前国际格局"东升西降"的战略背景下,美国国防战略的根本核心仍是如何在不断变化的战略对比态势下,组织调动有限资源最有效地捍卫国家利益,维持美国的全球霸权。2013年11月,美国国防部提出六个优先防务重点:一是继续专注于防务机制改革,即改革和重建防务机制;二是重新评估军力规划建设指导思想;三是做好应对由削减军费所带来的军事准备不足的长期挑战;四是保证对空间战、网络战、特种作战等新兴军事能力建设和情报、监视、侦察的经费保障;五是对各军种和作战体系要素进行平衡;六是继续完善军队人事和补偿政策。

为维护其军事霸权,美国在大幅裁减地面部队、重点发展海空军的同时,始终加强对高、精、尖技术的投入和对新装备的研发。2017年7月,美国"福特级"航空母舰正式进入美国海军服役;该舰全长约337米,排水量逾11.2万吨,被誉为"世界最强战舰"。2013年10月,美国新一代驱逐舰"朱姆沃尔特级"驱逐舰(DDG-1000驱逐舰)下水;该舰隐身性能良好,监视能力高超,动力和电力系统强劲,攻击力凶狠。2013年11月,美军高调宣传SR-72双发无人侦察机,它是高超音速情报、监视、侦察和打击平台,一旦研发成功可通过改进、改型成为中型轰炸机,完成"一小时打遍全球"的目标。

(二)俄罗斯紧握"撒手锏",彰显大国地位

俄罗斯武装力量由陆军、海军、空天军三大军种和空降兵、战略导弹兵两个独立兵种组成。俄军虽然在常规力量上已明显减弱,但仍拥有一支强大的战略核威慑力量,具有较强的作战能力。目前,俄罗斯在欧洲地区部署了驻军,其战略意图是以强大的战略核力量和保持较高战备程度的常规力量作为威慑手段,遏止北约继续压缩其战略空间;同时,准备应对国内和独联体各国出现的突发事件或武装冲突。此外,俄罗斯在亚洲地区也部署了较多兵力,目的是对付某些国家的扩张性军事力量和东北亚可能发

生的武装冲突。

随着经济的复苏，为了保持和彰显大国地位，俄罗斯加紧了军事实力建设。虽然近些年俄罗斯遭到以美国为首的西方国家的长时间制裁，但2021年俄罗斯军费开支仍达到659亿美元。俄罗斯的军事力量建设，一方面继续推进武装力量的改革，优化军队体制编制，推行军事转型，包括调整作战指挥体制、重点发展新型作战力量、调整军事教育体系改革内容、恢复废弃军事基地、研制开发新型常规武器等。俄罗斯成功研发了第五代新型战斗机苏-57，性能直逼美国最先进的战斗机F-22。另一方面，加快战略核力量现代化进程，以提升战略威慑能力。核武器是俄罗斯目前唯一有效的全球性战略威慑力量，也是俄罗斯支撑大国地位、与美国保持低水平的战略平衡的王牌。俄罗斯国防部前部长罗季奥诺夫曾指出："遏制对俄罗斯的可能侵略是一个非常重要的战略概念。"俄罗斯在核力量建设方面的主要做法是加快第五代导弹系统换装步伐和新型导弹的研制进程。俄军计划未来将装备400多枚现代化陆基和海基洲际弹道导弹，装备28个团的S-400防空导弹系统，装备38个营的"勇士"防空导弹系统和装备10个旅的"伊斯坎德尔-M"战役战术导弹系统。目前，俄罗斯正在研制的新型洲际弹道导弹发射重量约100吨、有效载荷多达5吨，将加装高超声速分布式多弹头，采用固体燃料推进，可携带10枚核弹头。此外，俄罗斯还不断加大战略核力量演训力度，以验证俄罗斯战略核力量的可靠性和威慑力。近些年，面对北约新一轮东扩的威胁，俄罗斯军队多次进行陆海空"三位一体"战略核力量联合演习，通过试射洲际弹道导弹、演练操控程序等来展示俄罗斯战略核力量的可靠性和威慑力。

总之，俄罗斯把战略核力量和常规力量作为其实现军事战略目标的主要军事手段。在战略指导上，俄军突出战略核力量的威慑作用和常规力量的实战作用，遏制和反击来自任何方向的侵略，以维护和保卫俄罗斯的大国地位和传统利益。

（三）日本借美国"重返亚太"，打造"军事强国"

日本2021年国防预算约541亿美元，占其GDP比重约1.1%。日本自卫队现有总兵力约25.5万人，拥有约300架第三代作战飞机，编有4个"八八舰队"（即由8艘驱逐舰和8架反潜直升机及其他舰艇组成的编队），是一支装备精良、体制灵活、便于扩充的军事力量。目前，日本兵力部署已将重心由北向西和向南调整，其战略意图主要是应对朝鲜半岛及其他方向上可能发生的"周边事态"。

在美国"重返亚太"的战略大背景以及中日领土、历史争端不断持续发酵的情况下,日本意图加强防卫力量建设,特别是将发展海上力量作为提高自卫队战斗力的重要任务,突显了日本在领土问题上与中国持续对峙的意志,同时加强对其南部岛屿链的管控。根据日本2014年版《防卫白皮书》,日本认为其周边安全环境越发严峻,需要加强防卫能力,同时与日美安保体制相协调。2014年7月1日,日本内阁通过了修改宪法解释、解禁集体自卫权的内阁决议案,提出"武力行使三条件",标志着日本战后以防卫为主的安保政策发生了重大变化。"武力行使三条件"较抽象,延伸拓展空间很大,在武力使用的程度和范围上不符合其宪法第九条的精神,此举将给亚太安全形势带来消极影响。

为提升军事实力,日本着力加速武器装备更新换代。在陆战武器方面,日本开始自主研发"10式"第四代坦克,据称其"具有世界最高水准";同时,还计划采购可用于登陆作战的美国海军陆战队的AAV7系列两栖坦克。在海战装备方面,日本建造大型直升机驱逐舰,满载排水量2.7万吨,并可搭载F-35B垂直起降固定翼飞机,其战斗力接近轻型航母。在空战武器方面,截至2021年,日本已采购美国F-35战斗机147架,并着力研发国产第五代战斗机"心神"。此外,日本在大幅放宽"武器出口三原则"的基础上,加紧武器出口以及与美国以外其他国家联合研发武器,使武器研发步入快车道。

日本军事战略的实质,是借助美国的力量,扮演一个能够遏制并干预地区不稳定因素的角色,采取"主动先制"的防卫政策,努力成为军事大国,最终实现政治大国的战略目标,扩大其在亚太地区乃至全球的影响力,从而更加有效地维护和扩展其国家利益。

(四)印度突出"惩戒威慑",提升军事实力

据国际战略研究所统计,2019年,印度的总兵力约为144.4万人,数量居世界第三位,现有1400架各类型作战飞机和两艘航空母舰等先进武器装备,并已拥有核武器。同时,经过多年发展,印度卫星的研发和应用技术已达到或接近国际先进水平,其运载火箭技术也不断取得突破性进展。2008年,印度首个月球探测器"月船1号"发射升空;2009年,印度成为继美国、俄罗斯、欧洲航天局和中国之后第五个掌握"一箭多星"发射技术的国家(组织)。在其主要邻国前,印军重点部署了主力作战部队,装备有数量、质量均占优势的主战坦克和作战飞机,经常举行针对邻国的军事演习,声称要谋求"对等的核威慑",打低、中、高三种强度的战争和全方

位的战争。

印度以"惩戒威慑"为战略指导，以边境地区军事力量建设为牵引，明确军队发展目标，深化体制编制调整，加速推进弹道导弹和反导力量建设，加快装备现代化进程，频繁进行实战性军事演习，不断提升军事力量。一是加大国防经费投入。2021年，印度国防开支达766亿美元，仅次于美国和中国，位列世界第三。二是加强中印边境地区和印度洋东部海域军事力量建设。包括建立独立步兵旅，部署特制无人机和组建新的山地作战部队，以及在中印边境地区部署"布拉莫斯"导弹营等。三是加强弹道导弹和反导系统建设，提升战略威慑能力。仅2012年，印度就进行了16次弹道导弹和巡航导弹试射。其中，"烈火-5"型弹道导弹射程达5000千米，经历10年研制首次试射并取得成功。2012年，印度还进行了两次反导拦截试验，均获得了成功。四是加大演训力度，提高部队实战能力。此外，印度也放宽了外资在军事研发中的限制，极大地为军事研发注入了新的活力。

思考题

1. 维护国家安全的基本原则有哪些？
2. 总体国家安全观的内涵是什么？
3. 我国周边安全环境的现状是什么？
4. 当前国际战略形势的发展趋势是什么？
5. 如何理解人类命运共同体思想？
6. 我国周边主要国家的战略动向是什么？

第三章 军事思想

军事思想是军事科学体系中的重要内容。它来源于人类社会各个历史时期，各阶级、集团及其军事家和军事论著者关于战争与军队问题的理性认识，是人们长期从事战争和军事实践的经验总结和理论概括，同时又给人类的军事实践以理论指导，并在军事实践中接受检验。军事思想所揭示的战争和军事领域的一般规律，对人类活动的其他领域也有普遍的指导意义。

第一节 军事思想概述

一、军事思想的定义与分类

军事思想是关于战争、军队和国防基本问题的理性认识，是人们长期从事军事实践的经验总结和理论概括。

军事思想揭示战争的本质、战争的基本规律以及进行战争的指导规律，阐明军队建设的基本理论和原则，从总体上反映研究军事问题的成果。军事思想产生于一定的社会物质生产和战争实践基础之上，并受到其他社会意识形态的制约和影响。军事思想同样能影响和作用于其他社会意识形态，军事思想和军事领域所揭示的一些事物的普遍规律，所形成的原则、概念和范畴，常常被用于政治、经济、外交以及体育比赛等方面。

军事思想的内容大体可以分为两个层次：一是军事哲学，主要内容有战争观、军事问题的认识论和方法论；二是军事实践基本指导原则，主要内容有战争指导的基本方针和原则、军队建设的基本方针和原则、国防建设的基本方针和原则等。

从不同的研究角度出发，军事思想有不同的划分方法。按地域和国家划分，可分为外国军事思想和中国军事思想；按时代划分，可分为古代军事思想、近代军事思想和现代军事思想；按阶级性质划分，可分为奴隶主阶级军事思想、封建地主阶级军事思想、资产阶级军事思想和无产阶级军事思想等。整体而言，任何军事思想都是以战争和军事为研究对象，都是对战争和军事问题的理性认识。它以一定的哲学的世界观和方法论为指导，反映一定时代、阶级、国家、人物对战争性质、战争准备与实施所持的基本观点。

二、军事思想的发展概况

人类对战争和军队问题的认识，经历了一个历史发展的过程。从时代角度来讲，军事思想作为一种相对独立的意识形态，可以划分为不同的发展阶段。

（一）古代军事思想

古代军事思想包括奴隶社会和封建社会两个时期的军事思想，至于此前的军事思想萌芽，已无文字可考。

在世界古代军事历史上，中国最早创立了较为系统的军事思想。中国古代军事思想最早出现在公元前21世纪至公元前8世纪的奴隶社会时期。在这一时期，古代中国已有了军队和战争，军事思想开始萌芽，并逐渐成为专门的学科。代表性军事著作有《军政》《军志》等。在公元前8世纪至公元前3世纪春秋战国的社会大变革时期，中国古代军事思想取得了辉煌的成就，涌现出许多杰出的军事家及军事著作，如孙武及其所著的《孙子兵法》等。中国进入封建社会后，铁兵器的广泛推广，火药的逐步应用，步兵、骑兵、车兵和水军诸兵种的发展变革，在客观上促进了军事思想的丰富和发展。

公元前8世纪至公元5世纪，是西方古代的奴隶社会时期。在这个时期，古希腊、古罗马等奴隶制国家为了扩张领土、建立霸权、掠夺奴隶和财物，频繁发动战争。在长期的战争实践中，涌现出许多著名的将领和统帅，产生了丰富的古希腊和古罗马军事思想。

古希腊军事思想主要散见于希罗多德的《历史》、修昔底德的《伯罗奔尼撒战争史》、色诺芬的《远征记》，以及阿里安、普鲁塔克等人的历史著作和著名军事人物的军事活动史料之中。古希腊军事思想的主要观点有：①战争是由根本利害矛盾引起的；②战争的目的是征服，谋求城邦、国家利益和霸主地位；③战争的胜败取决于政治、军事、经济、精神等条件；④作战前必须对双方的军力、财力、人力等方面的长处和短处进行认真分析与对比；⑤注意激励军队的士气，立足以优势力量建立己方胜利的信心；⑥采取出乎意料的行动使敌人惊慌失措。

古罗马军事思想源于古希腊而又有所发展，主要著作有恺撒的《高卢战记》、弗龙蒂努斯的《谋略》。古罗马的主要军事思想为：①进一步认识到战争有正义与非正义之分；②把军事作为实现政治目的的工具，而政治又是配合军事行动达成军事目的的手段；③通过外交广泛结盟，孤立对手，恩威并举，从而达到自己的目的；④主张以进攻为主、防御为辅；⑤在被迫处于防御状态时，也总是通过向敌后等薄弱处进攻以改变攻防态势，变防御为进攻；⑥主张建立一支忠于自己的部队，以金钱、土地、建筑甚至妇女等利益保证部队的忠诚，以精神鼓励、严格的纪律保持部队的战斗力。

从公元476年西罗马帝国灭亡，到1640年英国爆发资产阶级革命，在这长达1100多年的"黑暗"时代，欧洲封建割据的庄园经济、宗教思想和经院哲学的禁锢，极大地限制了军事思想的发展。此时欧洲军事思想发展的主要特点可概括为：①战争被披上宗教外衣，掩盖统治集团间的利益争夺；②宣扬战争是人类天性中的一部分，是原始罪恶之果，也是教会权力的支柱；③在战争中丧失生命的人可以进入天国，赎免一切罪恶；④重视军队建设，把军队看成国家的重要工具；⑤对雇佣兵制的弊端有了初步认识，主张实行义务兵制；⑥初步涉及战略学、战术学的概念；⑦认识到制海权的重要性，认为控制了海洋，就可以赢得和守住巨大的海外领土。

（二）近代军事思想

从1640年英国资产阶级革命至1917年俄国十月革命，这277年为世界近代史。此时，西方国家走向资本主义，并向帝国主义发展，而近代中国则处在半殖民地半封建社会。这一时期，封建与反封建的战争、资本主义与反资本主义的战争、帝国主义国家之间的战争、殖民与反殖民的战争等各种不同性质的战争交织在一起，频繁发生，为人们研究军事思想提供了实践依据。工业文明和科学技术的进步，使军队装备发生了较大变化，热兵器（火药）被广泛使用，从而产生了与之相适应的军事思想。受外国近代军事思想和中国古代军事思想影响，中国近代军事思想也形成了自己的特点。

外国近代军事思想可划分为两大体系，即资产阶级军事思想和无产阶级军事思想。

1. 资产阶级军事思想

资产阶级军事思想形成于17世纪中叶至19世纪中叶，代表人物及其著作主要有俄国苏沃洛夫的《制胜的科学》、瑞士若米尼的《战争艺术概论》、普鲁士克劳塞维茨的《战争论》和比洛的《新战术》《最新战法要旨》、法国吉贝特的《战术通论》、美国马汉的《海权对历史的影响》《海军战略》等。其中，克劳塞维茨的《战争论》是外国近代军事思想的杰出代表。著名军事家如拿破仑、库图佐夫等虽然没有给后人留下著作，但其丰富的军事实践也蕴藏着崭新的军事思想。这一时期的军事思想主要表现为：①反对战争认识问题上的不可知论，提出军事科学的概念；②军事科学包括战略与战术两个重要组成部分；③主张探讨战争的本质、规律，研究军队、装备、地理、政治和士气等因素在战争中的作用；④重视对战争史的研究；⑤认为战争无非是政治通过另一手段的继续，是迫使敌人服从己方意志的一种暴力行为，具有概然性和偶然性，是政治的工具；⑥认识到民众武装在战争中的重要作用，但民众武装不是万能的，使用民众武装要有条件；⑦重视建立一支反映资产阶级利益的部队；⑧重视和平时期军队建设和战争准备，以随时应对战争；⑨认识到新发明对军队的组织、武器装备和战术的影响，装备的变化必然引起战术的变化；⑩认识到作战中士气的作用，把思想教育训练放在重要位置；⑪认为海权是推动国家以至历史发展的决定因素，控制了海洋就控制了整个世界；⑫树立歼灭战思想，认为军事行动的目的是在不设防的野战中消灭敌人的军队，而不是占领敌人的领土和要塞；⑬与歼灭战相适应，大多数军事家都强调进攻，认为只有进攻才能消灭敌人；⑭认为防御不能是单纯的防御，而是由巧妙的打击组成的盾牌；⑮认为要在主要方向和重要时刻集中兵力，快速机动是集中兵力的重要途径；⑯认为作战应确立打击重心、保持预备队等。

★知识链接：拿破仑战争

　　拿破仑战争，是指1799—1815年法国与以奥地利、普鲁士、俄国、英国为核心的反法同盟进行的一系列战争，在世界历史上特别是世界军事史上占有重要地位。自1799年11月拿破仑上台执政，到1812年5月入侵俄国前，法国经过大革命洗礼，凭借优越的政治环境和先进的军事制度，动员全国人力、物力建立了一支编制完备、机动性强、富有战斗力的国家军队，接连打败第二、第三、第四、第五次反法同盟，使法国达到全盛时期。但拿破仑的连年征战给法国人民带来沉重负担，导致国内阶级矛盾激化。同时，拿破仑的侵略扩张激起了欧洲各国人民的反抗，唤起了民族觉醒，尤其是侵俄战争的失败加速了帝国的崩溃。反法同盟各国乘机发动大规模反攻，取得了反法战争的最后胜利。

　　前期的拿破仑战争捍卫了法国大革命成果，把大革命的思想和精神带到了欧洲，加速了欧洲封建制度的瓦解，具有进步性。而后期的拿破仑战争则具有掠夺性和侵略性，最终导致了帝国的覆没。拿破仑战争沉重打击了欧洲封建社会的统治秩序，为资本主义在欧洲的发展创造了条件，激发了被征服国家民族的觉醒，促进了欧洲近代化的进程。

2. 无产阶级军事思想

无产阶级军事思想的主要代表是马克思、恩格斯和列宁。他们坚持唯物论，以唯物辩证法研究军事，吸收了资产阶级军事思想的有益成分，因而能对战争的一系列重大问题有深刻认识。其军事思想的主要内容包括：①认为战争和军事是一个历史范畴，随着私有制和阶级的产生、消亡而产生、消亡；②战争是政治通过另一种手段的继续，要反对非正义战争，拥护正义战争；③在帝国主义阶段，帝国主义是战争的根源；④无产阶级必须用暴力推翻资产阶级政权，建立自己的统治；⑤应以组织城市工人武装起义为中心，通过占领城市夺取国家政权；⑥无产阶级夺取和巩固政权都必须要有自己的新型军队；⑦无产阶级代表人民利益，有能力、有条件把人民武装起来实行人民战争，并强调军队与人民群众相结合；⑧认识到科学技术的进步必然引起战略战术的变革；⑨战争的奥妙在于集中兵力，主张积极防御、主动进攻、慎重决战、灵活机动。

近代中国自1840年鸦片战争后逐步沦为半殖民地半封建社会，当时许多有识之士看到武器装备对于战争胜负的重要性，因而从西方引进先进技术，开办工厂制造枪械，当时的军事理论课程主要是介绍武器性能、操作使用指南。1894年甲午战争后，清政府意识到仅靠坚船利炮的作战思想落后，不能赢得战争，于是又师承西方学习军事理论，翻译西方重要军事论著，如克劳塞维茨的《战争论》等。由中国人自行撰写的代表作有《军事常识》等，其主要军事观点有：①师夷长技，重整军备；②依靠民众，积极备战；③避敌之长，救吾之短；④以弃为守，诱敌入险。

★知识链接：洋务运动

洋务运动，是指19世纪60—90年代晚清洋务派以"自强""求富"为口号所进行的一场引进西方军事装备、机器生产和科学技术以挽救清朝统治的自救运动。主持洋务运动的，在中央是奕䜣、文祥，在地方则是曾国藩、左宗棠、李鸿章、张之洞等，尤其是李鸿章、张之洞主办洋务时间长、项目多、涉及面广，成为洋务运动后期的首领。他们推动了中国建设兵工厂、铁路、电报等，所创办的企业中相当一部分属于官督商办，如轮船招商局、上海机器制布局、漠河金矿、天津电报总局等。这些企业虽然招商入股，但由"官总其大纲"，故其属于官僚资本主义范畴。洋务企业的生产管理官僚化、衙门化，不讲效益和成本，加上本国无工业基础，工厂设备和多数配件都要依赖进口。洋务派进行的军事改革，虽只涉及"器"而不触动"制"，却也冲破了一些传统封建思想的束缚，为后来新思想的传播开启了一扇门。在1894年的甲午战争中，北洋水师全军覆没，标志着洋务运动的失败。

（三）现代军事思想

进入20世纪后科学技术突飞猛进，新式武器层出不穷，战争形态和作战方式发生了重大变化，军事理论研究空前活跃，军事思想更加丰富。

在1914—1918年的第一次世界大战中，火炮、机枪的强大火力与掩体工事、铁丝网紧密配合，造成进攻一方伤亡惨重，形成了旷日持久的阵地对峙，各参战国立足于短期战争的速决方针都落了空。战后，西方国家的军事家纷纷预测未来战争可能出现的作战样式和作战方法，许多军事理论都是围绕某种主战兵器及相应作战力量的运用而展开的。

意大利军事理论家杜黑提出了"空中战争"理论，又称"空军制胜论"。他在著作《制空权》中强调，由于飞机的广泛应用，空军将成为未来战争的主要力量，空中战争的胜负将决定战争结局。为此，要建立与海军、陆军并列的独立空军，夺得制空权是赢得战争的必要条件，空军的首要任务是夺取制空权。空中战争是具有进攻性的，空军的核心是轰炸机部队，要对敌国纵深的政治、经济、军事目标实施战略轰炸，迫其屈服。英国的富勒、德国的古德里安等提出了"机械化战争"理论，又称"坦克制胜论"，认为装甲坦克是战争的决定性力量，是陆军的主体，应大量集中使用坦克和航空兵，实施突然有力的突击，迅速突破对方主要集团的防线，深入敌国纵深，摧毁战备不足的国家。德国的鲁登道夫提出了"总体战"理论，认为现代战争是总体战，它既针对军队也针对平民，战争具有全民性，强调民族的团结在战争中的重要性；主张实行国民经济军事化；要建设好一支平时就准备好的军队；重视统帅在总体战中的作用；战争的突然性意义重大，力求闪击对方。法国元帅贝当根据第一次世界大战的经验，提出了依靠坚固防御工事制胜的"阵地战"理论。英国的军事理论家利德尔·哈特提出了"间接路线战略"，主张避免正面强攻，要采取迂回路线，营造对自己有利的形势，集中力量对付敌人的弱点，以较小的代价达成战争目的。这些军事思想，对当时世界各国的军队建设、战争准备和作战行动都起到了重要的指导作用。

在第二次世界大战接近尾声时，美国成功研制出核武器，随即将其用于对日作战，使人类进入了核武器时代。战后，美国挥舞"核大棒"，对苏联及其他社会主义国家实施核讹诈，"核武器制胜论"和威慑理论在美国军事思想中占据重要地位。战后初期，美国先后实行遏制战略和"大规模报复"战略，削减常规力量，重点发展核武器和战略空军。随着苏联军事力量不断增强和危机事件不断发生，美国认识到只靠核武器不能应对中小规模的常规战争和各种危机，因此对军事战略进行了调整，先后实行"灵活反应"战略、"现实威慑"战略、"新灵活反应"战略，主张以核武器为"盾"，以常规力量为"剑"，在确保核威慑的前提下，运用常规力量打赢各种类型的战争。20 世纪 80 年代初，美国军事理论家格雷厄姆提出"高边疆"战略思想，认为外层空间是人类活动新的战略制高点，谁能控制外层空间，谁就能掌握战略主动权。根据这一思想，美国于 1983 年制定了"战略防御倡议"，俗称"星球大战计划"，准备利用空间技术建立弹道导弹防御体系，使自己处于能攻能守的优势地位，确保自身绝对安全。

★知识链接："星球大战计划"

"星球大战计划"，亦称"战略防御计划"，源于美国总统里根在 1983 年 3 月 23 日的一次演讲。这项计划于 1984 年由美国总统里根批准实施，计划 1994 年部署，是美国"遏制战略"的一个重要组成部分。"星球大战计划"由"洲际弹道导弹防御计划"和"反卫星计划"两部分组成，预算高达 1 万多亿美元。拦截系统由天基侦察卫星、天基反导弹卫星组成第一道防线，用常规弹头或定向性武器攻击在发射和穿越大气层阶段的战略导弹；由陆基或舰载激光武器摧毁穿出大气层的分离弹头；由天基定向能武器、电磁动能武器、陆基或舰载激光武器攻击在进入大气层前阶段的飞行核弹头；用反导导弹、动能武器、粒子束武器摧毁重返大气层后的"漏网之鱼"。经过上述四道防线，可以达到对来袭核弹 99% 的摧毁率。此时正处于美苏"冷战"的最后关头，经济本来就岌岌可危的苏联被迫投入新一轮的军备竞赛，最终拖垮了自己的经济，这也成为导致苏联解体的一个重要原因。1993 年 5 月 13 日，美国宣布放弃"星球大战计划"。

20 世纪 80 年代末 90 年代初,东欧剧变、苏联解体,国际战略格局发生了重大变化。"冷战"虽已结束,但武装冲突和局部战争仍频频发生。与此同时,以信息技术为核心的高技术迅猛发展,对武器装备的研制、军队编制体制的调整产生了重大影响,导致战争形态由机械化向信息化转变。在这种背景下,美国等主要军事强国掀起了一场新的军事变革,对军事思想的更新产生了巨大的推动作用。1991 年海湾战争后,美国军事理论家根据战争形态的变化趋势,提出了"信息作战""震慑作战""快速决定性作战"等理论观点,积极研究"网络中心战""一体化联合作战"等新战法,强调非线式作战、非对称作战、非接触作战,力求"零伤亡"。在军队建设上,美国历来依赖技术优势。在信息化条件下,美国形成了以"信息优势"为核心的建军思想,认为信息优势是军队的核心能力,美军建设的一切活动都是围绕增强信息优势来进行的。进入 21 世纪后,美军又制定了进一步加强信息化建设的计划和措施,计划于 21 世纪中叶基本建成信息化军队和陆海空天一体的数字化战场。其目的就是依仗其雄厚的经济实力和先进的科学技术,进一步拉大与其他国家在军事技术上的时代差,长久保持其独霸的国际地位。

★知识链接:"网络中心战"思想

"网络中心战"的概念,是美国国防部在 2001 年的《网络中心战》报告中第一次正式提出的。网络中心战是指通过全球信息网格,将分散配置的作战要素,集成为网络化的作战指挥体系、作战力量体系和作战保障体系,实现各作战要素之间的战场态势感知共享,最大限度地把信息优势转变为决策优势和行动优势,充分发挥整体作战效能。网络中心战的实质是利用计算机信息网络,对处于各地的部队或士兵实施一体化指挥和控制,其核心是利用网络让所有作战力量实现信息共享,实时掌握战场态势,缩短决策时间,提高打击速度与精度。网络中心战强调将战场上所有侦察监视系统、通信联络系统、指挥控制系统和武器系统组成一个以计算机为中心的信息网络体系,各级作战人员利用该网络体系了解战场态势、交流作战信息、指挥与实施作战行动。网络中心战其实是系统论与网络技术在军事领域的综合运用,是具体解决作战系统集成的方案,即通过网络的方式来提高系统集成度,提高各作战单位的整体性。

美国作为西方国家的"领头羊",其军事思想代表着西方现代军事思想的发展潮流，但其他西方国家的军事思想也有其自己的特点。如英国、法国、德国等从维护自身利益出发，在发展武器装备、军队结构、安全战略、联盟战略等方面都有自己的考虑和做法。"冷战"结束后，法国、德国等注重增强本国军事实力，试图通过法德合作推动欧洲共同防务的发展，逐步摆脱对美国的军事依赖，依靠欧洲自身力量维护欧洲安全。英国在继续保持与美国的特殊关系的同时，着重准备进行与英国利益相关的局部战争和应对北约以外地区的突发事件，加强快速反应部队建设，提升紧急海外作战能力、远距离输送能力、远洋独立作战能力。苏联解体后，俄罗斯根据其经济、军事力量下降的现实，先后提出"纯防御""积极防御"和"现实遏止"战略，重点应对局部战争和武装冲突，削减军队规模，走质量建军之路，大力发展太空技术，在少量重点军事领域保持世界领先地位，建立合理够用的核攻击力量，保留在紧急情况下首先使用核武器的战略选择。

在这一时期，中国军事思想有了极大的发展。中国共产党在领导长期的革命战争和国防建设实践中，吸收了古今中外军事思想的精华，逐渐形成了毛泽东军事思想、邓小平新时期军队建设思想、江泽民国防和军队建设思想、胡锦涛国防和军队建设思想、习近平强军思想。

三、军事思想的地位与作用

军事思想是军事实践的指南。军事思想是军事实践的能动反映和理论概括，揭示了军事领域的一般规律，对军事实践起指导作用。

军事思想是研究具体军事学科的理论基础。军事思想研究战争与军事领域的一般规律，而具体军事学科研究的则是各自领域的特殊规律。如果只研究各自领域的特殊规律，而不懂得战争与军事领域的一般规律，就难以从总体上把握战争，也就不能真正认识和把握具体军事学科所研究的各自领域的特殊规律。因此，军事思想能够为具体军事学科的研究提供方法论。

军事思想对其他社会实践也有着重要的借鉴意义。先进科学的军事思想贯穿着唯物论和辩证法。学习和研究军事思想，不仅可以学到观察和解决问题的正确立场、观点和方法，还可以学会如何把军事的基本原理同社会实际相结合，正确运用其原理解决实际问题，增强工作的原则性、系统性、预见性和创造性。

第二节 外国军事思想

外国军事思想是指除中国以外的世界其他有代表性的国家及其政治家、军事家和思想家对于战争、军队及国防等问题的理解和认识。

一、外国军事思想的主要内容

外国军事思想是在人类社会历史发展的长河中产生、形成并成熟起来的，在不同的历史阶段其内容各有不同。

（一）古代外国军事思想

古代是指奴隶社会和封建社会生产方式占统治地位，从公元前4000年到17世纪的时期，在军事上处于冷兵器与火器并用的时期。这一时期，古埃及、亚述帝国、波斯帝国、古希腊、古罗马、拜占庭帝国、阿拉伯帝国等国家和民族的政治家、军事家、思想家，对战争、国防和军队等问题提出了一系列看法，基本上反映出农牧时代的外国军事思想。

1. **古代前期**（约公元前4000年至公元前6世纪）

在埃及、两河流域、小亚细亚和伊朗高原等地区，一些杰出统帅的军事实践活动和一些零星的文字记载与实物资料大致反映了奴隶社会前期的军事思想。

2. **古代中期**（约公元前5世纪至公元476年）

这一时期，古希腊和古罗马军事思想显著发展，这在希罗多德的《历史》、修昔底德的《伯罗奔尼撒战争史》、色诺芬的《远征记》、恺撒的《高卢战记》《内战记》、弗龙蒂努斯的《谋略》以及韦格蒂乌斯的《论军事》等著作中都有所反映。

3. **古代后期**（公元476年至17世纪中叶）

东方的拜占廷帝国、阿拉伯帝国、奥斯曼帝国等崛起，普遍建立了以骑兵为主的庞大军队，不断进行战术技术创新，产生了许多杰出的军事人物，他们的军事实践活动和这一时期有代表性的军事著作，如普罗科匹厄斯的《查士丁尼皇帝征战史》、莫里斯一世的《将略》、利奥六世的《战术学》和尼基弗鲁斯二世·福卡斯的《论军事》等，反映了拜占廷帝国、阿拉伯帝国、奥斯曼帝国等的军事思想。15世纪末至17世纪中叶，资本主义生产方式在欧洲产生，军事上适逢冷兵器向热兵器过渡的关键时期。一些杰出的统帅，如西班牙统帅科尔多瓦、荷兰独立战争领导人莫里斯、日本军事统帅织田信长、瑞典国王古斯塔夫二世·阿道夫等人的军事实践活动，以及这一时期的代表性军事著作，如意大利政治和军事理论家马基雅维利的《战争艺术》等，反映出在军事变革过程中西欧诸国和日本的军事思想获得了快速发展。

（二）近代外国军事思想发展历程

近代是指资本主义生产方式占统治地位的时期，约从 17 世纪中叶到 20 世纪中叶，军事上处于火器和机械化战争时期，并已开始出现和运用核武器。这一时期，英国、法国、德国、俄国（苏联）、美国等国家的著名政治家、军事家、思想家对战争、国防和军队等问题的一系列看法，大致反映了工业时代的外国军事思想。

1. 近代前期（17 世纪中叶至 18 世纪下半叶）

资本主义制度在英、美等少数国家确立，但绝大多数国家和地区仍在封建专制政权统治之下。这一时期，英国资产阶级革命领导人克伦威尔、美国独立战争领导人华盛顿、俄国沙皇彼得一世和苏沃洛夫、普鲁士国王腓特烈二世等的军事实践活动，以及英国军事理论家劳埃德的《1756 年普鲁士国王与奥地利女王及其盟国之间在德国的战争史序言或劳埃德将军的军事政治回忆录》、苏沃洛夫的《制胜的科学》等军事著作，大致反映了资产阶级革命初期的军事思想。例如，克伦威尔强调建立一支新型的革命正规军，发挥革命军队的政治优势，采取积极进攻、力争主动的战略；华盛顿强调在战争中学习战争，把人民群众创造的散兵战术发扬光大，坚持文官治军，确保军队服从国家的政治领导；彼得一世强调建立强大的正规陆军和海军，主张开办军事学校以建立培养新型军队的训练体系，认为进攻战略的主要目标是消灭敌人有生力量等。

2. 近代中期（18 世纪末至 19 世纪下半叶）

法国大革命和拿破仑战争揭开了世界军事史的新篇章。拿破仑继承和发展了法国革命战争所创立的建军思想和作战原则，重视建立强大的预备队，强调在决定性的时间和地点集中优势兵力，以坚决的进攻歼敌有生力量。俄军统帅库图佐夫强调在敌强我弱的情况下避免不利决战，保存实力，消耗敌人有生力量，不失时机地实施战略反攻。英国海军统帅纳尔逊主张在海战中摒弃传统的战列线战术，采取分队穿插的机动战术。普鲁士军事统帅毛奇高度重视总参谋部建设，主张总参谋部全权指挥军队，要求先敌动员、快速展开、分进合击、速战速决。在军事理论研究方面，克劳塞维茨的《战争论》提出了"战争无非是政治通过另一种手段的继续"的著名论断，全面、系统地研究了战争、战争理论、战略战术、防御进攻、民众武装等问题。若米尼的《战争艺术概论》论证了军事领域的一些基本原理及其应用规则，同时指出不能把这些原理当成绝对化的公式，书中对战争艺术的内容体系做了全新的划分。这两部著作均在总结拿破仑战争经验的基础上产生，标志着欧洲和世界近代资产阶级军事思想体系的基本确立。

3. 近代后期（19世纪末至20世纪中叶）

近代后期是帝国主义争霸和重新瓜分世界的时代，军事上处于从火器向机械化装备过渡的时期。两次世界大战给人类带来了沉重灾难，但也造就了众多杰出的将领，推动军事思想进入全面繁荣和发展时期。美国战略理论家马汉提出了海权论，主张建立并运用优势的海军和其他海上力量控制海洋，夺取制海权，进而控制世界。这一思想对美、英、德、日等国的海军建设和称霸海洋的战略产生了深远影响。英国的地缘政治学家麦金德提出了"大陆心脏"和"世界岛"理论，认为谁控制了东欧平原，谁就能控制世界。第一次世界大战后，德国军事家鲁登道夫提出了"总体战"理论，主张动员国家一切力量、使用一切手段进行战争。意大利军事理论家杜黑、英国军事理论家特伦查德、美国军事理论家米切尔提出了空中战争论，强调空中力量在现代战争中有决定性的作用。英国军事理论家富勒、利德尔·哈特、法国军事理论家戴高乐、德国军事理论家古德里安等人提出了机械化战争论，认为高度装甲化、机械化的机动突击力量是战争制胜的决定性手段。第二次世界大战期间，基于军事技术和武器装备的发展，交战各国在战略指导上提出并贯彻了闪击战、大纵深作战、持久战、"先欧后亚"战略、战略性的游击战等思想，极大地丰富和发展了世界军事思想的内容。第二次世界大战末期，美国研制出原子弹并投入使用，标志着核战争时代的到来。

（三）现代外国军事思想

现代是指第二次世界大战结束至今，军事上处于从核威慑条件下的机械化战争向信息化战争过渡的时期。这一时期，美国、苏联（俄罗斯）、英国、法国、德国、日本、印度等国家的政治家、军事家、思想家对战争、军事和国防等问题提出了一系列看法，基本上反映出从工业时代向信息时代过渡时期的外国军事思想。

1. 现代前期（1945—1990 年）

第二次世界大战结束到 20 世纪 90 年代初期，以美国和苏联为首的两大国际政治、军事集团之间进行了长期的冷战，一大批军事理论家，如美国的布罗迪、康恩、基辛格和苏联的索科洛夫斯基、戈尔什科夫等人，围绕核战争及核威慑条件下的常规战争问题提出了一系列理论观点和看法。美国首先提出"核武器制胜"理论和"大规模报复"理论；苏联也提出未来战争是一场全面的火箭核大战。20 世纪 60—70 年代，美国提出了灵活反应战略理论和逐步升级理论，主张准备打常规战争和使用战术核武器的战区核战争；苏联也强调既准备打核战争，也要准备打常规战争。20 世纪 80 年代，雷厄姆等人提出利用美国的先进技术抢占宇宙空间制高点，以恢复对苏联战略优势的高边疆理论。被誉为"世界新军事变革首倡者"的苏军总参谋长奥加尔科夫认为，核武器和常规武器的不断完善、电子技术的飞速发展、新式武器的不断出现以及武装斗争手段的极大改进，将引起军事上的深刻革命。其间，尽管美、苏对核武器和核战争作用等问题的认识有过一些变化，但都始终把核军备与核威慑作为推行国家政策的重要手段。同时，英国提出"最低限度核威慑"理论，法国提出"有限核威慑"战略理论，都主张发展独立、有效的核力量。

2. 现代后期（1991 年至今）

"冷战"结束后，世界主要国家正式启动与推进新军事变革，积极进行军事理论创新，工业时代的军事思想加速向信息时代的军事思想转变。美国、俄罗斯、英国、德国、法国、印度等国家的一大批军事理论家，如美国的沃登、欧文斯、塞布罗夫斯基，俄罗斯的加列耶夫等，对转型时期及未来信息时代的战争、军队和作战等问题提出了一系列新的观点和看法。①战争观。对信息时代战争的定性，主要有"非对称战争""高技术战争""第四代战争""第六代非接触战争""网络中心战争""基于信息的战争"和"信息战争"等说法。②战略思想。在威胁判断上，普遍强调国际安全环境的不确定性，不仅重视传统安全威胁，而且重视非传统安全威胁。在国家安全问题上，强调信息时代的国家安全不仅包括军事安全，还包括经济安全、科技安全、政治安全、文化安全，特别是信息安全。在战略指导方针上，不仅继续强调实行威慑，而且针对各种现实威胁强调实施"先发制人"的打击。在战略手段上，普遍强调信息在维护国家安全和未来战争中的作用，并认为核武器仍是遏制战争的有效手段。③作战思想。各国提出了"基于效果作战""信息战""太空战""网络中心战""快速决定性作战""平行作战""非对称作战""非线式作战"等理论。在作战目的上，不再一味强调谋求大量歼灭敌有生力量和攻城略地,而是注重摧毁敌战争意志,以最小代价换取较大效果。在作战方式上,强调实施体系对抗、结构破坏。在作战空间控制上,不仅重视夺取制空权、制海权,而且注重争夺制天权和制信息权。在作战程式上,主张放弃工业时代的兵力集结、部署、逐次突破推进、最后决战等程序化的行动方法,采用探明敌情、部队进入、实施打击、夺取或摧毁关键目标、决战、信息作战及作战保障同时展开的"平行作战"方法。在作战手段上,不再以大面积、高杀伤的粗放式作战为基本手段,而是以"点穴式"、高效能的精确打击为主要手段,避免造成大量附带损伤。④建军思想。一是强调基于能力,将过去"基于威胁"的建军模式改为"基于能力"的模式,即以作战能力牵引军队的建设和发展。二是强调国家统筹,要求把国防和军队的信息化建设战略规划纳入国家决策范畴,由中央政府统一筹划,加速推进机械化军队向信息化军队转型。三是强调信息主导,让"信息主导军队建设的方方面面",把军队建设的着眼点放在"看得见""连得通""传得快""打得准"上。四是强调系统集成。在作战力量建设上,同时加强作战空间预警、指挥控制和精确使用作战手段三个作战职能领域,并使之实现无缝隙链接;在部队建设上,建设数字化部队;在武器装备建设上,积极推行"横向技术一体化"等。

随着人类社会由工业化跨入信息化,工业时代的机械化军队终将转变为信息时代的信息化军队,工业时代的机械化战争终将演变为信息时代的信息化战争。作为指导和引领军事实践活动的军事思想,必将更加充分地反映信息化时代特点,更加迅猛地开拓创新,更加强调开放吸纳外来有益成分,同时,也必将发挥出越来越大的理论先导作用。

二、当代外国军事思想的基本特点

当代外国军事思想虽然因各国安全环境、战略目标、自身实力等因素不同而有所差异,但有一些共同的基本特点,主要包括以下四个方面。

(一) 创新性

外国军事思想最显著的特征是创新性。这一点在"冷战"后表现得尤为明显。大量高新技术,特别是信息技术越来越多地被用于军事领域,不仅大大提高了作战效能,而且从根本上改变了作战样式、作战方式和战争形态。根据这些变化,美军于20世纪90年代中期创立了"信息作战"理论，提出实施军事欺骗、心理战、电子战、计算机网络战、作战保密等作战行动，必须夺取信息优势，为实现全面优势和战争的最后胜利创造条件。俄军密切跟踪世界军事发展，在借鉴信息战、网络中心战等思想的基础上提出了网络破袭战、信息突击战、心理攻防战等新作战概念，用以指导其军事转型。日本、印度等国军队也提出了适应信息时代战争需要的新思想和新理论。

（二）继承性

外国军事思想是外国对战争、军队、国防建设和军事行动的特点、规律的探索与总结，虽然在各时期表现出不同的特征，但它们之间有连续性和关联性，是对传统军事思想的继承和发展。美军是一支具有创新文化、提倡创新思维、鼓励创新行为的军队。"冷战"后，其提出了"非正规战争""混合战争""联合作战""快速决定性作战""网络中心战""多域战""全域战"等众多新的作战思想。这些作战思想既是对信息时代战争特点、规律的探索与总结，也是对美军原有思想的继承和发展。"冷战"后，为实现"争做世界一流大国"的战略目标，印度提出了新的地缘安全观和军事安全观，实行对巴（巴基斯坦）"惩戒威慑"、对华"劝诫威慑""冷启动"攻势防御等军事思想，既反映了印度在新的历史条件下对国家安全问题的重新认识，也表现出其对英国殖民者安全观和本土战略思想的全面继承和发展。

（三）开放性

外国军事思想是对所处时代军事活动的客观反映和规律性总结，但又随着军事实践的发展变化而变化。因此，外国军事思想在强调军事战略、作战条令、训练条令等文件的权威性、指导性和规定性，要求部队在遵照执行的同时，也为修改、发展和完善其军事思想预留空间。例如，美军联合作战的概念体系架构已经比较完善，但这并不意味着这个架构一成不变。美军规定，新概念颁布 18 个月后要对其进行全面评估，如果评估结果表明该概念符合预想情况，体系结构基本可行，就对其展开进一步深化和完善；否则，就要放弃该概念或修改不合理的体系结构。

（四）规范性

外国军事思想创新虽然也提倡"百花齐放"，但当一种思想、观点或术语被官方接受后，就会以官方文件或法规的形式对其加以规范。例如，20

世纪末至 21 世纪初，美军相继提出了"行动中心战""知识中心战""网络中心战"等前瞻性作战理论。经过一段时间的实践，美军最后确定采用"网络中心战"理论，并且以向国会提交的报告、四年防务审查报告、军队转型路线图等文件形式对其加以规范，使"网络中心战"理论成为美军认可和共同开发的未来作战理论。

三、《战争论》主要军事观点

《战争论》是 19 世纪资产阶级经典军事理论著作，自 1832 年面世以来，其各种译本在世界范围内广为流传，被西方国家推崇为军事理论的代表作，并被奉为军事院校的教科书和军官的必读书。这部著作不仅奠定了近代西方资产阶级军事理论的基础，也是马克思主义军事科学的重要理论来源之一，在军事思想发展史上占有重要地位。《战争论》的作者克劳塞维茨亲身经历了法国资产阶级革命时期的军事改革和战争实践，对法国资产阶级革命和拿破仑战争的经验教训进行了系统总结。《战争论》的军事观点主要体现在以下五个方面。

★知识链接：克劳塞维茨

卡尔·冯·克劳塞维茨 1780 年 6 月出生于普鲁士布尔格镇一个小税务官家庭。他 12 岁入伍，接受了封建时期普鲁士军队的传统教育和严格训练。

1806 年 10 月，克劳塞维茨随亲王参加了耶拿—奥尔施塔特之战，撤退时被法军俘虏，在法国度过了近一年的战俘生活。其间，克劳塞维茨着重研究军事，提出了一些对军队改革有益的主张。1809 年，克劳塞维茨就任普鲁士军事改革委员会主席办公室主任。1810 年，他被任命为柏林军官学校的教官。其间撰写了《三个信条》，表达了抗击拿破仑的爱国信念，强调了普鲁士改革的必要性。

1812 年，克劳塞维茨因反对弗里德里希·威廉三世与拿破仑结盟而辞去普军军职，到俄国参加反抗拿破仑的战争。1813 年，克劳塞维茨先后任俄军总参谋部中校、俄普联合军团的参谋长，参加了博罗季诺会战、莱比锡会战。1818 年，克劳塞维茨被任命为柏林军官学校校长并晋升少将，在任 12 年，致力于战争史和军事理论研究。1831 年 11 月 16 日，克劳塞维茨因患霍乱不幸病逝。其遗孀玛丽整理出版了《卡尔·冯·克劳塞维茨将军遗著》，共十卷，《战争论》是其中的前三卷。

（一）战争本质

克劳塞维茨认为，战争反映国家的政治，是国家的工具之一。战争始终是一种具有政治目的的行动，政治是"孕育战争的母体"，政治动因的意义越大，使用暴力的范围就越大。他认为，军事必须从属于政治，进而提出了"战争无非是政治通过另一种手段的继续"的名言。

（二）战争的目的与手段

克劳塞维茨指出，战争是一种暴力行动，用以强迫敌人屈服于自己的意志。抽象战争的唯一目的是解除敌人的武装，使其无力反抗。而现实战争所追求的目的却是多种多样的，可以是消灭敌人的军队，也可以是占领敌人的地区、入侵或等待敌人进攻。但是，"在战争所能追求的目的中，消灭敌人的军队永远是最高目的"。战争的手段只有一种，那就是战斗，"不要听信有不经流血而克敌制胜的将军之说"。

（三）精神因素在战争中的作用

克劳塞维茨把决定战争胜负的要素分为精神、物质、数学、地理、统计五类，并将精神列为首要因素。他指出，物质的原因和结果不过是刀柄，精神的原因和结果才是贵重的金属，才是真正的利刃。精神因素贯穿于战争的各个方面，贯穿于战争的始终，在战争的各个时期都起作用。精神因素由统帅的才能、军队的武德、军队的民族精神三方面组成。在这三种因素中，统帅的才能在战争中更为重要。需要指出的是，他在充分肯定精神因素作用的同时，在某些方面也存在夸大精神力量的偏颇。

（四）民众武装的作用

克劳塞维茨认为，以农民为主要力量的民众武装，有着正规军无法替代的作用，是一种强大的战略防御手段。民众武装是熊熊烈火，可以烧毁敌人的基地，破坏敌人的生命线，而敌人却难以应对，因为敌人不可能像驱逐一队队士兵那样赶走武装的民众。他提出，在民众战争中，应遵循正规军支持下的游击战原则，由小股部队执行有限的战术进攻，实行战略防御，避免会战。

（五）进攻与防御的辩证关系

克劳塞维茨认为，进攻与防御是相互影响、相互联系的两种作战形式。

整体防御中有局部进攻,整体进攻中有局部防御,进攻可转为防御,防御也可转为进攻。他在军事思想史上,第一次提出了"积极防御"和"消极防御"的概念,并且主张实行积极防御,反对消极防御。

第三节 中国古代军事思想

中国古代军事思想是指我国在奴隶社会、封建社会时期,各阶级、集团及其军事家和军事理论研究者对战争与军队问题的理性认识。它随着社会、战争的发展而不断深化,经历了由发生到发展的沿革过程。

一、中国古代军事思想的形成与发展

(一)中国古代军事思想初步形成

从上古传说时代开始,我们的祖先就不断总结原始社会战争的相关经验。公元前21世纪至公元前8世纪,我国先后经历了夏、商、西周三个奴隶制王朝。这是中国奴隶社会从确立、发展到鼎盛的历史时期,也是我国古代军事思想的初步形成时期。由于对战争客观规律认识的局限,战争受"迷信"的影响极大,统治者经常以占卜、观察星象等来决定下一步的战争行动,产生了以天命观为中心内容的战争指导思想。军队的治理以"礼"和"刑"为基础。"礼"主要适于上层的贵族和军官,讲究等级名分,上下有序;对下级和士兵的管理则主要靠"刑",即严酷的刑罚。这个阶段已产生了一些萌芽形态的兵书。商周的甲骨文、金文中就有大量关于军事活动的记载。西周时期已出现《军志》《军政》等军事著作,虽早已失传,却是我国古代军事思想形成的重要标志。

(二)中国古代军事思想趋向成熟

公元前8世纪初到公元前3世纪末,即春秋战国时期,是我国从奴隶制向封建制过渡的时期。这个时期是我国古代政治、经济、文化和科技大发展的时期,也是古代军事大发展的时期。随着不同阶级间以及统治阶级内部矛盾的不断激化,战争连绵不断、规模逐渐扩大,且形式多样。许多代表新兴地主阶级的军事家和兵书著作不断涌现,其内容涵盖战争论、治兵论、用兵论及研究战争的方法论等方面,全面奠定了我国古代军事思想的

基础，标志着我国古代军事思想的基本成熟。现存最早、影响最大的军事理论著作就是春秋末期孙武所著的《孙子兵法》。它是新兴地主阶级军事理论的奠基之作，标志着封建阶级军事思想的成熟，成为后世兵书的典范。其他影响较大的兵书还有《吴子》《司马法》《孙膑兵法》《尉缭子》《六韬》等。

（三）中国古代军事思想进一步丰富和发展

公元前3世纪初至公元10世纪中叶，是中国封建社会发展的上升阶段。这一时期主要经历了秦、汉、晋、隋、唐等几个大一统的王朝。其中，汉、唐两代是中国封建社会的盛世，军事思想也在这一时期得到了进一步丰富和发展。

秦以后进入了以铁兵器为主的时代，骑兵成为作战力量的主角，水军参战更加频繁。这就要求作战指挥必须加强步兵、骑兵、水军的配合作战。从汉到隋曾多次发生像赤壁之战、淝水之战这样大规模、多兵种的配合作战。在这些战争中，政治斗争与军事斗争的结合、谋略与决策的典型运用，以及作战指挥艺术都达到了相当高的水平。战争的发展使得战略战术的运用和指挥艺术都得到高度发展，战略思想也日臻成熟。诸葛亮的《隆中对》成为当时战略决策的典型代表。

这个时期出现了许多总结军事斗争经验的兵书。其中汉初的《黄石公三略》和唐代的《李卫公问对》等是传世的重要军事著作。《黄石公三略》是一部从政治与军事关系的角度论述战争的兵书，它进一步阐述了"柔能制刚，弱能制强"的朴素的军事辩证法，并指出最高统治者必须广揽人才，重视民众与士卒的作用。《李卫公问对》结合唐代初期的战争经验，对以往的兵书进行了探讨，对《孙子兵法》提出的虚实、奇正和攻守等原则及其内在联系做了精辟的论述，在某些方面提出了更新的见解，发展了前人的思想，深化了先秦时期的某些用兵原则与内涵；特别是其论从史出、以史例论兵的研究方法，结合战例探讨兵法的新风，受到历代兵家的高度赞赏和效仿。

（四）中国古代军事思想体系化

公元960—1840年，历经宋、元、明、清（前期）四个朝代。这期间，中国封建社会进入晚期；火器逐渐被普遍使用，战争进入了冷、热兵器并用的时代。宋朝之初，就面临着民族矛盾扩大、阶级矛盾激化和统治阶级内部矛盾加剧的局面。因此，当政者为了维护统治，确立了兵学在社会中的正统地位，武学开始纳入国家教育体系。北宋中叶开始重视武事，开办武学，发展军事教育。统治者为了教习文臣武将熟悉军事，命令曾公亮等编纂《武经总要》，总结古今兵法和本朝方略，又颁布《孙子兵法》《吴子》《司马法》《六韬》《尉缭子》《黄石公三略》和《李卫公问对》为"武经七书"，并将其官定为武学教材。武举的设立、武学的兴办、武经的颁定，为北宋培养了大批军事人才，繁荣了军事学术。

这个时期也是中国古代军事思想经过漫长的丰富和发展历程后走上体系化的时期，主要表现是兵书的数量繁多、门类齐全、概括性强和自成体系，且内容丰富，分门别类地概括了军事思想的各个方面，形成了比较完整的体系，是我国古代兵书数量最多的时期。

二、中国古代军事思想的基本内容

（一）战争的起因、性质和作用

1. 战争的起因

《吴子》认为，"一曰争名，二曰争利，三曰积恶，四曰内乱，五曰因饥"。即引起战争的原因有五个方面：一是争夺霸主地位，二是争夺土地、财产和人口，三是积怨太深，四是国家发生了内乱，五是国家发生了饥荒。

2. 战争的性质

《吴子》指出，"一曰义兵，二曰强兵，三曰刚兵，四曰暴兵，五曰逆兵"。即禁暴除乱、拯救危难的军队叫义兵；仗恃兵强、征伐列国的军队叫强兵；因君王震怒而出师的军队叫刚兵；弃理贪利的军队叫暴兵；不顾国乱民疲，兴师伐众而出征的军队叫逆兵。

3. 战争的作用

《司马法》指出，"是故杀人安人，杀之可也；攻其国，爱其民，攻之可也；以战止战，虽战可也"。《尉缭子》则明确指出，"故兵者，所以诛暴乱，禁不义也"。

（二）战争与政治

《孙子兵法》指出，"善用兵者，修道而保法，故能为胜败之政"。《尉缭子》指出，"兵者，以武为植，以文为种；武为表，文为里"。《淮南子·兵略训》指出，"兵之胜败，本在于政。……为存政者，虽小必存；为亡政者，虽大必亡"。《司马法》指出，"以义治之之谓正，正不获意则权，权出于战，不出于中人"。意思是说，采用合于正义的措施治理国家，这是正常的方法；用正常的方法达不到目的就采取特殊的手段，特殊手段是以战争方式表达出来的，而不是以和平方式表现出来的。

（三）战争与经济

经济是战争的物质基础，战争是以巨大的物质消耗为代价的。对这一点，我国古代军事家的认识是比较深刻的。《孙子兵法》指出，"凡用兵之法，驰车千驷，革车千乘，带甲十万，千里馈粮；则内外之费，宾客之用，胶漆之材，车甲之奉，日费千金，然后十万之师举矣"。因此，又指出，"善用兵者，役不再籍，粮不三载，取用于国，因粮于敌，故军食可足也"。对此，春秋时期的管仲也曾有较深刻的论述，"地之守在城，城之守在兵，兵之守在人，人之守在粟"。因此，他明确指出，"一期之师，十年之蓄积殚；一战之费，累代之功尽"。

（四）战争与主观指导

《孙子兵法》明确指出，"因利而制权，……故兵无常势，水无常形，能因敌变化而取胜者，谓之神"。意即指挥者必须不断根据敌情、我情的变化修正主观指导，采取克敌制胜的有效手段。《草庐经略》则说得更为明确，"夫敌情叵测，常胜之家必先悉敌之情也。其动其静，其强其弱，其治其乱，其严其懈，虚虚实实，进进退退，变态万状，烛照数计。或谋虑潜藏而直钩其隐状，或事机未发而预揣其必然。盖两军对垒，胜负攸悬，一或不审，所失匪细。必观其将而察其才，因其形而用其权；凡军心之趋向，理势之安危，战守之机宜，事局之究竟，算无遗漏，所谓运筹帷幄，决胜千里也"。也就是说，只有掌握客观规律，充分发挥主观指导作用，才能赢得胜利。

（五）将帅修养

古代军事家特别重视将帅在战争中的地位和作用，认为"知兵之将，民之司命，国家安危之主也"。为此，封建统治阶级从利益出发，提出了将帅修养的标准。《孙子兵法》强调，"将者，智、信、仁、勇、严也"。《吴子》指出，"总文武者，军之将也"，故将之所慎者五："一曰理，二曰备，三曰果，四曰戒，五曰约。"怎样考核将帅呢？《武经总要·选将》提出"九验"："远使之以观其忠，近使之以观其恭，繁使之以观其能，猝然问焉以观其智，急与之以观其信，委之以货财以观其仁，告之以危以观其节，醉之以酒以观其态，杂之以处以观其色。"

（六）治军

1. 强调法规法令的建设与实施

《尉缭子》中设有"重刑令""伍制令""勒卒令""经卒令"和"兵令"等，就是为了"明刑罚，正功赏"，"鼓之，前如雷霆，动如风雨，莫敢当其前，莫敢蹑其后"，使军队"方亦胜，圆亦胜，错邪亦胜，临险亦胜"。

2. 重视军事训练

《吴子》指出，"故用兵之法，教戒为先。一人学战，教成十人。十人学战，教成百人。百人学战，教成千人。千人学战，教成万人。万人学战，教成三军"。《兵略丛言提纲》指出，"不教则不明，不练则不习"。在训练方法上主张"教得其道""练心""练胆""练艺"。

（七）战略战术

古代兵书中关于战争谋略与战术的论述也颇有见地，如"上兵伐谋""以全争于天下"的全胜论，"不战而屈人之兵"的威慑论，"度势""料势""为势"的胜可为论，"先人有夺人之心""兵贵先"的先发制胜论，"后人发，先人至"的后发制胜论，"制人者握权也，见制于人者制命也""致人而不致于人"的掌握战争主动权论，"战势不过奇正，奇正之变，不正胜穷也""善用兵者，无不正，无不奇，使敌莫测"的奇正相变论，"我专而敌分，我专为一，敌分为十，是以十攻其一也"的以众击寡论，"避其锐气，击其惰归""以治待乱，以静待哗""以近待远，以逸待劳，以饱待饥""无邀正正之旗，勿击堂堂之阵"的"治气""治心""治力""治变"的"四治"论。

（八）战争保障

1. 物资储备和后方补给

《孙子·军争篇》指出，"军无辎重则亡，无粮食则亡，无委积则亡"。《六韬·军略》则说，"三军用备，主将何忧"。此外，古代军事思想家还提出，"取用于国，因粮于敌"。

2. 地形

《孙子·地形篇》指出，"夫地形者，兵之助也"，"知天知地，胜乃不穷"。《武经总要·九地》提出，"夫顿兵之道有地利焉。我先据胜地，则敌不能以胜我；敌先居胜地，则我不能以制敌"。

3. 用间

《孙子·用间篇》提出，"三军之事，莫亲于间"，"先知者，不可取于鬼神，不可象于事，不可验于度，必取于人，知敌之情者也"。又说，"无所不用间也"。《行军须知·用间》则说，"间谍之法，于兵家尤为切要也"。

此外，还有阵法、行军、安营、警戒等方面的论述。

三、《孙子兵法》主要军事观点

《孙子兵法》是我国古代军事家孙武所著。《汉书·艺文志》记录为82篇，图9卷，现存仅为13篇，其他如八阵图、战斗六甲法等已失传。现存的13篇可分为三个部分：第一部分由"计""作战""谋攻""形""势"和"虚实"组成，侧重论述军事学的基础理论和战略问题；主要强调战略速决和伐谋取胜，另外包含对战争总体、实力计算和威慑力量的深刻认识。第二部分由"军争""九变""行军""地形"和"九地"组成，侧重论述运动战术、地形与军队配置、攻防战术和胜败关系；具体包括奇正、虚实、勇怯、专分、强弱、治乱、进退、动静和死生等辩证关系。第三部分由"火攻"和"用间"组成，论述了战争中的两个特殊问题。

★知识链接："兵圣"孙武

孙武（约公元前545—公元前470年），字长卿，春秋晚期齐国乐安（今山东惠民）人，是与孔子大体同时代的人。

春秋晚期是中国历史上的一个大变革时期，诸侯争霸，战争频发。同时，周朝原有的统治制度趋于瓦解，思想领域出现了"百家争鸣"的局面。受时代风气和家族风尚的影响，孙武成年后对军事进行了深入研究。其时齐国卿大夫争权，内乱不已，孙武便离开齐国投奔南方的吴国。其间他潜心兵法的研究和著述，静观吴国政治形势的变化，等待时机。他结识了楚国亡臣伍子胥，二人志趣相投，成为孙武在吴国政治生涯转折的关键。伍子胥为了保举孙武，在吴王面前曾先后七次言孙武乃"折冲销敌"之将。公元前514年吴王阖闾即位后，为图霸业广揽人才。孙武以其所著《兵法十三篇》进献吴王，深得吴王器重，被任命为将军。

从公元前512年到公元前482年，吴国国势强盛，向西击破强大的楚国，攻入楚都郢城（今湖北江陵西北），又挥师北上，威震齐、晋诸大国,这些战役,孙武都做出了巨大贡献。孙武以其兵法和军事思想而受到世人推崇,被尊称为"孙子",与老子、孔子、墨子等并列为春秋战国之际的大思想家。

《孙子兵法》是我国由奴隶制向封建制过渡的社会大变革时代的产物,也是孙武革新进步的军事思想所结出的硕果。它被誉为古今中外现存古书中最有价值、最有影响的古代第一兵书,对社会其他领域也有着广泛的影响。《孙子兵法》的军事观点主要体现在以下五个方面。

(一)重战、慎战和备战思想

1. 重战思想

《孙子兵法》开宗明义地指出,"兵者,国之大事,死生之地,存亡之道,不可不察也"。战争是国家的大事,关系到军民生死、国家存亡,不能不加以认真地研究和对待。这段关于战争的精辟概括,是孙武军事思想的基本出发点。春秋末期,诸侯兼并,战乱频繁,战争不仅是各国维持其政治统治、向外扩张的主要手段,而且关系到国家的存亡。孙武总结了一些国家强盛、一些国家灭亡的经验和教训,提出"兵者,国之大事"的著名论断,这对于人类认识战争的本质,无疑是一个巨大贡献。

2. 慎战思想

"亡国不可以复存,死者不可以复生,故明君慎之,良将警之。"国家灭亡了就不能再存在,人死了就不能复生。所以,对待战争问题,明智的国君要慎重,贤良的将帅要警惕。基于此,孙武主张,"非利不动,非得不用,非危不战"。不是对国家有利的,就不要采取军事行动;没有取胜把握的,就不能随便用兵;不在危急紧迫情况下,就不能轻易开战。

3. 备战思想

"用兵之法,无恃其不来,恃吾有以待也;无恃其不攻,恃吾有所不可攻也。"用兵的原则是,不要寄希望于敌人不会来,而要依靠自己拥有充分的准备;不要寄希望于敌人不会来攻,而要依靠自己拥有使敌人无法攻破的条件。战争的立足点要放在事先做好充分准备,严阵以待,使敌人不敢轻易向我方发动进攻的基础上。

(二)"知彼知己,百战不殆"的战争指导思想

"知彼知己,百战不殆;不知彼而知己,一胜一负;不知彼,不知己,每战必殆。"了解敌人又了解自己,则百战不败;不了解敌人而了解自己,

则有胜有负；既不了解敌人，又不了解自己，那就每战必败。

　　孙武用简明扼要的语言，指明了战争指导者必须了解敌我双方情况与战争胜负的关系，从而揭示了指导战争的普遍规律。这一思想极富科学价值。毛泽东对此曾有高度评价，并在《论持久战》一文中指出："战争不是神物，乃是世间的一种必然运动，因此，孙子的规律'知彼知己，百战不殆'乃是科学的真理。"这条规律，从哲学意义上讲，是实事求是的朴素的唯物主义思想；从战争理论上讲，是分析判断情况的根本规律；从指导战争的意义上讲，是先求可胜的条件，再求必胜之机的重要抉择。

（三）以谋略制胜为核心的用兵思想

　　谋略，是指用兵的计谋。《孙子兵法》军事思想的核心是谋略制胜。孙武认为，军事斗争不仅是军事力量的竞赛，还是敌我双方政治、经济、军事和外交等方面的综合斗争，更是双方军事指导艺术的较量，即斗智。

1. "庙算"制胜

　　"夫未战而庙算胜者，得算多也；未战而庙算不胜者，得算少也。而多算胜，少算不胜，而况于无算乎！吾以此观之，胜负见矣。"战前，计算周密，胜利条件多，可能胜敌；计算不周，胜利条件少，不能胜敌；而何况于根本不计算，没有胜利条件呢！我们从这些方面来考察，谁胜谁负就可以看出来了。"庙算"制胜，主要是指战前要从战争全局上，对战争诸因素进行分析和对比，决定打不打，怎么打，用什么力量打，在什么时间、地点打，打到什么程度，如何进行战争准备和后方保障，等等，要做到有预见、有计划和有保障，心中有数，打则必胜。也就是说，先求"运筹于帷幄之中"，然后才能"决胜于千里之外"。

2. "诡道"制胜

　　"兵者，诡道也"，"兵以诈立"。用兵打仗是一种诡诈行为，要依靠诡诈多变取胜。军事上的诡道是指异于常规的做法。"兵不厌诈"，乃古今常理。在战争的舞台上，如果对敌人讲"君子"之道，就必然被敌所制；如果能较好地运用"诡道"，使敌人出现过失，创造战机，那就能陷敌于被动。这种战例举不胜举，如齐魏马陵之战、吕蒙"白衣渡江"、日本偷袭珍珠港、盟军诺曼底登陆等。孙武将"诡道"归纳为十二法："能而示之不能，用而示之不用，近而示之远，远而示之近；利而诱之，乱而取之，实而备之，强而避之，怒而挠之，卑而骄之，佚而劳之，亲而离之。"

3. "不战而屈人之兵"

　　"百战百胜，非善之善者也；不战而屈人之兵，善之善者也。"在战争中,百战百胜并不是最好的,不战而使敌人屈服才是最好的。所以,孙武主张"上兵伐谋,其次伐交,其次伐兵,其下攻城"。最好是以谋制胜,使敌人屈服。其次是通过外交途径,分化瓦解敌人的同盟,迫使敌人陷入孤立,最后不得不屈服。例如,战国时期,秦国采取"远交近攻"的战略逐步灭了六国,就是以外交手段配合军事进攻取得胜利的范例。再次是伐兵,即用武力战胜敌人。最下策是攻城,展开硬碰硬的攻坚战。孙武指出:"善用兵者,屈人之兵而非战也,拔人之城而非攻也,毁人之国而非久也,必以全争于天下。故兵不顿而利可全,此谋攻之法也。"善于用兵的人,使敌人屈服而不用直接交战,一定要用全胜的计谋争胜于天下,这样军队就不至于疲惫受挫,而又能获得全胜的利益。这就是以计谋攻敌的原则和孙武全胜的思想。

当然,想要不战而胜,必须以强大的武力做后盾,如果没有这一点,就不可能达到这个目的。如1949年平津战役时,我军之所以能促使傅作义起义,取得和平解放北平的胜利,前提条件是我军西克张家口、东陷天津、百万大军兵临城下,使北平之敌处于一无逃路二无外援、战则必败的境地,加上我党的政策感召等。

孙武还总结了若干作战用兵的原则,如先胜而后求战的原则,示形、动敌的原则,避实而击虚的原则,我专而敌分的原则,因敌而制胜的原则等。总之,孙武"不战而屈人之兵"的思想对后世的影响最大,并为世界所公认。

(四)"文武兼施,恩威并用"的治军思想

"卒未亲附而罚之,则不服,不服则难用也;卒已亲附而罚不行,则不可用也;故令之以文,齐之以武,是谓必取。""令素行者,与众相得也。"如果将帅还没有取得士卒的爱戴和拥护就去惩罚士卒,士卒就不会心服,心不服就很难派他们去作战;即使将帅已经取得了士卒的爱戴和拥护,而士卒不能严格执行纪律,也不能派他们去作战。因此,一方面要体贴和爱护士卒,使他们心悦诚服,另一方面要用严格的纪律使他们行动一致,这样才能战必胜。平素命令之所以能贯彻执行,都是将帅与士卒相互信赖的缘故。

(五)朴素唯物论和原始辩证法思想

《孙子兵法》之所以能够跨越时空、历久弥新,与它所反映的朴素唯物论和原始辩证法思想是分不开的。兵法中反映的唯物论主要包括三个方面:

一是对战争的认识冲破了"鬼神论"和"天命论",二是把客观因素作为决定战争胜负的基础,三是注意到时间和空间在军事上的作用。原始辩证法思想主要表现在能够正确认识战争中各种矛盾的对立统一及相互转化的关系。《孙子兵法》中的辩证概念,如敌我、攻守、胜负、迂直、强弱、勇怯、奇正、虚实、分合、久速等,并充分论述了这些因素在一定条件下是可以转化的。

《孙子兵法》作为一部伟大的军事著作,它的科学价值和历史贡献是不可磨灭的。但由于它诞生在2500多年前的古代,难免存在时代和阶级的局限,主要表现为:战争观方面未能区分战争的性质,治军方面有愚兵政策,军队补给方面有抢掠政策,以及作战原则方面存在某些片面性等。我们在学习和运用《孙子兵法》时,应注意剔除这些缺点,但在学习这部伟大著作时,绝不能求全责备。

第四节　当代中国军事思想

当代中国军事思想是中国共产党在创建人民军队、领导武装斗争和社会主义现代化建设的长期实践中,坚持把马克思列宁主义基本原理同中国革命和军队建设实际相结合,创造出的具有中国特色的军事理论体系,包括毛泽东军事思想、邓小平新时期军队建设思想、江泽民国防和军队建设思想、胡锦涛国防和军队建设思想和习近平强军思想。

一、毛泽东军事思想

毛泽东是伟大的马克思主义者,伟大的无产阶级革命家、军事家和理论家,是中国共产党、中国人民解放军和中华人民共和国的主要缔造者和领导人。以毛泽东为代表的中国共产党人,在领导中国人民进行长期的革命战争和国防建设与国防斗争的实践中,继承和发展了马克思列宁主义的军事理论,创立了中国共产党科学的军事理论——毛泽东军事思想。

(一)毛泽东军事思想的科学含义

毛泽东军事思想是毛泽东关于中国革命战争、人民军队和国防建设及军事领域一般规律问题的科学理论体系,是毛泽东思想的重要组成部分。它是马克思列宁主义普遍原理与中国革命战争实践和国防建设实际相结合的产物,是中国共产党领导中国人民及其军队长期军事实践经验的科学总结和集体智慧的结晶。它同时汲取了古今中外军事思想的精华,是中国共产党领导中国革命战争、军队建设、国防建设和反侵略战争的指导思想。

(二) 毛泽东军事思想的主要内容

毛泽东军事思想博大精深,是一个完整的科学体系,内容非常丰富;主要包括无产阶级的战争观和军事方法论、人民军队建设思想、人民战争思想、人民战争的战略战术和国防建设思想五部分。①

1. 无产阶级的战争观和军事方法论

毛泽东在领导中国革命战争的过程中,为了教育全党全军自觉投入革命战争,根据马克思列宁主义的战争观,结合中国革命战争实际,系统论述了中国共产党人对战争的根本看法和态度,形成了系统研究和指导战争的根本理论,成为中国共产党制定政策、军事战略的理论基础和根本依据。其主要观点为:①战争是阶级社会的产物,是政治的继续。毛泽东指出:"战争——从有私有财产和有阶级以来就开始了的,用以解决阶级和阶级、民族和民族、国家和国家、政治集团和政治集团之间,在一定发展阶段上的矛盾的一种最高的斗争形式。"人类社会只有进步到消灭阶级、消灭国家的时候,战争才能从根本上消除。②战争按政治性质来分,只有正义战争和非正义战争两类。正义战争符合人民群众的根本利益,是历史发展的动力。非正义战争违背人民群众的根本利益,是历史发展的阻力。③共产党人要拥护正义战争,反对非正义战争,用革命战争消灭反革命战争。④霸权主义和强权政治是威胁世界和平的主要根源,是当今世界不安宁的一个主要原因。⑤共产党人研究战争的目的是消灭战争,实现人类的永久和平。

战争是有规律的,不仅要研究一般规律,还要研究特殊规律。毛泽东在总结土地革命战争的经验时指出:"战争的规律——这是任何指导战争的人不能不研究和不能不解决的问题。不知道战争规律,就不知道如何指导战争,就不能打胜仗。"熟识敌我双方各方面的情况,从中找出行动的规律,并将这些规律应用于自己的行动,是研究和指导战争的根本方法;一切战争指导规律都是发展的,研究和指导战争要从实际出发,着眼于其特点和发展,客观全面地了解和掌握敌我双方的情况,使主观指导符合客观实际;要有全局观念,善于关照全局,把握关节;要在客观的物质基础上,充分发挥主观能动性去争取战争的胜利。

---

① 参见《中国军事百科全书》第 2 版,中国大百科全书出版社 2015 年版。

2. 人民军队建设思想

以毛泽东为代表的老一辈无产阶级革命家、军事家，把创建人民军队作为武装斗争的首要问题和实现革命理想的最主要手段。毛泽东强调，没有一个人民的军队，便没有人民的一切。在革命战争年代，主要的斗争形式是战争，而主要的组织形式是军队。为了把以农民为主要成分的军队建设成为一支无产阶级性质的新型人民军队，毛泽东在长期的战争实践中，总结和提出了一整套建军的理论和原则。

（1）人民军队的性质。毛泽东从"军队是国家政权的主要成分""是阶级压迫的工具"的原理出发，提出了"枪杆子里面出政权"和"党指挥枪"的思想，指明我军是中国共产党领导下的执行无产阶级革命政治任务的武装集团。坚持中国共产党对军队的绝对领导，是确保人民军队的无产阶级性质的根本原则。

（2）人民军队的宗旨。人民军队是为无产阶级利益服务的，由此决定了这支军队的无产阶级性质和人民性的统一。毛泽东指出："紧紧地和中国人民站在一起，全心全意地为中国人民服务，就是这个军队的唯一宗旨。"全心全意为人民服务的宗旨，是我军建军原则的核心，是我军区别于其他任何军队的本质特征。我军在革命战争和保卫祖国的长期斗争中，始终遵循这一宗旨，从而赢得了人民群众的拥护和爱戴。

（3）人民军队政治工作的三大原则。开展强有力的政治工作，是毛泽东建军思想的一个突出特点。政治工作是坚持我军无产阶级性质、提高部队战斗力、促进军队建设的可靠保证。我军的政治工作随着革命战争的发展而逐步完善，形成了官兵一致、军民一致和瓦解敌军的三大原则。官兵一致的原则，体现了我军内部上下级之间政治平等的关系；军民一致的原则，是人民军队本色的体现；瓦解敌军的原则，是促使敌人从内部瓦解的有效武器，是加速敌人崩溃的战略性原则。

（4）人民军队的三大任务。毛泽东指出："红军打仗，不是单纯地为了打仗而打仗，而是为了宣传群众、组织群众、武装群众，并帮助群众建设革命政权才去打仗的，离了对群众的宣传、组织、武装和建设革命政权等目标，就失去了打仗的意义，也就失去了红军存在的意义。"抗日战争时期，为了战胜日军的野蛮进攻和国民党顽固派的包围封锁所造成的财政和经济困难，毛泽东发出"自己动手、丰衣足食"的号召，要求"这支军队也要当两支用，一方面打仗，一方面生产"，从而明确了我军战斗队、工作队和生产队的三大任务。

★知识链接：古田会议

1929年年初，红四军在转战赣南、闽西期间，毛泽东提出了加强党对军队的领导等一系列正确主张，却引起了红四军内部的激烈争论。周恩来在代表中央起草的给红四军的指示信中，明确了红军的基本任务，同时指出红军中党的一切权力集中于前委的原则绝对不能动摇，必须加强党的教育，肃清红军中的各种错误观念。1929年12月28—29日，根据中央"九月来信"（即《中共中央给红四军前委的指示信》）的精神，陈毅主持召开了中国共产党红军第四军第九次代表大会。会议总结了红四军成立以来军队建设的经验教训，通过了毛泽东起草的《中国共产党红军第四军第九次代表大会决议案》（简称《古田会议决议》），确立了人民军队建设的基本原则，宣示"中国的红军是一个执行革命的政治任务的武装集团"，重申了党对红军实行绝对领导的原则，反对以任何借口削弱党对红军的领导。把党建设成为无产阶级先锋队，把军队建设成为无产阶级领导的新型人民军队这一根本性问题在《古田会议决议》中得以明确。古田会议确立了思想建党、政治建军的原则，是人民军队发展史上的一个重要里程碑。

（5）人民军队的三大民主。军队内部实行民主制度，是毛泽东在建军初期就提出的原则，随着我军内部民主运动的开展，毛泽东把它概括为"政治民主""经济民主"和"军事民主"三大民主原则。所谓政治民主，就是士兵、群众或下级有权批评和评议长官和上级，对其进行政治监督；所谓经济民主，就是公开账目，士兵参与经济生活管理，选出代表参加经济管理机构，防止经济腐败行为；所谓军事民主，就是在战时通过火线开大小"诸葛亮会"，广泛发动士兵、群众参与战斗方法的研究。在平时则体现在官兵互教、兵兵互教等方面。通过军队内部的三大民主，调动了广大官兵的责任心和积极性，促进了官兵团结、上下团结，增强了军队的集中统一。三大民主是新型人民军队性质宗旨的生动体现。

（6）人民军队的纪律建设。毛泽东在倡导我军发扬民主的同时，十分重视军队的纪律建设。他首先指出了纪律的意义在于"执行路线的保证"。毛泽东在红军初创时，亲自制定了"三大纪律，六项注意"，后来又完善为"三大纪律，八项注意"。之后，我军不断完善一系列的条令、条例及法规，成为维护我军自觉严明的纪律和达到步调一致的准绳，并在《中国人民解放军宣言》中要求全体指挥员、战斗员"必须提高纪律性，坚决执行命令，执行政策，执行三大纪律八项注意，军民一致，军政一致，官兵一致，全军一致,不允许任何破坏纪律的现象存在"。自觉执行纪律,全军将士概莫能外,并强调上级要成为下属的模范。自觉的纪律保证了我军在政治上、思想上、行动上的一致,成为任何力量都摧不垮、打不烂的坚强军队。

3. 人民战争思想

毛泽东人民战争思想是毛泽东军事思想的核心,是把党的群众路线运用于革命战争的伟大创举,是人民战争战略战术的基础,是我军以劣势装备战胜优势装备敌人的基本战略,也是无产阶级和革命人民进行革命战争的强大思想武器和克敌制胜法宝。在军事装备和指挥技术进入现代化的今天,被侵略国家和受压迫民族要取得战争的最后胜利,仍需要实行人民战争。

人民战争是指广大人民群众为了反抗阶级压迫或抵御外敌入侵而组织和武装起来进行的战争。它有两个基本特征:一是战争的正义性,这是实行人民战争的首要条件和政治基础;二是广泛的群众性,是指战争必须有广大人民群众支持和参加,这是人民战争的一个重要标志。

人民战争思想的基本原理:①革命战争是群众的战争;②战争伟力之深厚的根源存在于民众之中;③兵民是胜利之本;④决定战争胜负的因素是人不是物。

实行人民战争的主要原则:①坚持中国共产党对人民战争的统一领导;②进行广泛深入的政治动员;③建立最广泛的革命战争的统一战线,广泛深入地动员人民群众;④建立巩固的革命根据地;⑤以人民军队为骨干,实行野战军与地方军相结合,正规军与民兵、游击队相结合,武装群众与非武装群众相结合;⑥以武装斗争为主,各条战线、各种斗争形式相配合;⑦实行灵活机动的战略战术。

4. 人民战争的战略战术

人民战争的战略战术体现了毛泽东人民战争思想的战略指导原则和作战方法,是毛泽东高超的战争指导艺术的总结,是毛泽东军事思想的重要组成部分,其内容十分丰富。

(1) 战略上藐视敌人,战术上重视敌人。1936年12月,毛泽东在《中国革命战争的战略问题》一文中提出:"我们的战略是'以一当十',我们的战术是'以十当一',这是我们战胜敌人的根本法则之一。"1946年8月,毛泽东在同美国记者安娜·路易斯·斯特朗的谈话中提出了"一切反动派都是纸老虎"的著名论断。1957年,他明确指出:"为了同敌人作斗争,我们在一个长时间内形成了一个概念,就是说,在战略上我们要藐视一切敌人,在战术上我们要重视一切敌人。"1958年,他又进一步指出帝国主义和反动派都具有双重性，它们是真老虎又是纸老虎。毛泽东关于帝国主义和一切反动派既是纸老虎，又是真老虎的论断，奠定了人民战争战略战术的基本原则。在战略上，敌人是纸老虎，我们要藐视它，树立敢打必胜的信心；在战术上，敌人又是真老虎，我们要重视它，讲究斗争策略和斗争艺术。

（2）保存自己、消灭敌人。保存自己、消灭敌人是军事行动的直接目的。毛泽东指出："保存自己、消灭敌人这个战争的目的，就是战争的本质，就是一切战争行动的根据。"进攻，是为了直接消灭敌人，同时也是为了保存自己。防御，是为了保护自己，同时也是辅助进攻或准备转入反攻的一种手段。保存自己、消灭敌人是兵家公认的原则，然而真正对其辩证地认识和运用的并不多见。毛泽东用辩证唯物主义的方法，指明了两者之间的关系是相辅相成、对立统一的。

（3）实行积极防御，反对消极防御。毛泽东在讲到积极防御战略思想的基本精神时说："积极防御，又叫攻势防御，又叫决战防御。消极防御，又叫专守防御，又叫单纯防御。消极防御实际上是假防御，只有积极防御才是真防御，才是为了反攻和进攻的防御。"这一论述深刻揭示了积极防御的实质和消极防御的要害，指明了积极防御的目的和必然进程。

积极防御战略思想的主要内容：①做好充分和必要的战争准备；②实行后发制人；③进攻和防御紧密结合；④正确运用各种作战形式；⑤适时实行军事战略转变。

人民战争的战略战术的内容还包括：①歼灭战是基本作战方针；②集中优势兵力，各个歼灭敌人；③运动战、阵地战、游击战紧密结合，并适时转换；④慎重初战，实行有利决战，避免不利决战；⑤不打无准备之仗，不打无把握之仗；⑥战争指导上要有主动性、灵活性和计划性。

5. 国防建设思想

中华人民共和国成立前，毛泽东就有过关于国防建设的论述。中华人民共和国成立后，毛泽东从实际出发，适应新形势新任务的需要，总结国防建设和国防斗争的实践经验，创立了毛泽东国防建设思想。

（1）建设现代化、正规化的国防军，抵御外敌入侵。毛泽东指出："我们将不但有一个强大的陆军，而且有一个强大的空军和一个强大的海军。"在他的亲自主持下，颁布了中华人民共和国第一部《兵役法》、军队的各种条令及条例，开办了各类军事院校，加强了部队训练，改善了武装设备，使我军实现了由步兵为主的单一陆军向诸军兵种合成军队的转变。

（2）确立了发展国防科技尖端的战略。毛泽东指出："我们不但要有更多的飞机和大炮，而且还要有原子弹。在今天的世界上，我们要不受人家欺负，就不能没有这个东西。"在这一战略思想的指导下，在自力更生的基础上，我国实行常规武器与尖端武器相结合发展，并制定优先发展尖端战略武器的方针，研制、生产出了原子弹、氢弹、人造卫星、导弹和核潜艇等一系列的新式武器和装备。

（3）积极防御的战略思想有了新发展。中华人民共和国成立后，毛泽东根据国家安全利益的需要，从国际形势和我国的具体情况出发，确立了我国国防建设的目的和方针。1956年，毛泽东批准了中央军委提出的阵地战结合运动战为未来反侵略战争的主要作战形式的积极防御战略方针。此后，毛泽东又相继提出"大办民兵师""全民皆兵""深挖洞、广积粮、不称霸"等战略思想。

（三）毛泽东军事思想的历史地位

毛泽东是现代中国革命军事理论的奠基人和集大成者，是世界政治军事史上杰出的伟大军事家和战略家，毛泽东军事思想在中国乃至世界军事思想史上都占有极其重要的地位。

1. 毛泽东军事思想把中国军事思想发展到一个全新的阶段，是中国革命战争取得胜利和国防现代化建设的理论指南

毛泽东军事思想的产生，把中国军事思想推进到一个全新的历史阶段，是中国军事思想史上的一次变革，标志着中国无产阶级军事理论的确立。在毛泽东军事思想的指引下，中国人民经过国内革命战争和民族解放战争，打败了国内外强大的敌人，建立了新中国。新中国成立以来，在毛泽东军事思想的指引下，我国国防现代化建设取得了伟大成就。实践证明，以毛泽东军事思想为指导，革命战争就能取得胜利，国防现代化建设就能加速发展。

2. 毛泽东军事思想创造性丰富和发展了马列主义军事理论

毛泽东既遵循马列主义的基本原理，又灵活处理中国革命战争的具体问题，从半殖民地半封建的中国国情出发，开创了一条农村包围城市、武装夺取政权的革命道路，创建了适合中国特点的人民战争的战略战术，科学地阐明了研究、指导战争的战争观和方法论，创造性地解决了如何把一支以农民为主要成分的军队建设成为一支无产阶级性质的新型人民军队的问题，这些问题在马列著作中没有现成答案，在国际共产主义运动里也没有先例，所以说，毛泽东军事思想极大地丰富和发展了马列主义军事科学的理论宝库。

3. 毛泽东军事思想在世界上有广泛而深远的影响

中国革命战争取得胜利后，毛泽东军事思想受到世界各国的普遍重视，特别是20世纪50年代后期，在世界范围内掀起了一个研究和学习毛泽东军事思想的热潮。毛泽东军事思想在第三世界广为传播，成了被压迫民族和人民争取民族独立和解放的强大思想武器。中国共产党领导中国革命战争取得胜利的实践，为被压迫民族和被压迫阶级提供了成功的实践范例，因而受到了为民族独立和解放而斗争的第三世界国家人民的重视。

二、邓小平新时期军队建设思想

邓小平在领导全党和全国人民开辟社会主义改革开放和现代化建设事业的伟大进程中，在领导新时期我军建设的伟大实践中，运用马克思主义军事理论、毛泽东军事思想的基本原理，创造性地回答了新形势下军队建设、国防建设亟待解决的一系列重要理论和现实问题，形成了一整套系统的、具有中国特色的、符合新时期军队建设的邓小平新时期军队建设思想。

（一）邓小平新时期军队建设思想的科学含义

邓小平新时期军队建设思想是邓小平在中国社会主义建设的新的历史时期关于战争、中国国防和军队建设等问题的系统理论，是邓小平理论的重要组成部分，是对毛泽东军事思想的继承和发展，是中国国防和军队现代化建设的指导思想。

（二）邓小平新时期军队建设思想的基本内容

邓小平新时期军队建设思想是一个完整的科学体系，内容十分丰富，涵盖了新时期国防和军队建设的一系列根本性的问题。[①]

1. 对战争与和平的新认识

邓小平科学认识世界与和平形势的发展变化，从理论上科学地回答了当代战争根源、未来的战争形态、解决国际争端的新方式、建立世界新秩序、实现持久和平等一系列重大问题，形成了对世界战争与和平的新认识。这是邓小平新时期军队建设思想的理论基石，也是邓小平正确认识和解决新时期国防和军队现代化建设所有问题的逻辑起点。主要内容有：①战争从不可避

[①] 参见中国人民解放军军事科学院：《邓小平军事文集》第3卷，北京军事科学出版社、中央文献出版社2004年版。

免到可以避免；②和平与发展是当今世界的两大主题；③霸权主义是当代战争的主要根源；④用和平方式解决国际争端；⑤发展制约战争的和平力量；⑥建立国际新秩序，实现持久和平；⑦未来战争是现代条件下的局部战争。

2. 军队和国防建设指导思想的战略性转变

邓小平关于新时期国防和军队建设的重要战略思想，其基本内涵是根据对战争与和平问题的新判断，为适应中国共产党和国家工作重点转移的要求，把军队和国防建设由准备"早打、大打、打核战争"转到和平时期的建设轨道上来，摆脱多年来在临战状态下进行应急式建设的被动局面，在服从和服务于国家经济建设的前提下，有计划、有步骤地进行现代化建设。主要内容包括：①实行战略性转变的基本依据是对当代战争与和平问题的新判断；②要正确处理国防建设与经济建设的关系，使军队建设服从和服务于国家经济建设大局；③要正确处理军队和国防的应急性建设与长远性、根本性建设的关系，坚持军队和国防建设走以现代化为中心的发展道路。

3. 建设一支强大的现代化、正规化的革命军队

邓小平关于新时期我军建设总目标和总任务的思想观点，是对人民军队建设和发展历史经验的深刻总结，是对毛泽东人民军队建设思想的继承和发展。主要内容包括：①始终不渝地坚持人民军队的性质。邓小平明确指出，军队要始终不渝地坚持自己的性质。这个性质是，党的军队、人民的军队、社会主义国家的军队。②军队建设必须以现代化为中心。邓小平强调，军队建设的"指导思想要明确，就是要解决现代化问题"。③军队建设必须提高正规化水平。强调建设现代化军队不仅要有现代化的武器装备，还要有与之相适应的正规化制度；必须加强法制建设，做到依法治军、从严治军；通过科学管理提高正规化建设水平。革命化、现代化、正规化建设相互联系、相互促进，是一个整体。

4. 走有中国特色的精兵之路

在指导新时期军队建设的过程中，邓小平明确指出要注重质量建设，走有中国特色的精兵之路。主要内容有：①军队要加强质量建设。要坚持质量第一，坚持精兵、利器、合成和高效的原则，走以现代化为中心的质量建军之路。②把教育训练提高到战略地位。教育训练事关军队建设和战争全局，是和平时期提高军队战斗力的主要途径；"把教育训练提高到战略地位"要作为一个制度问题加以解决；把军队办成一个大学校，加强合成训练，干部训练是重点。③军队建设要贯彻改革精神。军队改革具备了外部条件，要进行适当改革，要与国家改革相适应，要把干部队伍年轻化作

为一个中心目标，必须着眼于提高战斗力。

★知识链接："百万大裁军"

党的十一届三中全会以后，根据邓小平同志提出的国防和军队建设要腾出力量支援国民经济发展的要求，以及建设一支强大的现代化、正规化革命军队的指导方针，人民军队建设进行了一系列重大改革，其中最具影响力的莫过于"百万大裁军"。1985年5月23日至6月6日，中央军委在北京召开军委扩大会议，军委主席邓小平在会上郑重宣布，中国人民解放军将减少员额100万。按照中央军委的决策部署，从1985年下半年开始，按照先机关，后部队、院校和保障单位的顺序，人民解放军自上而下地组织实施了"百万大裁军"。到1987年，中国人民解放军顺利完成了"百万大裁军"的任务。经过此次体制改革、精简整编，人民解放军朝着机构精干、指挥灵便、反应快速、提高效率、增强战斗力的目标迈出了坚实的一步。

5. 坚持现代条件下的人民战争

坚持现代条件下的人民战争，是邓小平新时期军事战略思想的重要内容。主要内容包括：①在现代条件下，人民战争仍是中国的力量和优势所在。一是战争的正义性未变；二是战争制胜因素未变；三是人民战争的优势未变。②要适应新情况，把人民战争同现代条件和现代战争的特点结合起来。一是增强综合国力是进行在现代条件下人民战争的客观基础；二是人民战争仍然需要军队现代化；三是武装力量体制要适应在现代条件下人民战争的要求；四是研究在现代条件下人民战争的特点和规律，解决人民战争在现代条件下的理论指导和作战指挥问题。

（三）邓小平新时期军队建设思想的地位和作用

邓小平作为中国改革开放和现代化建设的总设计师，在开辟中国特色社会主义道路的历史进程中，以马克思主义军事战略家的气魄开创中国特色精兵之路，创造性地总结和提出了新时期军队建设思想，把我们党的军事指导理论推进到一个新的发展阶段，为当代中国军事发展提供了强大的理论武器。

1. 邓小平新时期军队建设思想是邓小平为指导新时期中国军队建设和国防建设而提出的系统理论

在新的历史时期，邓小平运用马克思主义、毛泽东思想的基本原理，结合新时期军事斗争的具体实际，围绕我军革命化、现代化、正规化建设这一核心问题，创造性地提出了一系列军队建设和军事斗争的指导原则，从而形成了一个科学系统的理论体系。同时，党的十一届三中全会以后，党中央、中央军委的领导集体，为了抓好新时期的国防和军队建设，集体决策了许多新时期军队建设和军事斗争的大政方针。邓小平新时期军队建设思想体现在两个方面：一是体现在邓小平对我党我军最高决策层关于新时期军队建设和军事斗争问题所确定的大政方针的理论概括上；二是体现在我党我军最高决策层依据邓小平的战略思路而确定的一系列方针、政策、原则和重大举措上。因此，它是以邓小平为核心的党的第二代中央领导集体智慧的结晶。

2. 邓小平新时期军队建设思想是毛泽东军事思想的继承和发展，是最富有时代精神的马克思主义军事理论

结合新的历史条件，邓小平坚持运用毛泽东关于人民军队的建军原则、人民战争的战略战术以及军事辩证法思想，围绕回答在和平与发展成为时代主题，国家实行改革开放的历史条件下，如何开创中国特色精兵之路，建设一支强大的现代化、正规化革命军队的问题，研究新情况，探索新规律，提出了许多既继承前人又突破陈规的新思想、新观点和新论断。也正因为如此，邓小平新时期军队建设思想不仅极大地丰富了马克思主义军事理论宝库，而且在马克思主义军事理论中国化的发展进程中具有承前启后的深远意义，进一步揭示了相对和平时期国防与军队建设的规律，创造性地阐述了新时期我国国防与军队建设的基本理论问题，是毛泽东军事思想在新的历史条件下的重大发展。

3. 邓小平新时期军队建设思想是邓小平理论的重要组成部分

邓小平新时期军队建设思想是作为邓小平建设有中国特色社会主义理论的重要组成部分，其历史地位是与邓小平理论的整个科学体系历史地联系在一起的。邓小平作为党和国家的领导核心，始终站在国家发展的高度，将四个现代化建设作为一个整体来思考。这表明建设有中国特色社会主义的伟大实践包括国防和军队建设的实践在内，同时也表明指导这一伟大实践的建设有中国特色社会主义的伟大理论同样也包含指导新时期国防建设、军队建设和作战的伟大理论。可见，邓小平新时期军队建设理论在建设有中国特色社会主义理论中具有十分重要的地位和作用。

4. 邓小平新时期军队建设思想是新时期军事斗争和军队建设的科学指南

邓小平新时期军队建设思想揭示了相对和平时期国防和军队建设的基

本规律，符合我军的实际，具有鲜明的中国特色和强大的生命力。邓小平坚持把当今世界各国国防和军队建设的一般规律和原则同我国我军特殊情况有机结合，把我军传统的经验和原则同新时期的新情况有机结合，紧紧抓住我军建设的主要矛盾，创造性地回答和解决了新时期我军建设亟待解决的一系列重大理论和实际问题，为我军建设指明了方向，也从根本上进一步奠定了邓小平新时期军事理论对我国新时期军事斗争和军队建设的指导地位。

三、江泽民国防和军队建设思想

党的十三届四中全会以后，以江泽民为核心的中国共产党第三代中央领导集体在领导国防和军队现代化建设的丰富实践中，继承和发展毛泽东军事思想和邓小平新时期军队建设思想，坚持解放思想、实事求是、与时俱进，集中全党全军智慧，创立了富有时代特色的江泽民国防和军队建设思想。

（一）江泽民国防和军队建设思想的科学含义

江泽民国防和军队建设思想科学总结了中国国防和军队建设实践的新经验，深刻揭示了新形势下国防和军队建设发展的基本规律，是对毛泽东军事思想、邓小平新时期军队建设思想的继承和发展，是"三个代表"重要思想在军事领域的重要理论体现，是新世纪推进国防和军队现代化建设的根本依据和科学指南。

（二）江泽民国防和军队建设思想的主要内容

江泽民围绕解决"打得赢""不变质"两个历史性课题，提出了一系列新思想、新观点、新论断，进而形成了一个新的理论体系。[①]

1. 解决好"打得赢""不变质"两个历史性课题

江泽民立足新的历史条件，把解决好"打得赢""不变质"两个历史性课题郑重提到全军面前。他指出："对于新时期的军队建设，有两个最重要的问题是我始终加以关注的：一个是在复杂的国际环境中，我军能不能跟上世界军事发展的趋势，打赢可能发生的高技术战争；一个是在社会主义市场经济和对外开放条件下，我军能不能保持人民军队性质、本色和作风，

[①] 参见《江泽民文选》第1卷，人民出版社2016年版；《江泽民国防和军队建设思想学习纲要》，解放军出版社2003年版。

始终成为党绝对领导下的革命军队。"两个历史性课题的提出，是对新时期我军建设主要矛盾和任务的深刻洞察和准确把握，抓住了军队建设的根本性和全局性的问题。坚持"打得赢""不变质"相统一，反映了人民军队建设的本质要求。要解决好"打得赢""不变质"两个历史性课题，必须不断探索新形势下治军的特点和规律、军事斗争准备的特点和规律、国防建设的特点和规律。

2. 确立新时期积极防御的军事战略方针

1993年，以江泽民为核心的党中央、中央军委确立了新时期军事战略方针，使军事战略方针实行了又一次重大转变和调整，为国防和军队建设提供了科学的依据，指明了发展方向。主要内容包括：①我们的军事战略方针一直是积极防御；②打赢现代技术，特别是高技术条件下的局部战争；③军事斗争准备是军队现代化建设的龙头；④切实提高我军的威慑能力和实战能力；⑤发展高技术条件下人民战争的战略战术。

3. 按照"五句话"总要求全面推进军队建设

江泽民提出的"政治合格、军事过硬、作风优良、纪律严明、保障有力"的"五句话"总要求，把邓小平提出的军队建设总目标加以具体化，使军队建设的各个方面相互配合、协调发展，实现军队建设的整体推进和全面进步，指明了全面加强军队建设的具体目标和任务。政治合格是人民军队革命化建设的基本要求，军事过硬是检验我军战斗力的根本尺度，作风优良是政治合格、军事过硬的重要保证，纪律严明是增强军队战斗力和凝聚力的必要条件，保障有力是对军队后勤建设的综合要求。"五句话"总要求是一个有机的整体，其中的每句话都确立了军队各方面工作的具体奋斗目标，具有特定的内涵。

4. 积极推进中国特色军事变革

积极推进中国特色军事变革，是江泽民国防和军队建设思想的核心内容之一。主要内容包括：①从战略上高度关注和应对世界新军事变革；②体制编制改革的重点是解决结构问题；③加快政策制度的调整完善；④创新发展中国特色军事理论；⑤积极稳妥地推进军事变革。

5. 党的绝对领导是我军永远不变的军魂

江泽民把党对军队的绝对领导提到军魂的高度加以强调，就是把党对军队的绝对领导作为人民军队的立军之本、建军之魂。主要内容包括：①坚持人民军队的性质和宗旨；②把思想政治建设摆在军队各项建设的首位；③用党的创新理论成果武装全军；④改进新形势下军队的思想政治工作；⑤弘扬人民军队的优良传统和作风。

（三）江泽民国防和军队建设思想的地位和作用

江泽民国防和军队建设思想科学总结了 20 世纪 90 年代至 21 世纪初中国国防和军队建设实践的经验，深刻揭示了新形势下国防和军队建设发展的基本规律，是新世纪推进国防和军队现代化建设的根本依据和科学指南。

1. 江泽民国防和军队建设思想是毛泽东军事思想、邓小平新时期军队建设思想在新形势下的继承和发展

党的三代领导集体的军事思想一脉相承，又各有不同的历史烙印。就本质而言，江泽民国防和军队建设思想是以江泽民为核心的第三代领导集体，将马克思主义军事理论的基本原理同新形势下国防和军队建设的具体实践相结合的经验结晶，是毛泽东军事思想、邓小平新时期军队建设思想的继承和发展，是"三个代表"重要思想在新形势下我国国防和军事领域的集中体现，是"三个代表"重要思想的"军事篇"。

2. 江泽民国防和军队建设思想深刻揭示了和平时期建军治军的特点和规律

江泽民国防和军队建设思想的精髓突出表现在：解放思想、实事求是、开拓创新、与时俱进，在马克思主义军事理论的发展史上具有重要的历史地位。可以说，江泽民国防和军队建设思想卓有建树地开创了中国国防和军队建设的新局面，全面、系统和深刻地揭示了和平时期建军治军的特点和规律。学习江泽民国防和军队建设思想，要认真研究和解决时代提出的新课题，总结新经验，使理论指导实践的过程成为国防与军队建设理论和实践不断创新发展的过程。

3. 江泽民国防和军队建设思想是新形势下指导国防和军队建设的科学理论

理论的生命力来自实践。江泽民担任军委主席期间，我国的国防和军队所处的历史条件发生了一系列重大的变化，出现了许多新情况和新问题。国际战略格局的变化，世界军事变革的挑战，我国安全形势的新情况，对台斗争的严峻形势，向我军提出了"打得赢"高技术局部战争的历史性课题。国家进一步扩大改革开放，发展社会主义市场经济，向我军提出了坚持人民军队的性质、本色、作风"不变质"的历史性课题。江泽民国防和军队建设思想是新形势下指导国防和军队建设的科学理论。

四、胡锦涛国防和军队建设思想

中国共产党第十六次代表大会以后，在世情、国情、党情发生深刻变化的背景下，胡锦涛在坚持马克思主义军事理论，特别是在继承和运用毛泽东军事思想、邓小平新时期军队建设思想、江泽民国防和军队建设思想的基础上，创造性地总结和提出了一系列关于国防和军队建设的新理论，形成了胡锦涛国防和军队建设思想，是推进新世纪新阶段我国国防和军队建设科学发展的理论武器。

（一）胡锦涛国防和军队建设思想的科学含义

胡锦涛在领导国防和军队建设的实践中，坚持运用科学发展观蕴含的马克思主义立场、观点、方法，紧紧围绕新的历史条件下军队履行什么样的历史使命、怎样履行使命，实现什么样的发展、怎样发展，未来打什么仗、怎样打仗等重大问题深入思考探索，提出了一系列紧密联系、相互贯通的新思想、新观点、新论断，形成了胡锦涛国防和军队建设思想。胡锦涛国防和军队建设思想是科学发展观的重要组成部分，是科学发展观在军事领域的运用和展开，是新形势下推进国防和军队建设的科学指南。

（二）胡锦涛国防和军队建设思想的主要内容

胡锦涛国防和军队建设思想是一个完整、科学、开放的军事思想体系。①

1. 全面履行新世纪新阶段军队历史使命

军队的历史使命历来同党的历史任务紧密相连，同国家安全和发展利益紧密相关。胡锦涛在2004年12月军队的一次重要会议上明确提出了"三个提供、一个发挥"的历史使命，是对我军在新世纪新阶段担当的基本任务的总概括，赋予我军历史使命以新的时代内涵：为党巩固执政地位提供重要的力量保证、为维护国家发展的重要战略机遇期提供坚强的安全保障、为维护国家利益提供有力的战略支撑、为维护世界和平与促进共同发展发挥重要作用。

---

① 参见《国防和军队建设贯彻落实发展观重要论述选编》，解放军出版社2003年版；《胡锦涛文选》第3卷，人民出版社2016年版。

2. 把加快转变战斗力生成模式作为国防和军队发展的主线

加快转变战斗力生成模式，是推动国防和军队建设科学发展的必由之路。胡锦涛提出，要依靠科技进步加快转变战斗力生成模式，充分发挥科技进步和创新对战斗力提高的巨大推动作用。实现国防和军队建设科学发展，解决我军建设中存在的主要矛盾，就必须牢牢抓住加快推进转变战斗力生成模式这条主线。主要内容包括：①坚定不移把信息化作为军队现代化建设方向，推动信息化建设加速发展；②遵循体系建设规律，增强基于信息系统的体系作战能力；③统筹谋划新型作战力量建设，把新型作战力量建设作为战略重点突出出来；④积极推进机械化条件下军事训练向信息化条件下军事训练转变。要适应战争形态和作战样式的变化，抓住联合训练这个战斗力生成的关键环节，加强以复杂电磁环境为重点的复杂战场环境下训练，深入开展信息化条件下的军事训练。

3. 在国防和军队建设中贯彻落实科学发展观

胡锦涛指出，在国防和军队建设中贯彻落实科学发展观，是适应国家安全形势发展变化的迫切要求，是实现经济建设和国防建设协调发展的必然要求，是新世纪新阶段军队建设发展的内在要求。主要内容包括：①坚持以推动国防和军队建设科学发展为主题，以加快转变战斗力生成模式为主线；②按照革命化、现代化、正规化相统一的原则加强军队全面建设；③把以人为本作为重要的建军治军理念；④提高军队建设的整体质量和效益。

4. 在全面建设小康社会进程中实现富国和强军的统一

胡锦涛提出的"走出一条中国特色军民融合式发展路子"思想，既是对以往成就的概括，更是立足于新的现实，从满足新的需要出发，对如何进一步实现军民结合、寓军于民提出的更高要求。主要内容包括：①将国防建设有机融入经济社会发展之中；②充分利用经济发展成果推进国防和军队现代化建设；③逐步建立军民融合式的经济社会发展体系。

5. 坚持不懈地拓展和深化军事斗争准备

军事斗争准备在国家安全和发展战略全局中具有重要地位。胡锦涛强调，要适应形势的发展变化，坚持以国家核心安全需求为导向，坚持用新时期军事战略方针为统揽，正确把握新形势下军事斗争准备的目标、任务和要求，拓展和深化军事斗争准备，努力把军事斗争准备提高到一个新水平，为捍卫国家主权、安全、领土完整，为维护国家发展利益，提供强大力量支撑和保证。主要内容包括：①着力提高以打赢信息化条件下局部战争能力为核心的完成多样化军事任务能力；②统筹主要战略方向和其他战略方向军事斗争准备，保持战略全局的平衡和稳定；③打好政治军事仗。

（三）胡锦涛国防和军队建设思想的地位和作用

胡锦涛国防和军队建设思想着眼新世纪新阶段我国安全与发展的战略全局，科学回答和正确解决了在加速中国特色社会主义进程、国家战略利益全方位拓展、国际安全与国家安全互动加剧的历史背景下，国防和军队建设的一系列重大课题，是科学发展观在军事领域的生动体现，是中国化的马克思主义理论与时俱进的最新成果。这一最新成果在马克思主义理论体系中占有十分重要的地位，在国防和军队建设中发挥着重要的作用。

1. 胡锦涛关于国防和军队建设思想，是当代中国马克思主义的创新军事理论

21世纪，中国的发展跨入了一个重要的战略机遇期，并出现了许多新情况和新问题。国际战略格局的发展变化，世界军事变革的挑战，我国安全形势的新情况，军事斗争的严峻形势，对我国国防和军队现代化建设提出了新的历史性课题。胡锦涛以伟大的马克思主义者的巨大政治勇气和理论勇气，把毛泽东、邓小平、江泽民国防和军队建设思想创造性地运用于新的实践，用科学发展观指导国防和军队现代化建设，把我们对国防和军队建设的思考和认识引领到一个新境界。胡锦涛反复强调，我国的国防和军队现代化建设必须着眼于维护国家安全和发展利益的大局，从我国国情军情出发，转变发展观念，创新发展模式，提高发展质量，加快发展步伐，不断提高我军应对多种安全威胁、完成多样化军事任务的能力，确保我军能够在各种复杂形势下有效应对危机、维护和平、遏制战争、打赢战争。胡锦涛国防和军队建设重要论述的精髓突出表现为解放思想、实事求是、科学发展。胡锦涛国防和军队建设重要论述着眼于时代的发展变化，对我国国防建设、军队建设和军事斗争准备的重大课题作出的科学回答，是马克思主义军事理论的基本原理同新世纪新阶段国防和军队建设具体实践相结合的产物，是科学发展观重要思想在我国国防和军事领域的集中体现，是科学发展观重要思想的"军事篇"，是当代中国马克思主义的创新军事理论。

2. 胡锦涛国防和军队建设思想，是新世纪新阶段国防和军队建设实践经验的科学总结

胡锦涛以深邃的历史眼光、强烈的忧患意识、深远的前瞻思维，以战略家的远见卓识与战略智慧，总结历史，放眼未来，筹划和指导国防和军队建设。他始终高度关注世界军事发展的态势，敏锐洞察上世纪末本世纪初发生的一系列高技术局部战争的新特点，立足于新世纪新阶段国防与军队建设的客观实际，提出国防和军队建设必须跟上世界军事变革和发展的潮流，积极借鉴各国特别是发达国家国防和军队建设的有益经验。胡锦涛还强调，必须进一步解放思想，在实践中不断丰富和发展我国的军事理论，为军事斗争准备服务，为我国国防与军队现代化建设服务。他尊重官兵、深入部队，调查研究，总结经验，提出要以时不我待的紧迫感，认真履行新世纪新阶段军队的历史使命，积极推进中国特色军事变革，加快我军由机械化向信息化转变，全面提高我军的威慑和实战能力，为国家的安全统一和全面建设小康社会提供坚强有力的安全保障。胡锦涛国防和军队建设的重要论述深刻揭示了新世纪新阶段国防建设和建军治军的特点与规律，是新世纪新阶段国防和军队建设实践经验的科学总结。

3. 胡锦涛关于国防和军队建设思想，是新世纪新阶段加强国防和军队建设的指导方针

国防和军队建设是一项宏大的系统工程，必须系统思考、整体筹划，有计划、有步骤地重点突破、全面推进。这是胡锦涛谋划国防和军队建设最具特色的指导原则和领导艺术。新世纪新阶段军队建设面临的主要矛盾，是现代化水平与信息化战争需要不相适应的矛盾。胡锦涛在指导国防和军队建设中，始终注意把握和处理好两个方面的重大关系：一个是国防建设与经济建设的关系，强调国防建设和经济建设要相互促进、协调发展，不能顾此失彼；一个是军队革命化、现代化、正规化建设之间的关系，强调军事工作、政治工作、后勤工作和装备工作要协调发展，武器装备、人才队伍、体制编制要协调发展。胡锦涛提出的国防和军队建设要贯彻"五个统筹"的要求就充分体现了这种系统性的思想。与此同时，胡锦涛特别注重抓关键、抓重点、抓枢纽，始终紧紧抓住"用科学发展观统筹国防和军队现代化建设"不放，紧紧抓住"三个提供一个发挥"的历史使命不放，紧紧抓住筑牢党对军队绝对领导的"军魂"意识不放，紧紧抓住军事变革和军事创新不放，紧紧抓住强化战斗精神、打赢信息化战争不放。在系统谋划的基础上，抓住国防和军队建设的主要矛盾、关键环节和重大问题实施重点突破，实现了国防与军队现代化建设的跨越式发展和部队战斗力水平的整体跃升。胡锦涛国防和军队建设的重要论述是新世纪新阶段加强国防和军队建设的指导方针。

五、习近平强军思想

党的十八大以来,以习近平为核心的党中央着眼于实现中华民族伟大复兴的中国梦,围绕新时代建设一支什么样的强大人民军队、怎样建设强大人民军队,作出一系列新的重大判断、新的理论概括、新的战略安排,在波澜壮阔的强军实践中,带领全军深入进行理论探索和实践创造,形成了习近平强军思想。党的十九大确立习近平强军思想在国防和军队建设中的指导地位,并将其郑重写入党章。

(一) 习近平强军思想的科学含义

习近平强军思想是习近平新时代中国特色社会主义思想的重要组成部分,是党的军事指导理论最新成果,是坚持走中国特色强军之路、全面推进国防和军队现代化的行动纲领。习近平强军思想实现了马克思主义军事理论中国化、时代化的新飞跃,开拓了当代中国马克思主义军事理论和军事实践发展新境界,指引新时代强军事业开创新局面、踏上新征程,为实现党在新时代的强军目标、把人民军队全面建成世界一流军队提供了科学指南和行动纲领。

(二) 习近平强军思想的主要内容

强军实践永不止步,理论创新没有止境。习近平强军思想立足新时代强军兴军实践,提出一系列标志性引领性的新理念新思想新战略,形成一个内涵丰富、思想深邃、与时俱进的科学军事理论体系。这一思想的主要内容,集中体现在"十一个明确"的新概括[1],充分彰显了党的军事指导理论的时代性、开放性和创造性。[2]

1. 明确党对人民军队的绝对领导是人民军队建军之本、强军之魂,必须全面加强军队党的领导和党的建设,贯彻党领导军队的一系列根本原则和制度,确保部队绝对忠诚、绝对纯洁、绝对可靠

坚持党指挥枪、建设自己的人民军队,是党在血与火的斗争中得出的

---

[1] 参见钧政《在习近平强军思想引领下胜利前进》,载《解放军报》2023 年 3 月 2 日第二版。

[2] 参见中共中央军委政治工作部《习近平强军思想学习纲要》,解放军出版社 2019 年版。

颠扑不破的真理，关系我军性质和宗旨、关系社会主义前途命运、关系党和国家长治久安。坚持党对人民军队的绝对领导，首先全军对党要绝对忠诚。必须从思想上、政治上建设和掌握部队，全面深入贯彻军委主席负责制，深化党的创新理论武装，锻造坚强有力的党组织，推进政治整训常态化制度化，充分发挥政治工作对强军兴军的生命线作用，培养"四有"新时代革命军人，锻造"四铁"过硬部队，确保枪杆子永远听党指挥。

2. 明确强国必须强军，巩固国防和强大人民军队是新时代坚持和发展中国特色社会主义、实现中华民族伟大复兴的战略支撑，人民军队必须有效履行新时代使命任务

没有一支强大的人民军队，就不可能有强大的祖国。我们捍卫和平、维护安全、慑止战争的手段和选择有多种多样，但军事手段始终是保底手段，必须对战争危险保持清醒头脑。在全面建成社会主义现代化强国、实现第二个百年奋斗目标的历史进程中，必须把国防和军队建设摆在更加重要的位置，加快国防和军队现代化，为巩固中国共产党领导和我国社会主义制度提供战略支撑，为捍卫国家主权、统一、领土完整提供战略支撑，为维护我国海外利益提供战略支撑，为促进世界和平与发展提供战略支撑。

3. 明确党在新时代的强军目标是建设一支听党指挥、能打胜仗、作风优良的人民军队，到2027年实现建军一百年奋斗目标，到2035年基本实现国防和军队现代化，到21世纪中叶把人民军队建成世界一流军队

听党指挥、能打胜仗、作风优良是建军治军的要害，决定着军队发展方向，也决定着军队生死存亡。实现强军目标，必须同国家现代化进程相一致。到2027年实现建军一百年奋斗目标，全面提高捍卫国家主权、安全、发展利益战略能力；到2035年基本实现国防和军队现代化，机械化高度发达，信息化基本实现，智能化取得重大进展，基于网络信息体系的联合作战能力、全域作战能力全面提高；到21世纪中叶全面实现国防和军队现代化，把人民军队全面建成同我国强国地位相称、能够全面有效维护国家安全、具备强大国际影响力的世界一流军队。

4. 明确军队是要准备打仗的，必须聚焦能打仗、打胜仗，扭住强敌对手，创新军事战略指导，发展人民战争战略战术，全面加强练兵备战，坚定灵活开展军事斗争，有效塑造态势、管控危机、遏制战争、打赢战争

能打胜仗是党和人民对人民军队的根本要求。必须深入贯彻新时代军事战略方针，坚持战斗力这个唯一的根本的标准，全部精力向打仗聚焦，全部工作向打仗用劲。深化战争和作战筹划，研究掌握信息化智能化战争特点规律，打造强大战略威慑力量体系，增加新域新质作战力量比重，优化联合作战指挥体系。深入推进实战化军事训练，大力培育战斗精神，扎实做好军事斗争准备，加强军事力量常态化多样化运用，确保召之即来、来之能战、战之必胜。

5. 明确推进强军事业必须坚持政治建军、改革强军、科技强军、人才强军、依法治军，坚持边斗争、边备战、边建设，更加注重聚焦实战、创新驱动、体系建设、集约高效、军民融合，加强军事治理，推动高质量发展，全面提高革命化、现代化、正规化水平

国防和军队现代化建设是一项系统工程，必须坚持用全面的观点抓建设。边斗争、边备战、边建设是今后一个时期的突出特点，要坚持以战领建、抓建为战，形成战建备一体推进的良好局面。我军建设进入提质增效的关键阶段，必须牢牢把握军队建设发展战略指导，转变发展理念、创新发展模式、增强发展动能，实现更高质量、更高效益、更可持续的发展；必须全面加强军事治理，着力构建现代军事治理体系，以高水平治理推动我军高质量发展，改进战略管理，提高军事系统运行效能和国防资源使用效益。

6. 明确改革是强军的必由之路，必须推进军队组织形态现代化，构建中国特色现代军事力量体系，完善中国特色社会主义军事制度

深化国防和军队改革是为了设计和塑造军队未来。要坚持改革正确方向这个根本、能打仗打胜仗这个聚焦点、军队组织形态现代化这个指向、积极稳妥这个总要求，着力解决制约国防和军队建设的体制性障碍、结构性矛盾、政策性问题，进一步解放和发展战斗力，进一步解放和增强军队活力。这一轮国防和军队改革任务基本完成，要巩固拓展改革成果，推进改革既定任务落实，搞好后续改革筹划论证，完善军事力量结构编成，体系优化军事政策制度，奋力开创改革强军新局面，为实现建军一百年奋斗目标提供强大动力。

7. 明确科技是核心战斗力，必须坚持自主创新战略基点，推进高水平科技自立自强，统筹推进军事理论、技术、组织、管理、文化等各方面创新，建设创新型人民军队

科技是军事发展中最活跃、最具革命性的因素。赢得军事竞争主动，必须充分发挥科技创新对我军建设战略支撑作用，加快关键核心技术攻关，加强科技创新管理机制和运行模式探索，增强科技认知力、创新力、运用力，加速科技向战斗力转化。全面实施创新驱动发展战略，加强军事理论创新，大力弘扬创新文化，推动我军建设发展质量变革、效能变革、动力变革。

8. 明确强军之道要在得人，必须贯彻新时代军事教育方针，推动军事人员能力素质、结构布局、开发管理全面转型升级，锻造德才兼备的高素质、专业化新型军事人才

人才是第一资源，是推动我军高质量发展、赢得军事竞争和未来战争主动的关键因素。要坚持党管干部、党管人才、组织选人，坚持从政治上培养、考察、使用人才。坚持为战争准备人才，把能打仗、打胜仗作为人才工作出发点和落脚点，提高备战打仗人才供给能力和水平。坚持走好人才自主培养之路，落实院校优先发展战略，建成新型军事人才培养体系。创新军事人力资源管理，形成激励担当作为的工作导向、政策导向、舆论导向，充分调动广大官兵积极性、主动性、创造性，把优秀人才集聚到强军事业中来。

9. 明确依法治军是我们党建军治军基本方式，必须构建中国特色军事法治体系，推动治军方式根本性转变，提高国防和军队建设法治化水平

军队越是现代化、越是信息化，越要法治化，要把依法治军着力点放在服务备战打仗上，形成系统完备、严密高效的军事法规制度体系、军事法治实施体系、军事法治监督体系、军事法治保障体系，实现从单纯依靠行政命令的做法向依法行政的根本性转变，从单纯靠习惯和经验开展工作的方式向依靠法规和制度开展工作的根本性转变，从突击式、运动式抓工作的方式向按条令条例办事的根本性转变。强化全军法治信仰和法治思维，突出依法治官、依法治权，依靠官兵共同建设法治、厉行法治、维护法治。

10. 明确军民融合发展是兴国之举、强军之策，必须巩固提高一体化国家战略体系和能力

随着科学技术快速发展，国家战略竞争力、社会生产力、军队战斗力的耦合关联越来越紧，国防和军队现代化必须融入国家现代化。加强军地战略规划统筹、政策制度衔接、资源要素共享，促进国防实力和经济实力同步提升。我们的国防是全民的国防，要深化全民国防教育，加强国防动员和后备力量建设，推进现代边海空防建设。大力弘扬军爱民、民拥军的光荣传统，深入做好双拥工作，巩固发展军政军民团结。

11. 明确作风优良是我军鲜明特色和政治优势，必须全面从严治党、全面从严治军，全面锻造过硬基层，坚定不移正风肃纪反腐，大力弘扬我党我军光荣传统和优良作风，永葆人民军队性质、宗旨、本色

作风优良才能塑造英雄部队，作风松散可以搞垮常胜之师。要自觉弘扬伟大建党精神，牢记初心使命，加强党史军史和光荣传统教育，推进红色基因代代传工程。勇于自我革命，持续深化纠治"四风"特别是形式主义、官僚主义，一体推进不敢腐、不能腐、不想腐，坚决打赢反腐败斗争攻坚战持久战。坚持严的基调不动摇，严字当头、全面从严、一严到底，用铁的纪律凝聚铁的意志、锤炼铁的作风、锻造铁的队伍，全面锻造听党话、跟党走，能打仗、打胜仗，法纪严、风气正的过硬基层。

（三）习近平强军思想的地位和作用

习近平对国防和军队建设高度重视，围绕强军兴军提出了一系列重大战略思想、重大理论观点、重大决策部署，深刻阐述了国防和军队建设带根本性、方向性、全局性的重大问题。习近平强军思想凝结着习近平建军治军的创新创造，是党的十八大以来人民军队全部实践经验的精华，是新时代加快推进国防和军队现代化的强大思想武器和行动纲领。

1. 习近平强军思想是根植于当代中国军事实践的科学指导理论

习近平强军思想敏锐洞察世界时事变迁和国家安危脉动，积极回应军队建设发展的现实要求，把马克思主义与时俱进的理论品格和共产党人生机勃勃的创造精神运用于当代中国军事实际，不断打开新的理论视野、做出新的理论概括、阐明新的理论要求，深刻回答了新时代"人民军队听谁指挥、怎样筑牢军魂""为什么强军、怎样强军""打什么仗，怎样打胜仗"等基本问题，丰富发展了我们党建军治军思想和方针原则。习近平强军思想之所以被称为科学的军事指导理论，就在于其根植于时代和实践，是着眼实现中国梦对国防和军队建设的战略思考，是指引中国特色强军新征程的强大思想武器，是党的军事指导理论的创新发展，是凝聚强军兴军意志力量的精神旗帜。

2. 习近平强军思想是内涵丰富、意蕴深刻的思想体系

习近平强军思想内涵丰富、意蕴深刻、底蕴厚重，涵盖国防和军队建设各领域各方面。这一重大军事理论成果，紧紧围绕强军兴军、为实现中国梦提供坚强力量保证这个鲜明主题，全面回答了在新的历史起点上加强国防和军队建设的一系列重大理论和现实问题，形成了科学严谨并且不断丰富发展的思想体系。

3. 习近平强军思想是马克思主义军事理论的纲领性文献

习近平强军思想创造性运用了马克思主义立场、观点、方法，科学分析解决当今中国军事领域的重大问题，闪耀着辩证唯物主义和历史唯物主义理论光芒，是马克思主义军事理论中国化的最新成果。

习近平注重从战略全局上把握事物发展趋向，放眼世界、洞察风云、科学预见，把强军兴军放在推进中国特色社会主义事业、实现中华民族伟大复兴的雄伟大业中精心运筹；他娴熟运用军事辩证法，对中国梦与强军梦、富国与强军、战争与和平、政治与军事、战略与策略、备战与止战、威慑与实战、维权与维稳等进行深刻分析，提出能战方能止战、准备打才可能不必打、越不能打越可能挨打等科学论断；他深入把握问题的关联性、整体性、耦合性，坚持两点论重点论相统一，把国际国内两个大局、伟大事业和伟大工程、经济建设和国防建设作为一个有机统一的整体统筹谋划，抓住枢纽，带动全局，推动军队建设大跃升、大发展；他始终把国家利益作为最高原则和战略底线，指出绝不能牺牲国家核心利益，绝不能拿核心利益做交易，要求凡事从坏处准备、努力争取最好结果，强调我们不惹事，也不怕事，做好应对最坏局面的准备。学习贯彻习近平国防和军队建设重要论述，就要深刻把握贯彻其中的马克思主义科学观点和思维方法，用以正确观察分析事物，研究解决军队建设中遇到的矛盾和难题，不断增强工作的科学性、预见性、主动性。

思考题

1. 军事思想的概念是什么？军事思想有哪些作用？
2. 《孙子兵法》的主要观点有哪些？
3. 毛泽东军事思想的主要内容有哪些？
4. 习近平强军思想的主要内容有哪些？

第四章 现代战争

战争是国家大事,关系到国家的生死存亡。在人类社会史诗般的历史进程中,战争始终如影随形。随着科学技术的不断进步,现代战争在战争形态、指挥方式、对抗方式等方面呈现出一系列新特点,目前正在由机械化战争向信息化、智能化战争演进。

第一节 战争概述

一、战争的内涵

在中国古代典籍中,战争被称为"战""争""兵""征""伐"等;克劳塞维茨则认为,战争无非是扩大了的搏斗,目的是打垮对方,让对方服从自己的意志。

《中国人民解放军军语》中对战争的表述是,战争是国家或政治集团为了一定的政治、经济等目的,使用武装力量进行大规模激烈交战的军事斗争,是解决国家、政治集团、阶级、民族、宗教之间矛盾冲突的最高形式。

需要特别强调的是,战争既包含军事活动,也包含民事活动;战争也不仅仅是打仗,还包括经济、文化、贸易斗争等;战争不单是军队的事情,民众既是战争的重要参与者,也是战争的力量源泉。

二、战争的特点

(一)有别于政治、经济、科技、文化等社会活动

战争具有对抗性、集团性、暴烈性、复杂性、时代性等特点。战争中,敌对双方的武装人员运用武器装备来破坏对方的力量、保护自己的力量,都表现为双方物质、生命等方面的直接破坏,都带来交战双方心理、精神方面的严重损伤。

（二）与政治、经济、科技、文化等社会活动有内在联系

一方面，战争是一种特殊的社会活动，不是孤立的社会活动，与政治、经济、科技、文化等方面的社会活动密切相关；另一方面，战争反作用于政治、经济、科技、文化等社会活动，影响或决定政治的进程和前途，引起生产关系的变革，促进经济建设或摧毁经济基础，推动科学技术发展，促进文化发展和民族融合。

★知识链接：苏德战争

苏德战争又称苏联卫国战争，是苏联人民反抗法西斯德国及其附庸国的正义战争。战争从1941年6月22日德军入侵苏联开始，至1945年5月8日法西斯德国无条件投降为止。此战是迄今为止人类历史上最激烈、人员伤亡最大的一场战争。苏德双方在交锋中伤亡军人达3000多万，相当于美、英、法、德在西线作战死伤总数的10倍。为了这场决定民族发展和生存之战，德国和苏联都最大限度地进行了国家动员并施行了彻底的全面战争。苏联在这场战争中用巨大的牺牲彻底打败并摧毁了强大的纳粹德国的法西斯政权，为世界反法西斯战争的胜利做出了不可磨灭的贡献，并改写了战后世界格局。

三、战争的发展历程

纵观人类战争史，战争形态和作战样式总是随着时代和社会生产力的发展而不断变化。从战争形态而言，经历了冷兵器战争、热兵器战争、机械化战争、信息化战争四种形态，当前信息化战争仍在不断向前发展。

1. 冷兵器战争

冷兵器战争阶段是指从军队和战争产生时起，到火药广泛应用于战场的阶段。时间跨度从公元前40世纪至公元15世纪，在奴隶社会和封建社会中均有体现。

这一时期，世界战争频繁残酷，武器以金属类兵器为主，陆军、海军及陆军各兵种得到长足发展，陆战阵式作战、海战撞击、火攻和强行登舰战术发展成为主要战术，军事思想有了重大发展。

2. 热兵器战争

以火药能释放为机理的枪炮带来了热兵器战争时代,到 18 世纪初,形成了较为完善的以发扬火力为核心的线式战术体系。到 18 世纪中期以后,枪炮成为战场主角,火力成为战场上的决定性因素。热兵器时代讲究人与武器的最佳组合,此观念影响至今,并成为军队建设的重要内容。历史上,我国在明朝就发明了火铳、地雷、水雷等热兵器,并发展出多种热兵器战术,通过人与热兵器的合理配置提高作战能力。但由于清政府在战争理念上更加重视冷兵器,热兵器、热兵器和人的组合战术没有得到充分发展,导致清朝的军事力量严重落后。

3. 机械化战争

机械化战争是在内燃机出现以后,科学技术和经济迅速发展的基础上逐渐产生的,肇始于第一次世界大战,经过两次世界大战之间的发展,到第二次世界大战时达到顶峰。机械化战争具有四个特征。

(1)以空前规模把科学技术运用于军事领域,实现了武器装备自动化和机械化,其标志是飞机、坦克、航母等武器装备的诞生。主战兵器的变化引起战争形态的巨变,人类社会迈入作战工具自动化、装甲化、机动化和战争立体化的机械化战争阶段。

(2)军队具备机械化、摩托化的战场机动能力和远程指挥控制能力,推动了闪电战、立体战、潜艇战等崭新作战样式产生。内燃机的出现和发展,使军队的战场机动从徒步、乘马等人力、畜力方式,转变为汽车、摩托车、装甲车甚至飞机等机械力方式;无线电通信工具的发明,解决了远距离作战尤其是海上和空中作战的指挥与控制问题。由此,军队的作战样式大大扩展丰富,出现了空地协同、步坦协同,实施大纵深快速突击的闪电战,以及战略轰炸、航母战、空降作战等新的作战样式。战场从平面发展到立体,战线长度和纵深发展到上千千米,形成了诸军兵种联合行动的立体战争模式。

(3)战争规模无限扩大。战争已不仅仅是军队的事情,而是将整个国家、整个社会都卷了进去;整个国民经济转入战争轨道,无数群众投入后勤供应和战争经济的运转中。战争已经没有前后方之分,并成为整个国家和民族在军事、政治、经济、科技、思想、文化诸多方面的全面较量。

(4)一系列创新的军事思想随着机械化战争形态的发展而产生,出现了总体战、大战略、空军制胜论、大纵深作战理论等。它们为多国家、多军种参加的大规模战争提供了综合运用国家全部力量的战略指导,为新型作战样式的实施提供了理论依据,对"二战"及战后军事发展产生了深远影响。

4. 信息化战争

信息化战争萌发于20世纪70年代的越南战争，其标志是精确制导武器的首次使用和第一套指挥自动化系统的出现，争夺制信息权成为赢得战争主动权的关键。在信息化战争中，战场范围增添了外层空间和网络电磁空间两个新领域，天基系统在信息综合保障上发挥主导作用，全天候远程精确打击成为主要打击手段，隐性武器和无人操作系统等新型作战手段异军突起，基于网络和联合部队的一体化作战崭露头角，军事胜利不再单独决定战争胜利。

随着人工智能技术的发展，无人装备能够自主、能动地执行作战任务。这将使战争形态产生颠覆性变革，智能化战争的雏形亦由此登上战争的舞台。

第二节　新军事革命

军事革命是指由科学技术的进步而引起武器装备的演进，进而引起军队编成、作战方式和军事理论等方面逐步发生根本性变化，最终引起整个军事形态发生质变的特殊社会现象。以信息技术为核心的高新技术在军事领域引发的新军事革命，正在使世界军事由工业时代的机械化军事形态向信息化时代的信息化军事形态转型。

一、新军事革命的基本内涵

新军事革命的本质与核心是信息化，其目的是建设信息化军队，打赢信息化战争。其基本内容可概括为"四新一变"。

（一）创新军事技术，实现武器装备的信息化

武器装备的断代发展，是军事领域出现革命性变化的重要标志。随着人工智能、物联网、大数据、云计算、量子通信等新一代信息技术的迅猛发展及其在战场上的广泛应用，战争形态将逐步转向智能化。各国都在积极发展先进的军事技术，加快发展智能化精确打击武器，积极推进智能武器装备互融、互联、互通。如美军提出了以人工智能为关键支撑技术的第三次"抵消战略"，大力推广人工智能芯片在现有武器装备系统中的应用。

★知识链接：第三次"抵消战略"

所谓"抵消战略"，指利用技术优势，或者由技术提供新能力，抵消对手的优势军事能力。1950年以来，美国共提出过三次"抵消战略"。2014年8月5日，美国正式提出了第三次"抵消战略"。第三次"抵消战略"强调在计算机、人工智能、3D打印等技术领域的创新性突破。美国第三次"抵消战略"的发布，无疑是其向对手国家进行的又一次战略干扰，企图诱导对手做出战略调整，压缩对手的战略选择空间，持续强化其在科技和军事领域的引领作用，确保其长期保持世界领导地位。

（二）创新体制编制，重组军队组织结构

一场军事革命的完成，以军队组织结构调整的最终实现为标志。调整改革军队的体制编制，是实现人与武器有机结合，最终完成军事革命的关键。世界各国为适应世界新军事革命的发展，高度重视优化军队的内部结构，使军队的体制编制向着精干、高效、合成的方向发展。总的趋势是，压缩常备军规模，裁减一般部队，增编高技术军兵种部队，使军队向小型化、多能化、一体化方向发展。现阶段，主要是建设便于灵活组合的中小型模块式部队，建立适合信息快速流通的扁平式作战指挥体制。如伊拉克战争，美军在指挥上改变了以往各军兵种分别指挥的方式，由联合作战中心实行一体化指挥；在保障上，改变了以往逐级实施的方式，由后方基地统一供应，直接投送到前沿部队和分队，这就是所谓的"聚焦后勤"。

（三）创新军事理论

随着高新技术武器装备的发展，传统的战争理论、作战原则以及战略、战役、战术之间的关系等都发生了变化，出现了一些建立在新的物质基础之上的军事理论，比如信息化战争理论、信息战理论、联合作战理论、精确化作战理论、非对称作战理论、空间作战理论、非接触作战理论和网络中心战理论等。在伊拉克战争中，美军所使用的"快速决定性作战"理论，就是一种全新的作战理论。它强调作战行动必须充分利用信息化装备优势，采取"远程精确打击＋小规模地面快速突击"的新战法，尽快通过有限规模的战役行动达成战略目的。通过实战检验，这一理论得到了充分验证，说明适应信息化战争要求的创新的军事理论是完全必需的。

（四）创新作战方式

20世纪90年代以来，非接触、非线式作战日益成为重要的作战方式。如美军在伊拉克战争中所采用的基本作战方式就是非接触、非线式作战。这种作战方式不再是逐次突破推进，而是一开始就超越防御地带和自然地理屏障，直接对敌战役和战略纵深目标实施中远程精确打击，通过使对方的整个作战体系瘫痪、摧毁对方的战争潜力和国家意志来达成战略目的。2003年3月20日凌晨战争一打响，美军第三机步师就从科威特出动，第二天便深入伊拉克腹地160千米，五天内急进400多千米，直达巴格达外围。不少人认为，这样用兵是孤军冒险。其实，这正是为了以最快的速度推翻萨达姆政权。这种"闪电"行动，使伊拉克军队来不及破坏油田、炸毁桥梁、设置交通障碍，更来不及组织坚强有力的巴格达防御战。

未来，随着科学技术的进步和人类生产生活领域的不断拓展，极速点穴战、智能瘫网战、仿生特种战、太空攻防战等新的作战方式也将派上用场。

（五）战争形态由机械化战争向智能化战争转变

一是战场空间日益扩展。由过去的陆、海、空三维空间，扩展为现在的陆、海、空、天、电以及心理、认知等多维空间。二是战争节奏日益加快。过去战争往往以年、月计算，现代战争则往往以日、小时计算。三是战略、战役、战术行动融为一体。通过对要害目标，特别是首脑目标实施中远程精确打击来直接达成战略目的，最典型的作战方式就是"斩首"行动。四是制信息权和制智权成为争夺战场主动权的焦点。五是军队作战一体化程度日益提高。通过信息网络把各种武器装备横向连接起来，朝着指挥一体化、部队编组一体化、各个作战单元行动一体化和补给保障一体化的方向发展。六是前方与后方的界限日趋模糊。战争一开始就在作战双方国土的全纵深同时展开，国家战略资源和要害性设施的防护问题空前突出，全社会民众的战争意志坚强与否成为战争胜负的决定性因素。

★知识链接：智能化战争

随着以人工智能为核心的高新技术飞速发展，智能化战争的时代已经临近。与机械化战争和信息化战争相比，智能化战争具有四个鲜明的特点。一是制权争夺发生变化，争夺"智权"成为核心。二是制胜机理不同。信息化战争的核心是"联"，主导力量是信息，追求以网聚能、以网释能；智能化战争的核心是"算",主导力量是智力,智力所占权重将超过火力、机动力和信息力,追求的是以智驭能、以智制能。三是作战形态发生质变。无人化体系作战在智能化时代将成为常态,同时基于 AI 的无人化技术将逐步拓展到网络攻防、电子对抗、多源感知、关联印证、人物跟踪、舆情分析和基础设施管控等领域。四是战斗力生成机制发生深刻变革。智能化的独特性质,使得以智能化武器和智能化部队为主的智能战的核心战斗力具有很强的自学习、自成长特性。智能化时代必将摒弃传统的从需求、设计、研发到运用及维护的武器装备发展模式,采用信息时代新的迭代式系统工程模式,使智能化武器和智能化部队能在不间断的迭代过程中逐步成长,完成"智能战斗力"的生成。

党的二十大报告中提到"坚持机械化信息化智能化融合发展""研究掌握信息化智能化战争特点规律",为我军的智能化建设指引了方向。

二、新军事革命的发展演变

"二战"后,随着信息技术的迅猛发展以及在军事领域的广泛应用,军队的指挥手段不断向自动化方向发展。20 世纪 70 年代,美苏等军事强国基于战略需求,基本实现了军队指挥自动化。在越南战争中,美国率先使用精确制导炸弹并展现其巨大的作战威力。此后,各军事大国纷纷投入巨资开始研制并生产这类精确制导武器。指挥自动化系统与精确制导武器的快速发展,为军事革命的孕育提供了重要的物质技术条件。在这种历史背景下,1979 年,苏军总参谋长奥加尔科夫元帅提出了"新军事技术革命"的概念。他认为,新兴技术将使军事学说、作战概念、军事训练、兵力结构、国防工业、研制重点发生革命性变化,即出现新的军事技术革命。

20 世纪 80 年代初,工业时代掀起第三次浪潮。这种由信息革命引发的第三次工业浪潮,必将在人类社会各个领域引发根本性变革,从而给军事领域带来一场深刻的革命。1982 年,美军针对苏军在欧洲战场提出的"大纵深作战"理论,结合自身高技术武器装备的发展现状,提出了"空地一体战"理论,同时着手重点发展精确制导武器,调整军队体制编制,以适应第三次工业浪潮引发的战争形态的变化。1991 年的海湾战争,正式拉开了这场世界性军事革命的序幕。1993 年 8 月,时任美国国防部基本评估办公室主任的资深分析家马歇尔对"新军事技术革命"的概念提出异议。他认为:"对军事革命的含义常有误解,我们打算不用早些时候的'军事技术革命'这一术语,因为它把重点放在了技术上。技术使得革命有可能出现,但在许多情况下,只有制定了新的作战概念,建立了新的军事组织的时候才会发生革命。"为此,他建议将"新军事技术革命"改称"新军事革命"。1994年1月,美国国防部接受了这一提法,并正式组建了军事革命高级指导委员会进行官方研究。1995年年底,美军在深化理论研究的基础上开始采取实际步骤进行军事革命的一系列实验。

★知识链接:"空地一体战"理论

"空地一体战"理论的核心是谋求同时使用陆军、空军部队,迅速果断地将敌军分割歼灭。其主旨是在广大的战场上,综合运用陆军、空军,必要时也包括海军的各种作战手段和战法,积极主动地在战场的全纵深内打击并击败敌人;其精髓在于主动、灵敏、纵深、协调四项原则。这一理论相较以往的作战理论有很大的不同。首先,它强调战场是一个整体,要综合运用各种作战样式和武器系统协调一致地打击敌人。其次,针对当时苏联军队大纵深立体作战的特点,美军提出了纵深攻击的战法,从而把战场范围延伸至敌人整个作战部署的纵深。最后,它摒弃"以火力消耗敌军"的作战原则,重视机动作战。"空地一体战"强调,打赢战争需要空中遮断与地面作战协调一致。空军采取纵深遮断以主宰战场,可以为地面部队创造机会获取和保持进攻锐势,从而在实际上达到"左右敌人决策"的目的。

1996年5月,美军公布《2010年联合作战构想》,提出"机动制敌、精确打击、全维防护和聚焦保障",勾画了此后15年美国武装力量的建设和作战蓝图。同年12月,美军正式颁布了《信息作战纲要》。至此,美军开始全面推动新军事革命。2003年3月,伊拉克战争爆发,美军在这场战争中全面检验了此前新军事革命的重大成果。从战争结局看,美军在军事上取得了巨大成功。如果说1991年的海湾战争的形态还介于机械化战争和信息化战争之间,那么伊拉克战争则标志着人类战争已经进入一个新的发展阶段。在这场战争中,美军只用了海湾战争一半的兵力、时间和物资消耗,就达到推翻萨达姆政权的战略目的。这除了美伊两国巨大的经济差距以及其他政治因素外,主要是因为美国在军事上占据着绝对优势。具体来讲,就是通过不断推进新军事革命,美军建立起了一套高度机械化和半信息化的军事体系,相比之下,伊拉克军队则仍处于半机械化到机械化的阶段,从而双方在军事力量的对比上形成了巨大的"时代差"。透过这场战争,我们不仅看到新军事革命给当代世界军事领域带来的巨大冲击,同时也看到新军事革命所塑造出的信息化军队的作战威力。

通过大力推进新军事革命,美军获得了超强的作战能力,这使世界各主要大国在震惊的同时,更增加了紧迫感和危机感,纷纷围绕如何缩小与美国的"时代差"和"技术差"制定措施,竞相加快了军事革命的步伐。一些国家结合美军在伊拉克战争中的主要做法及前期军事革命的经验教训,出台了一系列新军事革命的新举措,意在推动军事革命在更高的层次、更广的领域、更大的范围加速发展,从而使世界新军事革命进入一个整体质变的发展阶段。

三、新军事革命的主要动因

新军事革命的主要动因,是科学技术的突破性发展、军事需求的强力拉动以及军事理论的有力牵引等。其中,科学技术的突破性发展是新军事革命产生的最重要因素。

(一) 科学技术的突破性发展是新军事革命的强大动因

马克思主义认为,科学技术是最高意义上的革命力量,是推动社会进步和军事革命的强大动力。当代科学技术,特别是以信息技术为核心的高新技术的飞速发展是新军事革命最直接的推动力。以信息技术为核心,以航天技术、生物技术、新材料技术、新能源技术和海洋开发技术等为代表的一大批高新技术和高技术产业蓬勃兴起,在被广泛应用于军事领域后,催生了新军事革命,并不断推动世界新军事革命向更深和更广发展,成为推动世界新军事革命最有力的杠杆。同时,新军事革命的出现和不断发展,又必然要求武器装备的不断更新,从而牵引和推动军事高科技的深入发展。

在当代高科技领域,信息技术是基础,也是核心。信息技术在军事领域引发的变化,主要表现在它物化出新一代的信息化武器装备,并使军事理论和体制编制发生革命性的变化。其中,武器装备及其体系的变化是直接的、基础的和革命性的。一是信息技术的迅猛发展促进了武器装备信息化。现代武器装备广泛采用侦察监视、网络通信、导航定位等信息技术,大量装备传感器、计算机、显示器、控制器等先进的电子设备。除此之外,武器装备的信息获取、信息处理、信息传输和信息对抗等信息能力的不断增强,使得战场感知、横向组网、远程精确打击和对抗等作战能力都得到了长足的发展。二是信息领域的激烈对抗促进了信息系统武器化。信息化条件下,信息优势的争夺成为现代战争的重要内容。信息装备及其组成的信息系统作为武器装备体系新的、重要的组成部分,大大提高了信息获取、信息传输、信息处理和信息控制等能力,使传统意义上的作战能力得到了极大增强。信息系统作为现代作战的重要手段,具备攻防兼备的功能,从而使武器化的信息系统在现代战争中发挥着日益重要的作用。三是信息技术的综合应用推进了指挥系统自动化,成为军队战斗力的倍增器。信息技术的不断发展和综合应用,使得指挥自动化系统的地位和作用日益突出。

（二）军事需求的强力拉动是新军事革命产生的内在动因

军事革命不是自然发生的客观物质运动,而是对抗主体之间的主观能动行为,是军事需求驱动和军事主体选择的必然结果。因此,在一定物质技术基础上,战略需求和战略主体的选择便成为决定军事革命进程和结局的重要因素。就当前这场新军事革命而言,正是源于"冷战"时期敌对国家、政治集团对抗的需要,源于美国与苏联之间争夺世界霸权的需要。在"冷战"结束、两极格局解体后,世界安全形势发生了深刻变化,信息化战争成为新的战争形态,国际恐怖主义成为当今世界的主要威胁,这种新的军事需求使得军事斗争的形式和手段又发生了新的变化,它使"冷战"时期那种建立在机械化战争基础上,准备进行大规模战争甚至核战争的军事斗争方式和军队建设模式难以适应新的安全需求。因此,必须对建立在机械化战争基础上的军队进行彻底改革,以满足新的需要。美国先于其他国家推行了军事革命,率先把美军建设成为世界上第一支信息化军队。

（三）军事理论的创新是新军事革命产生与发展的基础和先导

军事理论的创新,对新军事革命的产生与发展起着基础性和先导性作用。20世纪50年代以来,军事理论不断创新与发展,引导着新军事革命沿着正确的方向前进,从而使新军事革命的进程缩短、速度加快。军事理论的创新促进了军事战略的调整。"冷战"结束后,世界各军事大国和强国的军事战略已经由机械化战争形态下的军事战略向信息化战争形态下的军事战略转变。军队建设理论的创新引导了军队的改革与发展,军队建设的质量,特别是高科技含量在不断提高。作战理论的创新推动了作战方式的变革。"空地一体战"理论、信息作战理论、空间作战理论、联合作战理论等被相继提出与运用,催生了超视距打击、精确打击等新的作战方式,极大地改变了现代战争的面貌。

四、新军事革命的重要影响

这场新军事革命,促进了世界军事力量的大发展、大动荡和大调整,将对重建国际军事安全秩序、重建世界军事力量格局、重塑未来战争形态和重建未来型军队等产生决定性影响。

(一)进一步加剧了世界战略力量对比的失衡态势

在历次军事革命中,尽管霸权主义国家能够实现局部扩张,但没有哪一个帝国能够随心所欲地对全球进行控制。新军事革命却截然不同,作为这场新军事革命"领头羊"的美国,拥有当今世界上最雄厚的经济实力、最先进的科学技术和最强大的军事力量,加重了其称霸世界的筹码,使它具备全球投送、全球抵达、全谱作战的能力,以实施全球性扩张、干涉和控制。这必将导致世界军事力量的严重失衡,使弱国与强国之间已经存在的差距越拉越大,并由此引发新一轮军备竞赛。

目前,不仅世界大国加快了军事革命的步伐,一些中小国家也积极创造条件进行军事革命,大力推进军事理论、作战思想、武器装备、组织体制、教育训练、后勤保障等各个方面的创新,从而使新军事革命呈现向着更广和更深加速发展的趋势。英、法、德、日等发达国家和俄罗斯为拉近与美国的距离,正逐步加大投入,力争在某些领域谋取优势;许多发展中国家为避免陷入被动挨打的境地,也在千方百计地发展国力,壮大军力,力求防止和消除"时代差"。这就构成了一种各国竞相发展、全球战略互动的新局面。

(二)进一步推动了世界各国军事战略的全面调整

新军事革命极大地冲击了传统的战争理念,改变了现代战争面貌,促使各国重新审视安全环境和战略策略,依据客观环境和主观需求积极主动地进行战略调整。自20世纪90年代以来,美国出于维护其霸权地位的需要,先后进行过四次军事战略调整。俄罗斯从苏联解体后也调整了三次军事战略。以法国、德国为首的欧盟集团,出于集团利益的需要,在反映各成员国战略主张的同时,积极谋求"联盟战略"。日本以建立"合理、高效、精干"的军队为目标,对其军事战略进行全面调整。此外,一些发展中国家基于维护自身安全的考虑,在战略上也做出了必要调整。可以预见,随着新军事革命的深入发展,各国还将进行新的战略调整并促进国际战略格局进行新的整合。

（三）进一步拉大了世界各国军队武器装备和作战能力上的"时代差"

在机械化战争时代，武器装备和作战方式上的"时代差"曾经使德军在"二战"初期的陆战场上取得显赫战果，但与其主要对手的差距不大。而新军事革命所产生的武器装备和作战能力上的"时代差"，却使优劣差距极端明显。一旦存在"时代差"的两军在战场上对垒，就会出现"占有优势的一方可以看到劣势的一方，而劣势的一方却看不到优势的一方；优势的一方可以打到劣势的一方，而劣势的一方却根本打不到优势的一方；优势的一方可做到攻守自如，而劣势的一方则手足无措"的局面。这就是这场新军事革命在武器装备和作战能力上产生的"时代差"的突出表现。

（四）进一步增强了军事手段维护国家安全的作用

新军事革命的飞速发展，使强国在短时间内变得愈强、弱国变得愈弱，两者之间的差距可能越拉越大，而且这种差距一旦形成，则难以消除。其结果是，一方面力量的失衡导致战争的危险性增加，另一方面由于"时代差"的形成，增强了战争的可控性，从而为强国运用军事手段达成政治目的提供了低风险、高效益、多样化的战略选择。据统计，"冷战"时期发生的局部战争和武装冲突为年均4次，而"冷战"后却达年均10次之多。特别是20世纪90年代以来发生的海湾战争、科索沃战争、阿富汗战争、伊拉克战争，更显示出军事手段在解决争端中的"泛化"趋势。以美国为首的西方发达国家认为，拥有绝对军事优势是处理国际危机的前提。在这种理念的支配下，自1990年以来，美国对外出兵60多次，占"二战"后美国对外出兵总数的一半以上。由此可见，新军事革命不仅使军事手段的地位和作用明显上升，而且使新干涉主义进一步抬头，给世界和平与地区安全带来了新的威胁和挑战。

第三节 机械化战争

机械化战争是人类历史上继冷兵器战争、热兵器战争之后的第三种战争形态。机械化战争始于20世纪初，贯穿整个20世纪。它开创了世界军事史上的新纪元，其规模之大、程度之激烈，史无前例。机械化战争深刻影响了近现代世界军事的发展，人类历史上的两次世界大战都爆发在机械化战争时代。

一、机械化战争的基本内涵

机械化战争是指主要使用机械化武器装备及相应作战方法进行的战争，具有机动速度快、武器威力强、战场范围广、战争消耗大等特点，是工业时代战争的基本形态。

机械化战争是随着工业时代来临而产生和发展的。19世纪末以后，人类科学技术获得新的进步，以重工业为重点、以大机器生产为特征的新工业革命发展迅速。相应地，军事科技也获得同步发展，一大批机械化武器装备相继问世。这些都使得战争面貌发生重大变化，人类由此步入了机械化战争时代。虽然近几十年来，在机械化战争形态的"母体"中，信息化战争形态被孕育出来，并不断趋于成熟，但在许多战争实践中仍然表现出较强的机械化战争的特征。21世纪的今天，人类的许多战争活动仍然受到机械化战争的影响。

二、机械化战争的形态和特点

机械化战争虽然只有百年历史，却具有重要的历史地位，对军事发展产生了深远的影响。机械化战争是工业时代战争的基本形态，相比其他时代的战争形态，表现出以下四个特征。

（1）科技革命是根本动力。18世纪中期，第一次工业革命中出现的蒸汽动力船，造就了现代海军；蒸汽机车和铁路的实际运营，则大大增强了军队的战略机动能力。19世纪下半叶，以重工业为重点、以大机器生产为特征的第二次工业革命，推动了速射机枪、坦克、飞机、潜艇、航母、无线电等自动化、机械化武器的相继问世。20世纪中叶，以人类对微观世界的认识及对核能的掌握和利用为标志的新一轮科技革命，使核战争以及核威慑下的常规战争成为机械化战争的重要形式。与以往的火器、火炮等热兵器相比，机械化兵器构造更加复杂、火力毁伤性更加强大、机动性能大幅度提高。

（2）战争规模无限扩大。机械化时代的战争已不仅是军队的事情，而且是整个国家和全民的事情。在总体战的时代，人类以空前的规模和速度把最先进的科学技术全部用于作战，把整个国家的人力、物力全部用于战争，战争已经没有前后方之分，并成为整个国家和民族在军事、政治、经济、科技、思想、文化等诸多方面的全面较量。在机械化战争中，人、财、物的直接消耗和间接消耗都非常大。因此，机械化战争不仅有空前的规模，而且具有空前的毁灭性。

（3）作战编成合成化。相对而言，冷兵器、热兵器时代的军兵种数量较少，军队构成较为简单。机械化战争条件下，由于空军、坦克兵、化学兵等新的军兵种出现，军队的构成比以往更加复杂。在战争过程中，往往需要多个军兵种共同行动。于是军队体制编制得到重新调整，在一个作战集团内往往合成编配多个军兵种，空地协同、步坦协同等合成战斗方式得到普遍应用。

（4）战争影响深远。在军事理论方面，总体战、大战略、大纵深战役理论及人民战争思想等一系列新的军事思想都随着机械化战争形态的发展而产生。它们为多个国家、多个军种参加的大规模战争提供了战略指导，为新型作战样式的实施提供了理论依据。在经济和技术发展方面，机械化战争的巨大需求在一定意义上推进了工业化的发展，增强了国家的经济实力。同时，在机械化战争需求的刺激下，控制论、弹道学、空气动力学、雷达技术、航天技术、火箭制造技术等基础理论和先进技术发展起来了，电子计算机、电路、卫星、互联网等都是因为军事需要而产生并首先在军事领域得到应用。在国际格局方面，机械化战争，特别是两次世界大战及之后的局部战争，促进了国际政治格局的形成与变化。

三、机械化战争的演变

机械化时代，从18世纪50年代开始至20世纪70年代结束。其间发生的两次技术革命和一次科学革命，为机械化制造技术的发展提供了坚实的技术和能源支撑，实现了装备机械化的重大转变，并引发了军事系统的广泛变革，产生了新的军种、兵种和机械化战争模式，促进了军事理论的重大发展。机械化战争大致经历了以下三个阶段。

（1）从18世纪60年代初开始至19世纪40年代末结束。以蒸汽机和机械革命为标志的第一次技术革命，为武器装备的研制和革新打下了技术基础，促进了铁甲战舰和机枪等的发展，使战争形态从热兵器战争转变为半机械化战争。

（2）从19世纪中期开始至20世纪初结束。以电力和运输革命为标志的第二次技术革命，促进了发电机、电动机、输变电技术、电报、电话、无线电通信和内燃机的发明与应用，使得机器大工业与电气化融为一体，从而促进坦克、飞机和航母等的迅速发展，使战争形态从半机械化战争转变为机械化战争。

（3）从 19 世纪中后期开始至 20 世纪中期结束。以相对论和量子论革命为标志的第二次科学革命，为人类进入原子时代和信息时代奠定了理论基础，使人们对物质世界的认识逐渐深入到微观、高速和宇观领域，揭开了现代物理学的新序幕，开辟了核能利用的新前景，从而促进了核技术和火箭技术的发展，开启了武器发展史上的新里程。武器装备从利用化学能、机械能推进到利用核能，从而使机械化战争发展到一个崭新阶段。

四、机械化战争对世界的影响

20 世纪上半叶发生的两次世界大战，是人类社会发展史上的重大事件，留给后人无尽的思考。它们是资本主义发展到帝国主义阶段，强国与强国之间，列强与殖民地、半殖民地人民之间巨大社会矛盾的产物。它们有力地向世人证明，无论侵略者的军事力量多强大、战争进程多曲折，侵略者都必将走向失败，正义必将胜利，人民群众终将赢得胜利。

两次世界大战是机械化战争形态发展进程中的重要实践，同时也促进了机械化战争形态的发展成熟。在战争中，新型的机械化武器装备层出不穷，技术不断进步，作战性能得到迅速提升；军队构成发生重要变化，体制编制合成化程度不断提高，尤为突出的是战场范围空前扩大，破坏和消耗是以往任何战争都不能比拟的。战争在客观上促进了科学技术的进步，但也对人类社会造成巨大的伤害。如法西斯分子利用军事科技的进步，组建装甲兵团等机械化部队，通过闪击战等方式发动侵略性战争，给其他国家带来巨大的战争灾难。尤其是第二次世界大战后期，原子弹研制成功并用于实战，产生了令世人为之震撼的影响。这些都使人们对军事科技进步的后果进行深刻的反思，从而对战争形态的发展走向产生了重要的影响。

20 世纪上半叶，中国处于半殖民地半封建社会，科技和经济非常落后。虽然国民党军队在西方国家的援助下，建立了具有一定程度的机械化部队，但与日本等国家比较起来，差距非常巨大。因此，在面临日本帝国主义入侵时，中国军队受到巨大损失，国家大片领土沦丧。中国共产党缔造和领导的人民军队，武器装备非常落后，长期处于"小米加步枪"的状态。但是，毛泽东等革命前辈坚定依靠广大人民群众，采取有效的人民战争战略战术，夺取敌人的武器壮大自己，最终在抗日战争中打败了日本帝国主义，在解放战争中打败了拥有美式装备的国民党军队。这一方面告诉我们，在武器装备落后的情况下，要充分发挥人的主观能动性，弥补自身条件的不足;另一方面,也要充分认识到军事科技的重要性,尽力提高武器装备的水平。

机械化战争形态是信息化战争形态发展的基础。时至今日,很多机械化武器装备仍然在使用,军队合成化仍然是非常必要的,陆、海、空仍然是重要的战场,战争消耗仍然非常大。因而,我们仍然不能忽视军队机械化建设;相反,更要打好机械化的基础,为建设信息化军队奠定坚实的基础。

五、典型案例:第二次世界大战

(一)战争起因与主要经过

1. 战争起因

第一次世界大战结束后,帝国主义时代所固有的各种矛盾一个也没有解决,并且又增加了战胜国与战败国之间的矛盾,以及帝国主义战胜国相互之间的矛盾。20世纪20年代末,资本主义世界爆发了规模空前的经济危机。世界各国纷纷采取对策,在发展本国力量的同时,也改变了各国的政治、经济和军事力量的对比。

随着帝国主义国家间经济、政治和军事发展不平衡的加剧,军事实力发展较快的德、意、日三国要求重新划分世界势力范围,使帝国主义国家之间的矛盾进一步尖锐起来。

面对德、意、日对原有秩序的挑战,英、法等国为保护自己的既得利益,采取了以牺牲其他国家利益为代价,与对手妥协的"绥靖政策"。在欧洲,英、法等国坐视德国势力扩大,意图把"祸水"引向社会主义国家苏联。这使得法西斯国家得寸进尺,侵略野心日益膨胀,让世界再次濒临战争的边缘。

2. 战争主要经过

1931年9月18日夜,日本关东军炸毁了南满铁路柳条湖附近的一段铁轨,却诬称为中国军队所为,并以此为借口悍然发动九一八事变,侵略占领了中国东北地区。

1937年7月7日,日本在中国北平借口发动七七事变,日本侵略者开始全面侵华,中国逐步成为世界反法西斯战争的东方主战场。

1939年9月1日凌晨,德国军队以优势兵力,通过闪电战的方式突袭波兰。3日,波兰的盟国英、法两国被迫宣战,第二次世界大战全面爆发。

1941年6月，德国入侵苏联，战争进一步扩大。当年12月7日，日本偷袭珍珠港，美国宣战，太平洋战争爆发。随着战争的推进，出现了欧洲西线战场、北非战场、欧洲东线战场，以及太平洋战场。

法西斯国家的大肆侵略，激起世界各国人民的愤怒，全世界反法西斯国家开始逐步走向联合。1942年1月，美国、英国、苏联、中国等26个国家的代表在美国首都华盛顿签署《联合国家宣言》。所有签字国保证用自己的全部军事和经济资源，与德、日、意及其仆从国作战，相互合作，决不单独同敌人停战议和。之后又有21个国家在宣言上签字。这标志着世界反法西斯联盟正式形成。各国为了共同目标，在欧洲战场和东方战场上协同作战，逐渐扭转了战争的形势。

德军在莫斯科会战失败后，被迫放弃全面进攻，于1942年夏在苏德战场南翼实施重点进攻。7月，德国集中兵力进攻战略重镇斯大林格勒。苏联军民英勇抗敌，在艰苦的条件下打赢保卫战。次年2月，德军保卢斯所部在斯大林格勒战败投降。斯大林格勒战役成为第二次世界大战的转折点。此后，苏军继续进攻，苏德战场形势发生重大转变。

1942年10月至11月，英军在北非战场发动阿拉曼战役，消灭德、意军大量有生力量。此后，英、美盟军开始掌握战略主动权。1943年7月，盟军在意大利半岛西西里岛发动登陆战役，意大利发生政变，墨索里尼政府垮台。不久，意大利宣布无条件投降。

1944年，同盟国在欧亚战场先后转入全面战略进攻。在欧洲战场，苏军率先在东线发动强大攻势。6月，美、英盟军成功登陆法国诺曼底，开辟了欧洲第二战场，由此形成对德国东西夹击的有利态势。欧亚各国的抵抗运动和游击战争配合盟军进攻，加快了民族解放的步伐。

1945年，世界反法西斯战争形势发生根本转变。美、英、苏三国首脑在雅尔塔召开会议，决定彻底消灭德国法西斯主义。7月，美、英、苏三国首脑在波茨坦召开会议，并以中、美、英三国名义发表敦促日本投降的《波茨坦公告》。

1945年春，苏军与英、美军队分别从东西两面进入德国本土作战。5月8日，德国正式签署无条件投降书，欧洲战事结束。在亚洲和太平洋地区，亚洲国家的人民对日本侵略者展开了猛烈反攻。中国共产党发出"对日最后一战"的号召，广大军民勇猛打击日军，取得重要战果。8月上旬，美国在日本投下两颗原子弹，苏联也出兵中国东北和朝鲜，参加对日作战。8月15日，日本法西斯宣布无条件投降。9月2日，日本正式签署投降书，第二次世界大战正式结束。

★知识链接：十四年抗战

曾经一段时间，人们习惯说"八年抗战"。但随着抗战研究的深入，"十四年抗战"的概念逐步得到了国内外学术界乃至社会各界的广泛认可。党和国家领导人在纪念中国人民抗日战争暨世界反法西斯战争胜利四十周年、五十周年、六十周年、七十周年的大会讲话中，都把九一八事变作为中国抗日战争的起点，把十四年的抗战作为一个整体。国内有代表性的抗战史著作，如军事科学院编的三卷本《中国抗日战争史》、国防大学何理教授的《中国人民抗日战争史》、中央党史研究室王秀鑫和郭德宏主编的《中华民族抗日战争史（1931—1945）》、南京大学张宪文教授的《中国抗日战争史》等，都认为抗日战争为十四年。

"十四年抗战"概念的提出并得到广泛的认可，是有着充分依据的，它可以使人们更准确、全面和科学地认识中国的抗日战争。

（二）战争的机械化特征

第二次世界大战之所以在人类军事发展史上占有特殊重要的地位，不仅由于其前所未有的作战规模、强度和深远影响，而且由于这场战争推动了军事领域方方面面的深层变化，将千百年来军事领域的发展演变推进到一个新的高度，形成了成熟的机械化军事形态。

（1）机械化武器装备成为战场主宰。第二次世界大战之所以成为一场机械化战争，其重要原因是各军事强国用具有高度机动力、突击力和毁伤力的机械化武器大量装备军队并投入战争，从而导致战争的技术手段和物质基础发生了质的变化。第二次世界大战首次使用雷达和其他无线电电子器材、火箭炮、第一代喷气式飞机、飞航式导弹和弹道火箭等，在战争的最后阶段使用了核武器。这些新兵器的使用及由此带来的新战法的运用，标志着机械化战争全面成熟和完善。

（2）新的机械化军兵种成为战场上的中坚力量。陆军中不仅骑兵逐渐从战场上被淘汰，而且军队运输也由骡马化转向摩托化和机械化，整个陆军发展为机械化的诸兵种合成军队；装甲坦克兵和摩托化步兵在"二战"中发展迅速，确立了自己在陆军编成中的核心地位。海军建设实现由战前的以"大炮巨舰"为根基，到战中各国开始以航空兵为核心的重大转型。至战争结束，海军航空兵已成为海军的核心兵种，而长期占据统治地位的大型水面舰艇部队则地位下降，成为海军航空兵的辅助力量。空军的数量规模急剧扩大，编制日趋大型化；装备中中型和重型轰炸机的战略轰炸航空兵脱颖而出，运输航空兵的出现和壮大极大地丰富了空战样式，从而突出了空军的地位和作用。

（3）机械化作战样式的形成和完善。第二次世界大战期间，机械化武器装备的普遍应用和军队构成的崭新面貌，最终导致作战样式的更新换代。在陆战场上，德军的"闪击战"和苏军的"大纵深作战"充分体现了机械化军队的威力。在海战场上，日本海军舰载航空兵奇袭珍珠港，从根本上颠覆了传统海战样式的基础。在空战场上，战略轰炸样式发展成熟，战略轰炸打破了千百年战争史上前线和后方的界限，意味着航空兵从此有了一种能对战争全局产生战略性影响的独立作战方式。

第四节　信息化战争

20世纪90年代初，一场以美国为首的多国部队打击伊拉克军队的海湾战争，预示战争的信息化时代来临。随后又相继爆发科索沃战争、阿富汗战争和伊拉克战争，逐步孕育出一个全新的战争形态，即信息化战争。为适应战争形态新的变化，中共中央军委推进中国特色的军事变革，"建立信息化军队、打赢信息化战争"，实现军队跨越式发展的战略决策。

一、信息化战争的基本概念

随着信息社会的到来，信息技术的不断发展和在军事上的广泛运用，人类战争在经历了冷兵器战争、热兵器战争、机械化战争之后，一种新的战争形态正在登上战争历史的舞台，它就是信息化战争。

信息化战争是建立在社会信息化基础上的新型战争。具体而言，信息化战争是指在信息时代，交战双方或一方以信息化军队为主要作战力量、以信息化武器为主要作战工具、以信息战为主要作战形式进行的战争。信息化战争是信息时代的基本战争形态，其内涵包括以下五个方面。

（1）信息化战争是信息时代的产物，是信息时代经济、科技、生产力水平和生产方式在战争领域的客观反映。

（2）战争工具决定战争形态，有什么样的战争工具，就有什么样的战争形态。信息时代战争工具的信息化、智能化和综合化，信息武器装备体系的形成，必然促使信息化战争的出现。

（3）信息化战争首选的、直接打击的目标是信息获取、信息控制和信息使用的系统及其基础，剥夺敌方信息控制权、使用权和对己方信息系统的威胁，建立己方的信息优势，进而实现己方的意志。

（4）信息化战争将主要在三条战线，即军事战线、政治战线和经济战线上，以有形（暴力）和无形（非暴力）两种方式进行。

（5）信息化战争的核心资源是信息和知识，以及在信息控制下的物质和能量的综合对抗。

二、信息化战争的基本特征

通过分析机械化战争和最近几场高技术局部战争发现，较之其他战争形态，信息战争呈现出以下鲜明的时代特征。

（一）信息资源主导化

信息对战争影响的关键是要准确获得战场信息并把信息及时用于决策和控制。机械化战争起主导作用的是物质和能量，打的主要是"钢铁仗"和"火力仗"。在信息化战争中，信息是核心资源，是决定战争胜负的关键因素。信息化战争是以争夺战场制信息权为主要行动的战争，信息成为部队战斗力的核心要素。

在未来战争中，对信息的争夺将起核心作用，并将取代以往冲突中对地理位置的争夺。攻城略地已经成为机械化战争的历史，在信息化战争中，地理目标将日趋贬值，信息资源将急剧升值。制信息权必然成为凌驾于制空权、制海权和制陆权之上的战场对抗的制高点。拥有信息资源、握有信息优势，是取得战争胜利的先决条件。

（二）武器装备信息化

科学技术在军事领域的运用，是引起战争形态发生深刻变革的根本原因。工业时代的战争，以机械化武器装备为物质基础；而信息时代的战争，则以信息化武器装备系统为物质基础。信息化的武器装备系统，又是以计算机技术为核心、以信息技术为基础的一体化的武器装备系统。

信息武器系统包括软杀伤型信息武器和硬杀伤型信息武器。软杀伤型信息武器是指以计算机病毒武器为代表的网络攻击型信息武器和以电子战武器为代表的电子攻击型信息武器。这类武器在海湾战争中已开始使用。硬杀伤型信息武器主要是指精确制导武器和各种信息化作战平台。信息化作战平台装有大量的电子信息传感设备,并与自动化指挥系统联网。它集侦察、干扰、欺骗和打击功能于一体,既可实施战场探测,为精确打击和各种战场行动提供目标信息,又可实施信息攻防作战,是信息化战争的重要物质基础。

单兵数字化装备是指士兵在数字化战场上使用的个人装备,也称"信息士兵系统"(它由一体化头盔、单兵通信装置、单兵武器、防护军服、单兵计算机和电源分系统组成)。信息化的士兵装备既是战场网络系统的一个终端,也是基本的作战单元,具有人机一体化的远程传感能力、攻击和生存能力,能够实时实地为炮兵和执行空地作战任务的飞机提供数字化的目标信息。在阿富汗战争中,美空军准确无误地对地面目标实施攻击,就是得益于特种作战部队装备的信息士兵系统将整个战场数字化网络连为一体,为其提供了及时准确的目标数据。单兵数字化装备的出现和运用,意味着陆军作战效能将出现革命性变化。

(三) 作战空间多维化

作战空间随着科学技术和武器装备的发展逐渐呈现出日益拓展的趋向。人类战争历史上由于飞机的问世和航空技术的发展,作战空间发生了第一次革命性变化——由陆海平面战场发展为陆海空立体战场。在机械化战争中,交战的舞台主要是在陆、海、空、天(太空)等物理空间展开,军事行动是在陆地、海洋和空中进行。而在信息化战争中,虽然活动的依托仍然离不开物理空间,但战争胜负主要取决于信息空间。实践表明,信息化战争的作战空间明显拓展,呈现出陆、海、空、天、电等多维一体化趋势。信息化战争作战空间的这种多维性和复杂性,打破了传统的作战空间概念。

1. 物理空间超大无限

在第一次世界大战中,决定战争胜负的第二次马恩河战役、亚眠战役,战场范围仅有数百至数千平方千米。在第二次世界大战中,决定战争胜负的诺曼底战役、维斯瓦河—奥得河战役、柏林战役,战场范围也不过数万或数十万平方千米。而海湾战争,战场空间急剧扩展,东起波斯湾,西至地中海,南到红海,北达土耳其,总面积达到1400万平方千米。阿富汗战争,其作战规模远不及海湾战争和科索沃战争,但其作战空间范围要比海湾战争和科索沃战争大得多。美军在空中部署各种侦察、预警飞机,全方位、全时段监视敌方的所有行动;同时,在外层空间利用多颗卫星组成太空侦测网,全面监视、搜寻塔利班和拉登的动向。随着军事信息技术的高速发展,未来信息化战争的作战空间将在目前陆、海、空、天的基础上进一步拓展。

2. 信息空间多维广阔

信息空间是一个全新的概念，包括电磁空间、网络空间和心理空间，涉及陆、海、空、天各个战场领域。信息和信息流"无疆无界"，使得信息作战的领域大大突破了传统的战场界限，是一个超大无形、领域广阔的作战空间。

（1）电磁空间是信息空间的重要组成部分。电磁战场被称作继陆、海、空、天之后的"第五维战场"，是信息化战争的重要作战空间。

（2）网络空间是人类进入信息社会的必然产物。信息时代的一个明显标志就是计算机和计算机网络技术的广泛应用。目前，互联网将全世界170多个国家和地区的计算机连为一体。信息高速公路在全球范围内逐步建成，时空的概念正在急剧缩小。网络空间的出现，将使地理上的距离概念和国家之间的地理分界线在信息对抗中失去意义，凡是与网络空间相联系的目标都可能遭到攻击。

（3）心理空间，特别是决策者的思维空间，是信息化战争的重要作战空间。心理是控制和决定人的行为的重要因素，心理空间的对抗备受各国军队的重视。美军不仅编有心理战部队，而且正在研制"噪声仿真器""电子啸叫器"等专用心理战武器。美军在几场局部战争中都采取了军事打击与攻心并举的方针，成功地实施了心理战。战争的实践证明，心理空间作为信息作战空间的一个重要组成部分已体现得非常明显。

（四）作战节奏快速化

随着计算机、电子通信、卫星技术和信息化武器装备的发展，信息化战争的作战节奏和作战速度较机械化战争而言已大大提高，持续时间明显缩短，呈现迅疾、短暂、快速化的特征。促使战争时间缩短的主要因素有三个。

1. 战场信息流动速度加快，作战周期缩短

信息时代，数字信息技术广泛运用于战场侦察监测设备和信息快速传输网络，实现了信息的实时获取、实时传输、实时处理，使得信息流动速度空前加快、空间因素贬值、时间急剧增值，作战行动得以快速进行。在网络化的战场上，尽管基本作战程序和信息的流程没有发生根本变化，同样要经过发现目标、进行决策、下达指令、部队行动等环节，但这几乎都是实时同步进行的。

2. 战争的突然性增加，时效性明显提高

信息化战争中各种信息武器具有快速的作战能力，使得作战行动的速

度加快，时效性明显提高。

3. 广泛实施精确作战，毁伤效能剧增

海湾战争期间多国部队发射的精确制炸弹虽然只占发射炮弹总量的8%，却摧毁了约80%的重要目标。精确打击直接指向对方的战争重心，迅速而具有致命性，这必然使得作战时间变得短促，战争持续时间大为缩短。

此外，数字化战场的建立、部队机动能力的提高、经济能力和战争目的的制约等，都是作战时间迅疾短促、战争进程日趋缩短的重要原因。

（五）作战要素一体化

作战要素一体化包含以下四个方面。一是作战力量一体化。通过信息网络和信息技术，可以将处于不同空间位置的各种作战能力联结成一个有机整体，形成一体化作战力量。二是作战行动一体化。信息化战争中的主要作战样式，是两个以上的军种按照总的企图和统一计划，在联合指挥机构的统一指挥下进行的作战，其作战行动具有一体化的特征。三是作战指挥一体化。在信息化战争中，自动化指挥系统为作战指挥提供了准确的战场情报、快速的通信联络、科学的辅助决策、实时的反馈监控，从而使树状的指挥体制逐渐被扁平为网络化的指挥体制，使作战指挥实现一体化。四是综合保障一体化。保障军队为遂行作战任务而采取的作战保障、后勤保障、装备保障、政治工作保障等各项保障措施实现一体化。

（六）作战指挥扁平化

机械化战争的指挥体制，以作战部队多层次纵向传递信息的塔状指挥体制为主。这种指挥控制网络就像大工业生产按行业、按流水线建立的控制体系一样，其特征是呈金字塔状，下面大上面小，所有来自前线的敌我双方的情报信息，必须逐级向上汇报，上级的指示精神和命令也按照这样的塔状模式逐级下达到前线或基层，是一种典型的逐级指挥方式。信息化战争的指挥体制，趋向于作战单元与指挥控制中心横向传递信息的扁平网络化结构。在纵向上，从最高指挥机构到基层分队所形成的逐级控制关系虽仍然存在，但是单兵数字化指挥控制系统成了指挥体系的最小层次。在横向上，各指挥系统间的横向联系更加紧密，不仅包括平地指挥机构之间的联系，还包含非同一层次间指挥机构的横向联系；不仅包括不同军兵种各层次指挥机构的联系，还包括同一军兵种平行指挥层次指挥机构间的联系。指挥控制近乎实时，效率大大提升。

(七) 作战行动精确化

在信息化战争中,在多层次、全方位、全时空的情报、侦察和监视网络的支持下,作战方使用大量的精确制导武器,使各种作战行动的精确化程度越来越高。一是精确侦察、定位、控制。精确侦察、定位和控制是实现精确打击的前提和基础。二是精确打击。精确打击是信息化战争精确化的核心内容,它是靠提高命中精度来保证作战效果,而不是通过增加弹药投射的数量去增强作战效果。三是精确保障。就是充分运用以信息技术为核心的高技术手段,精细而准确地筹划、实施保障,高效运用保障力量,使保障的时间、空间、数量和质量要求尽可能达到精确的程度,最大限度地节约保障资源。

三、信息化战争的产生与形成

信息化战争是人类社会政治、经济、科学技术和战争实践发展到一定阶段的必然产物。

(一) 信息化战争是社会经济形态发展的必然结果

20世纪中叶以来,由于科学技术的飞速发展和生产力水平的大幅度提高,以计算机技术和信息技术为龙头的高新技术群不断涌现,人类开始进入信息时代。随着信息技术在军事领域的广泛运用,大量信息化武器装备投入战场,为新一轮战争形态的变革提供了物质基础。在科学技术和战争实践的推动下,一场迄今为止人类军事史上波及范围最广、变化最深刻、发展最迅速的军事革命正在世界范围内蓬勃兴起。以使用信息化武器装备为主导,使战争基本方式发生根本变化的信息化战争开始登上战争舞台。

人类社会和战争历史的发展表明,社会的经济形态是战争形态的母体,有什么样的经济形态,就会孕育出什么样的战争形态,这是不以人的意志为转移的客观规律。

(二) 高技术的发展是信息化战争产生的直接动因

战争形态的重大变革通常发生在技术革命之后,而技术革命又往往是在科学技术水平迅猛发展并发生质的飞跃的情况下出现的。20世纪50年代以来,世界上陆续出现了一大批高新技术群,其中信息技术在高技术群中起主导作用。这些新技术一经出现,便以前所未有的速度向更深和更广的领域发展。

　　高技术的迅猛发展和运用，必将产生新的技术革命。高技术群的出现，除其本身的发展具有革命性之外，它的影响之深远、波及领域之广阔，是历史上任何一次技术革命都无法比拟的。如今，高技术群，尤其是微电子技术和计算机技术已渗透人类社会活动的各个领域，引发了政治、经济、科技、军事和文化等各个领域的深刻变革，已经产生并将继续产生难以估量的重大影响。

　　科学技术的进步必将引起军事领域的技术革命。与以往历史上的军事技术革命不同的是，当今这场军事技术革命不是由单项或少数民用领域的技术引发的，而是多项高技术交叉综合作用的结果。因此，这场军事技术革命是全方位的。其中起核心作用的技术是军事信息技术。其骨干技术包括微电子技术、计算机技术、光电子技术和军事航天技术。军事技术革命的出现，必然促使武器装备发生质的变化。以军事信息技术为核心的军事高技术群，使人类进行战争的工具发生了时代性的飞跃，即由机械化武器装备阶段进入信息化武器装备阶段。这必然引起作战方式、作战理论和军队编制体制的根本性变革。

（三）相对和平的国际环境为信息化战争的产生提供了外部条件

　　人类社会形态的变化和高技术群的发展，是信息化战争产生的内在动因；"冷战"前后的国际安全环境，特别是相对和平的国际环境的出现，是信息化战争产生的外部条件。首先，"冷战"期间美苏两国争霸促进了军事领域的不断变革，对信息化战争的产生起到了促进作用。在长达40多年的"冷战"过程中，美苏两国从各自称霸世界的需要出发，为了在军备竞赛中占据优势，均倾其全力加大军费投入，发展尖端军事科技，不但使在机械化战争中使用的各种武器装备的性能指标几乎达到物理极限，而且推动了高技术群的迅猛发展，为信息化战争的产生奠定了技术基础。其次，和平时期军事变革能够得到时间和经济力量的可靠保障。长期的和平时期，让各国能够静下心来有计划、有步骤地思考未来战争问题，研究如何运用技术革新提供的新的战争手段达到军事能力的提升等问题。和平环境能够为信息化战争的试验提供时间和资源，而且即使试验失败，各国所面临的风险也最小，还来得及重新调整部署。

（四）近年局部战争的实践是信息化战争产生的基础

20世纪90年代以来先后发生的海湾战争、科索沃战争、阿富汗战争和伊拉克战争，是人类战争史上具有划时代意义的战争。它们既是工业时代机械化战争的延续，更是孕育信息化战争雏形的"母体"。这几场局部战争几乎都使用了全新的武器和全新的战法，战争形态发生了深刻的变化，机械化战争形态正向信息化战争形态转变。

海湾战争出现了新军事革命的影子，世界从此进入一个新的战争时代。近几场局部战争所展现出来的信息攻击、远程精确打击、陆海空天电一体化作战等作战行动展现了巨大的战争威力，使人们摒弃了传统的作战方式，"零死亡率"的战争已经成为人们追求的目标。近几场局部战争更使人们看到，夺取制信息权对现代战争意义重大。失去制信息权的军队，即使拥有威力巨大的武器，也会变成"聋子""瞎子"和"瘫子"。掌握制信息权已经成为赢得战争胜利的先决条件。

总之，这几场局部战争的实践使人们感悟到新的战争形态所具有的深刻内涵。战争实践成为推动信息化战争形成和发展的内在因素；它促使人们更加自觉地接受信息化战争、适应信息化战争，更重要的是主动地选择和设计信息化战争。

四、信息化战争的发展趋势

从世界范围看，战争形态正处在一个从机械化战争向信息化战争过渡的转型期。因此，在当前条件下，要准确地预测信息化战争的发展趋势还比较困难。然而，历史的发展有其自身的轨迹。运用历史唯物主义的方法，我们可以大致地勾画出未来信息化战争的发展趋势。

（一）战争的表现形式不断拓展

传统的战争概念，主要指阶级、民族、政治集团和国家之间为达到一定的政治和经济目的而进行的武装斗争。而未来的信息化战争将在战争的暴力性、战争的层次以及战争的主体等方面发生重大的变化，从而使传统的战争概念受到冲击，战争的表现形式有了很大的拓展。

1. 战争的外在破坏性减弱

传统的战争理论认为"战争是流血的政治"，但在信息化战争中，由于各种经济活动和社会活动的高度计算机化、信息化和网络化，社会的经济生活和政治生活更多地依赖各种信息系统。战争则有可能成为"不流血"或"少流血"的政治。像支撑社会经济和政治活动的金融系统、能源系统、交通系统、通信系统和新闻媒介系统等，都是以计算机为基础的信息网络系统。信息和信息系统既是武器，也是交战双方的主要攻击目标。而只需通过网络攻击、黑客入侵或利用新闻媒介实施大规模信息心理战等"软"打击方式，破坏敌方的计算机信息网络、摧毁敌方指挥系统、摧毁敌国经济、制造敌方社会动乱，就可以以不流血的形式换取最大的政治和经济利益。在使用各种"硬"摧毁手段的作战中，进攻一方也不再将剥夺敌国的生存权利，或完全夺占敌方的领土等作为最终目标，而是注重影响敌方的意志，尽可能地减少战争的伤亡，力争以最小的伤亡代价换取最大的胜利。战争的直接暴力性将会减弱，传统战争的"硬"暴力行动将被"软"打击行动所替代。

2. 战争的层次更加模糊

在未来信息化战争中，战争的战略、战役和战术层次会逐渐模糊。一方面，战役或战术行动越来越具有战略意义。由于大量信息化、智能化装备和系统的集中运用，武器装备的作战效能越来越高，精确打击和信息战等作战行动对敌方军事、政治、经济和心理的攻击威力越来越大，因而小规模的作战行动和高效益的信息进攻行动就能有效达成一定的战略目的。这使得战争进程更为短暂，战争与战役甚至战斗在目的和时空上的趋同性更为突出。另一方面，作战行动将主要在战略层面展开。信息化战争不再是从战术突破到战役突破再到战略突破，而是从战争一开始，打击的对象就集中于关乎敌方政治、经济和军事命脉的重要战略目标。尤其是在信息化战争中起主导作用的战略信息仗，它对敌方经济和政治信息系统的攻击，以及对敌方民众和决策者心理的攻击，更具有全纵深和全方位的性质。超视距的非接触作战和大规模的信息进攻将成为未来信息化战争的主要行动样式。

先进的信息系统可以保障战略决策，也可以直接指挥战术行动。战术行动可以实现战略决策，如科索沃战争，战争主要形式是战略性空中打击。这使得空间对战略目标的防卫和屏障作用基本消失，首先遭到攻击的将是战略纵深的重要目标，前沿（战斗地域）、纵深（战役地幅）和战略后方的线式划分已失去原有的意义。

3. 战争的主体多元化

传统的战争主要发生在国家和国家之间，战争打击的目标主要是对方的军事力量和战争潜力，战争的主体是军队。而在信息时代，由于信息技术和信息系统的高度发展，计算机网络联通了整个世界，使得整个世界的政治、经济、科技和文化的联系日益密切，国家的安全受到来自多方面、多种势力的威胁，表现出易遭攻击的脆弱性。实施信息攻击的主体既可能是军队，也可能是社会团体，还可能包括恐怖组织、贩毒集团和宗教极端分子。

科学技术的发展使制造常规弹药易如反掌，而制造核武器、化学武器和生物武器的技术也正在越来越多地被人们了解和掌握。这就使一些社会团体和组织不仅可以掌握和使用常规武器，而且有可能掌握和使用计算机病毒等信息武器，甚至掌握和使用核化生武器。这种情况使国家安全面临着严峻的挑战，并使得发动和从事战争的主体呈现多元化的特征。当战争爆发时，受到攻击的一方可能难以判明谁是真正的对手，也难以迅速做出有效的反应和反击。战争不仅会在国家与国家之间展开，而且可能会在社会团体与社会团体之间、社会团体与国家之间、少数个人与社会团体之间展开。为了应对这种挑战，仅仅依靠军队力量是不够的，还必须依靠社会的各种力量，进行广泛的全民战争。

（二）战争的威力极大提升

战争发展的历史从某种意义上说就是作战效能不断提升的历史。核武器的出现，使热兵器作战效能的发展几乎达到了极限。人类对武器作战效能的追求，反而使得具有最大杀伤威力的核武器无法在实战中运用。然而人类并没有放弃对武器作战效能的追求，大量信息化武器和新概念武器的出现和运用，将使未来信息化战争具有亚核战争的威力。

1. 信息化时代的军事技术将常规作战效能推到极致

未来信息化战争的常规作战效能将建立在军事工程革命、军事探测革命、军事通信革命和军事智能革命已经完成或基本完成的基础之上。在这四大军事技术革命中，军事工程革命的起步最早。军事工程革命已经使传统武器装备跨越空间的距离和速度基本达到物理极限。军事探测革命将使得侦察和探测的空域、时域、频域范围大大扩展，使对作战行动的感知、定位、预警、制导和评估达到几乎实时和精确的极限。军事通信革命将在未来信息化战争中实现军事信息的无缝连接和实时传输，各指挥机构和部队、各侦察和作战平台之间达到在探测、侦察、跟踪、火控和指挥方面的信息畅通，真正实现实时指挥和控制。军事智能革命将真正实现作战指挥活动和作战行动的自动化和智能化。智能化指挥系统将使指挥控制活动的准确性和时效性大幅度提高。作战平台将集发现、跟踪、识别和自主发射等功能于一体。智能化炮弹将具有"自动寻的"和"发射后不管"功能，远程打击的精度将达到米级甚至更高水平。同时，大量高度智能化的机器人将投放战场，使指挥活动和作战行动的效率接近极限。

2. 大量新概念武器的使用将使信息化战争的作战效能具有亚核效果

在信息化时代，随着科学技术的进一步发展，大量新概念武器会不断出现并应用于战争。这些新概念武器具有完全不同的杀伤力和破坏机理，它们不以大规模杀伤敌方人员的生命为目标，而是通过使敌方的作战人员和武器装备丧失作战功能，或通过改变敌国的生态和自然环境来达成战争目的。

新概念武器中具有大面积破坏与毁伤效果的主要有次声波武器、电磁脉冲武器、激光武器和气象武器等。其中，次声波武器具有洲际传送能力，并且可以穿透十多米厚的钢筋混凝土，因此，其作用范围极广。在高空释放的电磁脉冲弹可以瞬间使大范围的电子设备丧失其原有功能。在信息化战争中，大量新概念武器装备虽然不具备核武器那种大规模、大范围的物理杀伤和破坏作用，但它们所拥有的精确摧毁能力、系统集成能力、战场控制能力和高效达成战略目的的能力是核武器所无法相比的。从这个意义上说，信息化战争具备了亚核战争的威力。

（三）军队将向小型化、一体化和智能化方向发展

在未来信息化战争中，伴随着新军事革命的步伐，军队的发展趋势将是高度的小型化、一体化和智能化。

1. 军队的规模将加速小型化

在未来信息化战争中，先进的信息化系统和远距离的投送能力为军队的小型化奠定了基础。由于军队的作战能力将呈指数级增长，动用小规模的高度一体化和智能化的军队，即可达成战略目的。因此，未来军队的组织体制在数量规模上将具有两个基本的发展趋向。

（1）军队的总体规模将大幅度缩小。随着军队的信息化程度和作战能力的不断提升，军队规模缩减将是必然的趋势，规模庞大的常备军将成为历史。

（2）作战部队的建制规模将更加小型灵巧。未来军和师的编制将可能最终消亡，旅、营或更低级别的战术单位将成为主要的作战建制，并可能出现按作战职能编成的小型作战群或能够同时在陆、海、空等多维空间作战的一体化的小型联合体。为适应未来信息化战争的需要，一些技术密集、小巧精干的新型兵种作战单元也将相继出现并逐步增多。

2. 军队的编成将高度一体化

未来信息化战争是高度一体化的作战,未来军队编成的一体化,将主要表现为按照系统集成的观点,建立"超联合"的一体化作战部队。为此,未来军队组织的编成,将按照侦察监视、指挥控制、精确打击和支援保障四大作战职能建成四个子系统,即探测预警子系统、指挥控制子系统、作战子系统和支援保障子系统。探测预警子系统将所有天基、空基、陆基和海基侦察监视平台和系统联为一体,完成对作战空间全天候、全方位的实时感知;指挥控制子系统把所有战略级、战役级和战术级指挥控制和通信系统联为一体,将对作战空间的感知信息转变为作战决策和控制;作战子系统生成作战命令和装备清单;支援保障子系统为作战行动提供实时精确的保障。这四个子系统的功能紧密衔接、有机联系,构成一个一体化作战系统。

按照这个思路构建的军队,将从根本上抛弃工业化时代军队建设的模式,革除偏重发挥军种专长和追求单一军种利益的弊端,使作战力量形成"系统的系统"或"系统的集成",从而能够充分发挥整体威力,实施真正意义上"超联合"的一体化作战。

3. 军队的指挥与作战手段将高度智能化

信息化发展的高级阶段是智能化,因此,信息化战争的发展趋势之一就是实现指挥平台与作战手段的高度智能化。

(1) 指挥控制手段高度自动化和智能化。其标志是自动化指挥系统的高度成熟与发展。未来的自动化指挥系统将真正实现侦察监视、情报搜集、通信联络和指挥控制的无缝对接,成为作战指挥与控制的信息高速公路,可以高度自动化地确保指挥员近实时地感知战场,协调、控制部队和武器平台的作战与打击行动。自动化指挥系统的高度发展,将使军队指挥员观察战场和指挥作战的能力大幅度提高。计算机是自动化指挥控制系统的核心,是实现智能化作战指挥的基础。随着高技术群体的不断发展,未来将相继出现智能计算机、神经网络计算机、光计算机、高速超导计算机、生物计算机等新概念计算机,将使人工智能技术迈上新的台阶。由运算、存储、传递、执行命令转向思维和推理,由信息处理转向知识处理,由代替和延伸人的手功能转向代替和延伸人的脑功能,从而为作战指挥控制提供更加先进的智能化手段,使作战指挥与控制进入自动化、智能化时代。

(2) 大量智能化的武器系统和平台将装备军队投入作战。在未来的信息化战争中,具有"发射后不管"和"自动寻的"功能的智能化炮弹将得到更加广泛的运用，无人驾驶的智能化坦克、飞机和舰船也将规模化投入战场。无人机在阿富汗战争中已经发挥了重要的作用。值得关注的是，众多类型不同、功能各异的机器人也将投入战场。特别是随着纳米技术的发展，机器人的概念将发生根本性的变化。

（3）许多作战行动将发生在智能化领域。在传统的机械化战争中，虽然在智能化领域也存在敌我对抗活动，如敌我之间的谋略对抗就是一种思维对抗，但这种对抗是间接的，需要通过部队真实的作战行动表现出来。而在未来的信息化战争中，由于信息战的广泛运用，智能化领域将会发生激烈的对抗。知识、信息和思维这些智能化的范畴，既有可能是作战所使用的手段，也有可能是作战所要打击的目标，因此，在智能化领域将会发生大量的直接对抗的作战行动。为了阻止敌方及时制定出正确的作战方针，不仅需要采用谋略行动欺骗敌方，而且需要采取信息攻击手段，直接打击敌方的自动化指挥系统，破坏敌方的决策程序。

五、信息化战争与国防建设

信息化战争的到来，加剧了世界各国战略力量的不平衡，加大了发展中国家战略选择的难度，特别是对我国国防建设与发展提出了严峻挑战。为此，我们必须立足当前、着眼未来，从发展的角度搞好国防和军队的信息化建设，以求在未来的信息化战争中立于不败之地。

（一）国防建设要适应军队信息化建设的发展

机械化战争的制胜理念是消耗敌人、摧毁敌人、大量歼灭敌人的有生力量，而信息化战争的制胜理念则是控制敌人，通过破击敌人作战体系，达到巧战而屈人之兵的目的。在机械化战争中，万炮轰鸣的火力倾泻为主要打击手段，而在信息化战争中，实施精确打击为首要选择。国防建设是军队打赢信息化战争的重要基础。因此，我们在考虑国防建设和经济建设时，从宏观规划到人力、物力和财力的动员，从经济基础建设到国防工程、交通信息、防汛和医疗卫生等建设都必须结合打赢信息化战争的目标、规划和建设。

战争形态的发展变化给我们带来的挑战，首先是观念上的影响和冲击，强烈要求我们必须适应这种不可抗拒的变化，树立与打赢信息化战争相适应的观念，为国防现代化提供有效的建设理念和指导方法。只有认识跟上时代变化才能占据主动权，只有理念适应形势才能把握先机。面对信息化战争形态带来的挑战，只有确立与打赢信息化战争相适应的思维方式、强化信息制胜意识、用源于实践并高于实践的先进理论指导实践、用创新的观念谋求国防和军队的建设发展，才能使国防建设适应军队的信息化建设。

（二）大力加强国家信息基础建设

在信息时代，国家的信息基础建设是国家战略能力的重要组成部分。国家战略能力是指一个国家在需要进行战争或应对突发事件时所能调动的各种力量的总称。加强国家战略能力建设，是打赢未来信息化战争的必然要求。完善的国防信息基础设施是国防信息化的基础，如果没有快速、准确和高效的国防信息基础设施，就不可能真正实现国防和军队的信息化。加强国防信息基础设施建设，要促使传统的军事通信网向一体化指挥控制平台过渡，逐步实现综合、智能和"无缝"的国防信息网络；支持各级指挥员在任何时间、任何地点获取作战指挥信息；为满足信息战争需求提供支撑和保障。

国家的信息基础建设是军队信息化建设的基石，是打赢未来信息化战争的重要支撑。因此，必须把加强国家的信息基础建设作为应对信息化战争的首要举措。当前，我国信息基础设施建设已获得了长足的发展。虽然我国在交通、金融和通信等主要行业的信息化水平已经接近发达国家，在数字地球领域和发达国家几乎处在同一起跑线上，但与发达国家相比，在许多方面仍存在差距。因此，我国必须下大力气加强信息基础建设，努力提升我国的国家战略能力。

信息基础建设的重点应放在三个方面。一是努力发展以微电子技术、计算机技术和通信技术为主体的信息技术，这是一个国家信息基础建设的基础。二是加快国家大型网络系统建设。三是大力开发各种软件技术。目前，我国软件技术的研制、开发能力仍远远落后于发达国家，与某些发展中国家相比也不占优势。国家信息安全的防护在相当程度上是由先进的软件技术来保障的，应加大研制和开发软件技术的资金、技术和人力投入，使我国在软件技术上跻身于世界先进行列。因此，必须把加强国家的信息基础建设作为应对信息化战争的首要措施。

（三）努力培养国防信息化人才队伍

人才是强国兴军之本，保证赢得未来信息化战争胜利的是高素质国防和军队信息化人才。随着信息技术的飞速发展和在社会各领域的广泛运用，信息科技人才的紧缺已经成为一个世界性问题。我国必须加大力度，努力培养新型国防信息化人才，为我军打赢信息化战争提供强大的智力支撑。为此，我们必须把国防信息化人才队伍的培养工作作为国防信息化建设的根本大计，树立超前意识，构建我军新型的国防信息化人才培养体系，抓紧培养复合型人才，尽快缩小与发达国家军队在人员素质上的知识差距，以适应国防信息化建设和未来信息化战争的需要。

（四）加速推进国防和军队信息化建设的进程

我军在加强军队机械化建设的同时，必须乘国家加快经济和社会信息化发展之势，跨越式地加快国防和军队信息化建设。如果按部就班地在完成机械化建设后再进行信息化建设，就会坐失良机，无法赶上西方发达国家和军队建设的步伐。推进国防和我军信息化建设的进程，必须解决好两个问题。

1. 要树立信息主导的思想

一是确立信息化在军队建设中的主导地位，全面推进国防和军队的信息化建设。二是树立"系统集成观"，要用大系统的观念来筹划军队信息化建设。在作战力量建设上，重点加强作战空间预警、自动化指挥和精确使用作战武器发展建设；在战场准备上，加快建立数字化战场；在部队建设上，建立数字化部队；在装备建设上，积极推行"横向技术一体化"。三是树立"虚拟实践观"。虚拟现实技术的发展，为人们"虚拟实践"提供了可能。人们可以面向未来，创造一种"人工合成环境"，在实验室里"导演"战争，主动适应未来。为此，美、英等国军队建立了许多"战斗实验室""作战模拟实验室""作战仿真实验中心"等。

2. 要实现我军信息化建设的跨越式发展

国防和军队的信息化建设是一个十分复杂的系统工程。我军信息化建设要抓住三个重点。一是要大力发展信息化武器装备。我军一方面要致力发展信息化武器装备，另一方面要在信息化弹药、信息化作战平台、专用信息战武器三个方面取得突破性进展，这样才能缩小与发达国家的差距。二是要大力推进数字化部队建设。在建设思路上要突出我军的特色，走出一条投入少、周期短、效益好的发展路子。三是要大力加强数字化战场建设。数字化部队和数字化战场是信息化战争的两大支柱，有了数字化战场，数字化部队才有可靠依托。我军数字化战场建设应充分运用空间基础数据建设成果，将导航定位、天基立体测绘与时间基准、地心坐标系统相统一，建设成能够覆盖整体作战空间的多维信息获取系统，形成平战结合、诸军兵种一体的战场信息系统，推进我军的国防和信息化建设。

"历久远而不衰，临绝地而再造，逢机遇而勃发"，这不仅是中华民族的伟大精神，也是中国军队的突出特征。在信息时代的军事斗争中，更需要这种伟大精神。

六、典型案例：伊拉克战争

巴格达时间2003年3月20日，美、英两国不顾国际社会的强烈反对，在没有联合国授权的情况下向伊拉克发动了代号为"伊拉克自由行动"的战争。经过一个多月的激烈交战，美英联军推翻了萨达姆政权，基本控制了伊拉克全境。伊拉克战争具有划时代的历史意义，它比较全面地呈现了信息化战争的基本特点，该战争结局对国际战略格局发展变化产生了重大影响，对世界范围内的新军事变革也起到了巨大的推动作用。

如果说海湾战争、科索沃战争等只是美军信息战的"萌芽"和"雏形"，那么伊拉克战争则让人们看到信息化战争正作为一种新的战争形态走上战争舞台。在信息化战争中，为争夺信息资源，信息领域的对抗活动将向着网络化、精确化、隐身化、计算机化的方向加速发展，信息对抗必将成为战争的主旋律，这也指明了世界新军事变革的发展方向。

（一）伊拉克战争中信息技术的应用

在伊拉克战争中，美军凭借其强大的军事实力和技术优势，在较短的时间内以较少的兵力，打了一场没有胜负悬念的战争。伊拉克战争是一场信息化特征明显的战争，是信息化战争逐步成熟的标志。它是人类战争形态转变的一场重要的战争，预示着信息化战争正成为未来战争的基本形态。

1. 信息技术大量运用

（1）美军武器装备的信息化程度大大提高。陆军信息化装备达到50%以上，海军和空军则达到70%以上。此次战争中，美、英两国信息化高技术兵器不但数量多，而且质量高。远程武器在新信息系统的支持下日益精确。美英联军空袭几乎全部是使用GPS辅助制导的精确制导武器，替代以前使用的地形匹配制导。更为重要的是，世界上首支数字化部队——美军第四机械化步兵师首次投入实战。

（2）构建了功能强大的战场信息化网络。在伊拉克战争中，美军能够在数分钟内进行侦察、识别并击毁伊军陆地机动装备，应归功于战场信息化网络。而指挥控制系统、通信系统、计算机系统和侦察监视系统等网络系统，通过数字化设备与战场信息化网络相连接，形成一个有机整体，使陆基、海基、空基、天基的作战平台和各类人员能快速交换战场情报信息，并共享各类信息资源，形成了支持各种作战活动的多维信息空间战场。

2. 空天地一体化联合作战

在伊拉克战争中，美军使用了100多颗侦察、预警、通信、气象卫星，为作战行动提供了实时可靠的情报信息保障。美英联军空军每日出动几十架次侦察预警机、近千架次轰炸机和战斗机配合装甲部队地面作战，很好地发挥了各个军兵种的整体作战效能。与传统的先炸后推、稳扎稳打、步步为营的战法不同，美军兵分三路长驱直入直逼伊拉克首都巴格达。战争中，美军地面部队与空中力量的配合十分紧密。美英联军在战争爆发后几小时便大规模出动陆军部队和海军陆战队，地面部队在空中力量的有力支援下，具备了更快的机动性，无人侦察飞机在战场上空不间断盘旋，给前线指挥员提供伊军真实画面，而空中力量在地面部队的引导下获得了更高的打击准确度。持续的空中精确打击和快速的地面部队机动相结合，对推动战争发展起到了巨大的作用。

3. 信息化武器装备综合运用

（1）广泛运用各类电子侦察和光学成像卫星。美军利用在轨的各种侦察卫星、光学成像卫星、雷达成像卫星、增强型成像系统卫星以及商用遥感卫星组成空间成像侦察系统，利用电子侦察卫星对伊拉克无线电信号进行监测，帮助寻找萨达姆等伊拉克高层领导人的藏身之处和伊军重要的指挥控制中心，为空袭提供打击目标。联合战术地面站等地面系统的配合，为美军提供了完备的战场态势感知和信息获取能力。

（2）大量使用信息战飞机。信息战飞机是美军信息作战的主要装备。美军在伊拉克周边地区部署了大量的信息作战平台，主要包括电子战飞机、预警机、通信干扰飞机、侦察机、心理战飞机及无人侦察机等。

（3）使用电磁脉冲炸弹。电磁脉冲炸弹作为美军信息作战的主要武器之一，在伊拉克战场进行了试验。这种炸弹爆炸瞬间能释放出巨大的电磁能量。

（4）大量使用无人化作战平台。在伊拉克战争中，美军部署了大量的无人作战装备。无人化作战平台的大量使用，加大了情报信息收集的力度，又确保了部队的安全。

4. 信息制约的精确制导武器成为战场主力攻击武器

在伊拉克战争中，无论是首轮空袭还是后续空袭，无论是空袭作战、海上远程精确打击作战还是地面作战，都包含许多信息作战成分，其中具有代表性的信息作战成分是"发现即摧毁"的精确制导智能炸弹。

5. 战争信息网络化成为提高军队指挥效能的最有力措施

从科索沃战争到伊拉克战争，战场的透明化程度又有了质的飞跃。在伊拉克战争中，美军通过定向导航卫星构成全球定位系统（GPS），为导弹提供制导信息，为军舰、飞机、坦克、部队提供精确导航和定位，并有多颗通信卫星将白宫、五角大楼、海陆空三军以及位于距战场数百千米的卡塔尔的美军中央司令部、前线作战指挥中心连接在一起，使美英联军的飞机、舰船以及派往中东的地面部队都可随时与各级指挥所保持联系。战场信息网络化已成为 21 世纪作战指挥的基本模式，可使陆、海、空各军兵种的信息传输畅通，并使各种武器装备系统、作战平台系统直至单兵之间都能实现横向、纵向实时实感的相互信息交换，使指挥决策机构的高、中、低级指挥官都能最有效地做出决策。通过 C^4KISR 系统升级的网络化，使飞机、水面和水下舰艇及各种武器平台、精确制导武器能自动识别目标、摧毁目标，发挥强大的威力。

（二）信息技术对伊拉克战争的影响

美军在伊拉克战争中大量应用了当代最新的信息化军事技术和装备，正是由于这些技术的支撑，美军才能迅速地取得胜利，并最大限度地减少了己方的伤亡。

1. 先进的侦察监视技术使美英联军保持了战场的单向透明

侦察监视技术的飞速发展以及在军事领域的广泛运用，使得美英联军在保持战场单向透明方面拥有绝对优势。在伊拉克战争期间，美军采用了比前几场战争更多的战场感知系统。与海湾战争相比，美军运用卫星的能力提高了 75%，国防信息系统网通信带宽提高了 10 倍，作战指挥中心的数据交换能力提高了 100 倍，为赢得战争提供了强大的信息保障。为使各级能实时掌握第一手情报，美军广泛使用了侦察卫星、预警飞机、无人侦察机等，并将它们有机结合，形成了一个天、空、海、陆全方位的侦察情报网，使得伊军军事部署及调动情况被一览无余。这种多层次、多来源、全时空、近实时的多维感知系统，使战场对美军单向透明，美军也因此始终掌握战场主动权。

2. 信息化武器装备的大量运用使伊拉克战争的作战进程明显加快

在军事技术不断发展的强烈催化之下，一场新的军事革命正在蓬勃兴起。大量信息化武器装备广泛应用，并以前所未有的深度和广度深刻影响着伊拉克战争的作战进程，主要体现在四个方面。一是作战空间呈现全方位、全时限的态势。随着高新武器装备远距离打击能力和战场快速机动能力的增强，交战双方的作战空间进一步扩大。二是交战时间逐渐缩短。高技术条件下的作战，可以使战斗一经触发，就在战场空间的全纵深全方位同时展开，缩短战斗的持续时间。三是战场态势的流动性进一步增强。高新武器装备的快速机动能力使战场呈现出非线性作战态势，进攻方凭借空中直升机及地面机械化部队，对防御方实施大立体、全方位的多路快速突击，大迂回、大包围成了进攻战斗的主要样式；而防御方在已扩大的战斗空间上，也不再构筑正面的防线去阻挡敌人的突击，而通常是快速机动地在防御地域内全方位抗击敌人。整个交战态势在空间上表现出较大的流动性。另外，由于高新武器装备具有火力猛、威力大、精度高等特点，战场态势往往出现一些戏剧性变化，战场主动权的争夺更加激烈。伊拉克战争充分体现了这一特点。四是杀伤手段更加多样化。杀伤手段的多样化是由高新武器装备系统功能的多样化特点决定的。首先，表现为对战场同一目标具有多种不同的打击杀伤手段。其次，由于高新武器装备系统结构复杂，电子设备往往是高新武器装备系统不可缺少的组成部分，而高新武器装备系统对电磁的依赖性大，从而使"软杀伤"成为现代高技术战场的主要杀伤手段之一。夺取战场制电磁权，对敌高技术兵器进行电子"软杀伤"，可起到使敌人整个作战系统瘫痪的效果。高新武器装备系统自身结构的整体性、复杂性也带来了它的脆弱性特点，只要设法破坏其中任何一个子系统，就可以削弱该武器装备系统的总体功能。这一点对立足我军劣势装备，打赢现代战争具有重要启示。

3. 信息战成为伊拉克战争的主要作战样式之一

美军充分发挥信息战武器装备的技术优势，对伊军的侦察、监视和通信系统实施超强电子干扰，使伊军雷达迷茫、通信不畅、指挥中断，美军作战力量形成"系统的集成"，实现了真正意义上的一体化联合作战。一是贯穿战争始终的心理战比任何形态的战争都要突出。从"斩首行动"到占领巴格达，美军三次通报"萨达姆被炸死"，两次通报"伊拉克军队成建制投诚"等假情报，战况通报的新闻炒作虚虚实实，让人难辨真假，以此对士兵实施心理攻击并扰乱对方的思维决策系统，企图使对方意识到大势已去，继续抵抗下去将遭受更大的损失而放弃对抗，从而形成最佳信息攻击效果。二是电磁对抗战。伊军利用 GPS 干扰系统对美军的巡航导弹进行长时间干扰，使美军作战系统无法实施精确打击，直到战争进行到第十天美军才声称作战中击毁了伊军的六部 GPS 干扰设备；美军时刻接收并监控伊军通信联络中的电磁信号,使伊军通信无法保密。三是"结构破坏瘫痪战"。美军利用"斩首""震慑"行动空袭伊方的通信枢纽、指挥中心、电视台等信息设施和伊军最高指挥决策层的核心人物,企图破坏伊军的指挥机构。这三种作战方式是伊拉克战争中信息战的重要组成部分,也是作战中实施信息战的主要作战样式。

4. 充分依托 C^4KISR 系统实现一体化实时作战

C^4KISR 系统是美军提出的 21 世纪一体化信息系统新概念,它是建立在 C^4ISR 系统基础之上的,主要包括指挥、控制、通信、计算机、情报、杀伤、监视、侦察和目标捕获系统。其实质是利用信息和信息技术将陆、海、空、天、电五维作战空间,各武器系统,各作战和保障部队,各数据库和用户终端连成一体,使作战与保障系统、指挥控制系统、武器系统和战场信息资源等融为一体,战场完全趋于单向透明,被发现就意味着被摧毁。伊拉克战争中,美军初步试验了正在研发的 C^4KISR 系统。

5. 心理战对战争胜败产生了重大影响

伊拉克战争给人们留下的一个很深的印象是,战争尚未打响,心理战就已进入白热化状态;在战争过程中,更是军事打击与攻心并重,交战双方进行"硬对抗"的背后,都瞄着一个"心战"的靶子,而且这种"心战"还延伸到政治、经济、外交、文化、宗教等诸多领域,极大地影响着世界舆论和作战进程。伊拉克战争实际上是两场战争,一场是军事仗,一场是心理仗。伊拉克战争中心理战的地位和作用如此空前提高,反映了信息化战争发展的必然趋势,预示着"攻心为上"进入一个全新的发展阶段。可以说,伊拉克战败主要还是败在自己手上,首先是败在指挥官手上,根本原因是精神和心理上的溃败。由此可见,正在日益走向成熟的信息化战争,并没有因为战争物质技术水平的提高而降低精神因素对战争的影响力;相反,由于心理战在信息化战争中的重要性和特殊作用,也由于信息化战争中心理对抗的广泛性和艰巨性,心理战不仅直接影响信息化战争的成败,还会对信息化战争全局产生重大的影响。

6. 大量使用精确制导武器,实施"点穴式"打击

美军为缩小打击范围,降低附带损伤,避免政治上的被动,超常使用了精确制导炸弹,对伊拉克重要军事、政治目标进行了全时段、全纵深"重心点击战"。在美军投掷的两万余枚炸弹中,精确制导炸弹约占 80%。这些炸弹大多采用全球定位系统制导,不仅大大提高了命中精度,而且增强了抗干扰能力,可全天候、全时空使用。在"斩首行动"和"震慑行动"阶段,美军使用精确制导弹对萨达姆行宫和藏身处等目标进行"点穴式"

打击，既摧毁了预定目标，又没有造成大的附带损伤。

思考题

1. 战争的内涵是什么？
2. 信息化战争有哪些特点？
3. 我们能从伊拉克战争中获得哪些启示？
4. 当代大学生应如何面对新一轮军事革命？

第五章 信息化装备

信息化装备建立在信息化技术成就的基础上，处于当代科学技术前沿。信息技术在军事领域的发展和应用，对国防科技和武器装备发展起到巨大的推动作用。信息化装备是当今信息化技术在军事领域的延伸。

第一节 信息化装备概述

信息化装备是信息化战争的物质基础，是信息化军队作战能力生成的重要基石。人作为信息化战争的主体，必须了解和掌握信息化装备的基本原理和运用方式，实现与装备的紧密结合，才能使信息化装备发挥最大效能。

一、信息化装备的内涵与分类

（一）信息化装备的内涵

信息化装备是指采用现代信息技术，具有单一或多种信息功能的装备，如精确制导武器、综合电子信息系统及加装数据链和相关信息系统的飞机、舰船等。它是信息化战争的重要物质技术基础，也是信息化战争工具和手段的主体。它主要有以下五个特征。

1. 利用网络化技术实现武器装备的整体联动

在信息化战场上，通过计算机网络技术把电缆、光纤、无线电台、卫星等电子设备构成有形和无形的信息高速通道，并在海、陆、空、天等各个战场空间形成一个无缝连接且无所不在的庞大信息网络，进而将各类侦察系统、火力系统、指挥控制系统和支援保障系统等武器装备连成一个有机整体，做到武器装备、指挥中心与作战部队的战场信息互通与共享，从而实现作战手段的整体联动，大幅提高信息化武器装备的机动性、灵活性和准确性。

2. 利用综合集成技术实现武器装备功能一体化

信息化战争是体系与体系的对抗，这就要求武器装备多种功能的协调发展，以提高整体质量与效能。因此，可在信息化武器装备研制与应用中广泛利用先进的综合集成技术，把多个分离的系统整合成高效、低耗、协调的大系统，以大幅提高武器装备的整体作战效能。

3. 精确化是信息化武器装备追求的主要目标

精确作战是信息化战争的重要作战方式，因此，实现精确化成为信息化武器装备发展的主要目标。随着各种先进制导控制技术，如雷达、红外线、毫米波、微波和动能拦截器等技术的广泛应用，信息化武器装备的命中精度越来越高，甚至可达到直接碰撞毁伤目标的效果。

4. 隐身化是信息化武器装备发展的重要方向

为了提高信息化武器装备的战场生存力和隐蔽突防能力，必须使信息化武器装备具有对抗雷达、红外线、声音及可见光探测的隐身能力。因此，随着各种先进侦察、探测手段的广泛应用和精确打击能力的不断提升，隐身化武器装备得到了很大发展，各种新型隐身飞机、隐身导弹、隐身舰艇、隐身战斗车辆、隐身火炮、隐身卫星和隐身通信系统不断涌现。其中，隐身飞机是发展最快的信息化作战平台。

5. 智能化是信息化武器装备发展的主要趋势

武器装备的智能化从来就是战场武器装备发展的重要目标。随着人工智能技术的发展，世界各国军队进一步加大了对智能化武器装备研究的力度。可以预料，在未来信息化战场上，将出现大规模的机器人部队和由机器人驾驶的飞机、坦克、装甲车辆、军舰及通过智能计算机控制的其他信息化武器装备。

（二）信息化装备的分类

信息化装备的主体是各军种信息化作战平台、精确制导武器、信息战装备，以及新概念武器等软硬杀伤力量，用于支撑作战行动的各种信息化设施、系统也是信息化装备的重要组成部分。由此，可将信息化武器装备分为信息化作战平台、综合电子信息系统、信息化杀伤武器三大系统。

1. 信息化作战平台

信息化作战平台是指装有大量电子信息设备，以信息和信息技术为核心的坦克、火炮、飞机、舰艇等武器载体，是信息化弹药所依托的平台，是综合电子信息系统的节点和发挥打击威力的重要物质基础。

2. 综合电子信息系统

综合电子信息系统是综合运用以电子计算机为核心的各种技术设备，实现军事信息收集、传递、处理自动化，保障对军队和武器实施指挥与控制的人—机系统。

3. 信息化杀伤武器

信息化杀伤武器是指以信息技术为主导，以机械化为基础，具有信息获取、传输、处理、控制与对抗等功能的歼敌武器装备。

二、信息化装备对现代作战的影响

（一）提高综合作战能力和自动化水平

以计算机为中心的自动化系统，把各种武器系统联为一体，把各军兵种联为一体，广泛运用于战略、战役和战术各个领域，促使战场指挥控制一体化，从而提高军队的综合作战能力，并实现信息的获取、传输、处理和显示的自动化，武器管理、控制的自动化，作战指挥、决策的自动化。

（二）提高军队全天时、全天候的作战能力

侦察卫星、预警雷达等各种信息化装备的广泛应用，致使侦察行动产生了本质的变化。从地上到地下、从太空到深海、从电磁空间到网络空间，遍布各式侦察监视系统，信息获取的渠道大大增加，战争准备的速度极大提高，实现了全天时和不良气象条件下的作战能力。

（三）提高控制指挥的智能化程度

现代信息技术的高速发展及应用，使武器装备的机动速度、有效射程、命中精度等作战能力接近极限。敌对双方的作战效能释放程度，在很大程度上取决于指战人员对作战力量指挥调度和武器装备平台操作控制的水平。而要驾驭这种高度信息化的现代战争，广泛应用人工智能、大数据、云计算等信息技术和信息化装备成为必然选择。信息化装备以其强大的计算能力、通信能力、信息表示能力和网络操作能力，使战场信息有机融为一体，为作战筹划提供辅助决策，实现指挥控制的智能化。

三、信息化装备的发展趋势

在军事高技术的推动下，当今信息化武器装备发展呈现出前所未有的新特点。这就是充分利用以信息技术为核心的高技术成果，在实现军事技术整体跃升的基础上，重点实现武器装备的信息化、智能化、一体化和无

人化。现代武器装备系统更强调集成化和系统化，即强调利用信息网络技术将多种武器装备进行系统综合集成和结构优化，从而形成主战武器与支援保障装备、硬杀伤武器与软杀伤武器、进攻性武器与防御性武器合理配置的大系统，促使多种作战能力合理集成，形成一个有机整体，提高综合作战能力。信息化武器装备已形成相当大的体系及体系对抗结构。其发展呈现出如下主要趋势。

（1）作用范围不断扩大。作用范围是指高技术兵器体系在战场的作用空间。信息化作战样式，如电子战、信息战、网络战、联合作战等不断涌现，使该种体系覆盖的范围日趋扩大。近年来，太空攻防技术发展日新月异，全球太空安全形势更为严峻复杂，目前全球有超过40家太空机构，列入编目的太空目标超过3万个。我国虽然起步较晚，但通过自力更生的发展，目前太空技术已经走在世界前列。

（2）规模逐渐缩减。发展经济和维护和平是信息时代社会发展的主题，这决定着武器装备体系发展规模呈缩减趋势。近年来，美军已经对装备规模进行了缩减，并计划退役A-10、F15C/D、F16等战斗机。我军近年来也在陆续淘汰老旧装备，努力提升联合作战能力。

（3）武器装备种类和型号在精减。出现这种精减趋势主要有两个原因。一是武器装备性能、功能迅速提高和拓展，不再需要很多的种类及型号，随着智能化程度增加，传统的有人机将大幅缩减；二是新型武器装备的研制、发展、使用、训练和管理等经费大幅增加，有限的经费只能支撑为数不多的武器装备种类和型号。

（4）技术含量不断提高。军事高技术尤其是信息、计算机、生物和航空、航天、航海等技术的迅猛发展为研发新型高技术含量的武器装备创造了可行性条件，并蕴藏着极大的发展潜力。尤其是近年来人工智能技术、无人控制技术的发展，刺激了军事领域的技术升级，蜂群无人机、狼群无人艇等新型武器持续涌现。

（5）需要经费投入越来越大。新型武器装备对高技术的依赖性不断增加，因此研发投入越来越多。美军的X47B无人机采用多项先进技术，研发投入数十亿美元，单体造价高达数亿美元，最终因实战性能、价格高昂等各种原因而被取消。

（6）信息化武器装备体系将成为施行一体化联合作战的物质基础和主体。以信息技术为主要特征和核心的军事高技术的广泛应用，推动着战争形态由机械化战争向信息化战争加快转变，网络中心战取代平台中心战成为一种崭新的面貌，一体化联合作战也成为信息化条件下多维战场上的主要和基本作战模式,指挥信息系统成为这种战争形态和作战模式中参战军队和武器装备的联系桥梁和纽带。所有这些因素将促使信息化武器装备体系成为实施一体化联合作战的物质基础和主体军事力量。

第二节 信息化作战平台

一、信息化作战平台的定义

信息化作战平台,是指安装有大量电子信息设备的高度信息化的作战平台,是信息化载荷(如弹药)的依托,如超音速飞机、坦克、航空母舰等。

与传统的作战平台相比,信息化作战平台有三大优势:一是科技含量高,信息技术的含量一般要占50%以上;二是作用机理和设计理念有重大突破,有些甚至发生质变,如隐身、非常规动力等;三是使用观念上,从以平台为中心转变为以信息网络为中心。

根据信息化平台运用地点的不同,可将其分为陆上信息化平台、海上(水下)信息化平台、空中信息化平台、太空信息化作战平台。

二、典型信息化装备

(一)超音速飞机

超音速飞机是一个国家天空中"最锋利的剑",拥有超音速飞机是一个国家在空军强国中占有一席之地的基本条件。让飞机能够突破音速,其背后的支撑是飞机推进技术和气动力布局技术。

声音在空气中的传播速度是340米每秒。超音速是指速度比340米每秒还快。在航空上,通常用 M(即马赫)来表示音速,$M=1$ 即为音速的1倍,$M=2$ 即为音速的2倍。当飞行速度接近音速时,会出现阻力剧增、操纵性变坏和自发栽头的现象。人们把这种现象称为音障。

为了使飞机突破音障,喷气式发动机应运而生。喷气发动机以燃气的高速喷射为飞行提供动力,是其突破音障的关键。喷气发动机有两大类,一类是空气喷气发动机,另一类是火箭喷气发动机。这两类发动机的工作原理都是通过喷射燃气产生推力。它们各有特点:空气喷气发动机工作时离不开氧气,要借助于大气,其工作时间较长;火箭喷气发动机工作时不需要氧气，可以在空气稀薄的高空工作，但其工作时间较短。

为了突破音障，需要改进飞机旧的气动力布局，改变飞机旧的机翼外形。研究发现，当飞机飞行速度接近音速时，在机翼上会产生激波，激波使机翼上的空气压力发生变化，气流变得非常紊乱，致使飞机抖动，出现诸如机翼下沉、机头向下栽或在爬高时自动上仰等现象，使飞机难以控制。当飞机不受操纵地自动俯冲时，俯冲增速形成的负载超过飞机所能承受的强度，从而使飞机解体。机翼上产生激波后，飞机的阻力也会急剧增加。仅靠发动机的改进，不能消除激波，也很难使飞机突破音障。要克服音障，必须改进机翼。进入喷气式时代以后，为了适应突破音障的需要，机翼经历了平直翼、后掠翼、三角翼、可变翼的发展过程。

目前，在三角翼的基础上还出现了机身融合的设计趋向。机身一体化使飞机从外形上看已经没有了传统的机身、机翼之分。这种设计思想满足了飞行速度更快（达到音速的3倍）、隐形、扩大飞机的可利用空间等新的需要。美国20世纪60年代研制成功的SR-71高空超音速侦察机就开始采用机身融合技术，F-16战斗力也从机身融合技术中得到益处；20世纪90年代服役的F-117隐形飞机已和传统的飞机外形大不相同；而A-12舰载攻击机看起来已经完全没有了机身，成为一个三角机翼，从而被称为"飞翼式飞机"。由于推进技术的革命、机翼气动力学的研究和改进，飞行速度终于突破了音障。

★知识链接：歼-15舰载战斗机

歼-15舰载战斗机是目前中国人民海军舰载机部队中最先进的一款飞机，也是世界上先进的舰载机之一。因其拥有出色的对地对海打击能力，以及强大的空战能力，得名"飞鲨"。

和陆基飞机相比，舰载机的设计要复杂很多。为了能够保证它在甲板上安全地着陆，在设计方面有很多特别之处。此外，歼-15还配备了先进的航空电子系统和飞控系统，具有优秀的飞行性能和强大的作战能力。它可以在攻击陆上目标与攻击空中目标之间自由转换。

（二）坦克/装甲车辆

机械化部队是现代陆战场上的主要突击力量，其武器装备主要包括坦克和装甲车辆。前者包括主战坦克（重型和中型）、轻型坦克、水陆两栖坦克和特种坦克等；后者包括步兵战车、装甲输送车、两栖突击车、装甲侦察车、自行火炮和指挥车，以及其他履带或轮式装甲保障车辆等。

坦克是一种具有强大直射火力、高度越野性能和装甲防护能力的装甲战斗车辆，主要用于遂行地面突击和两栖突击任务。坦克最早出现于第一次世界大战时期，最先由英国研发和使用。坦克曾开辟了陆军机械化的新时期。

装甲车辆是指具有装甲防护能力的车辆。按用途划分，装甲车辆分为装甲战斗车辆和装甲保障车辆。在这里，装甲是指装甲车辆上用于抵御各种武器攻击，保护车辆人员、武器和设备的防护层。装甲包括复合装甲与反应装甲。

★知识链接：陆战之王——99式主战坦克及其传奇总设计师祝榆生

在中国坦克发展史上，99式主战坦克是一座里程碑。从它开始，中国坦克从模仿改制转变为真正的自主创新，也是从它开始，中国坦克跻身世界最先进坦克阵营。外媒评价其"作战能力可以与当前世界上风头最盛的主战坦克媲美"。

作为带领团队研制出世界先进水平主战坦克的总设计师、被称为"99式坦克之父"的祝榆生，身上有太多的传奇。他没有教授头衔，没有技术职称，只有高中学历；他是老八路、新四军，是上过战场、打过仗，为排除炮弹故障失去右臂的"独臂英雄"。

抗战时期，祝榆生被誉为"军中鲁班"，他研制的石头地雷、平射迫击炮等武器屡建奇功；新中国成立后，他辗转于多所兵工院校、科研机构，参与了多种陆军武器装备的研制，涉及步兵、工兵、炮兵，唯独没有装甲兵。

然而，正是这位没有任何坦克车辆专业背景的老兵，在离休之年白首挂帅，历时15载，带队打造出了国之重器。

（三）航空母舰

航空母舰（简称"航母"）是以舰载机为主要武器并作为其海上活动基地的大型水面战斗舰艇。按动力装置可分为常规动力航空母舰和核动力航空母舰；按排水量可分为大型航空母舰（6万吨以上）、中型航空母舰（3万～6万吨）和小型航空母舰（3万吨以下）；按战斗使命可分为攻击航空母舰和反潜航空母舰。通常，大型航空母舰配有数千名兵力、几十架乃至数百架各型舰载作战飞机，包括直升机、战斗机、攻击机、预警机、电子战飞机、反潜机、加油机和救护机等。这些舰载飞机能够远离大陆，在海上活动的航空母舰舰面上起降及补给，因此，航空母舰被誉为"海上浮动机场"。

航空母舰主要用于攻击敌舰船、袭击军事基地、港口设施和陆上目标，夺取作战海区的制海权和制空权，支援登陆和抗登陆作战。航空母舰的海上活动常以航空母舰编队出现。航空母舰编队（简称"航母编队"）以航空母舰为核心，通常由航空母舰和巡洋舰、驱逐舰、潜艇和支援舰等组成。

航空母舰的出现是海军史的一个里程碑，海战因它改变了模式、规模和战略战术等。航空母舰与其他编队舰艇是海上最典型、最重要的综合信息化武器平台，是现代海军军事力量的最主要组成部分，也是一个国家军事实力的重要标志。

★知识链接：中国航母发展史

2012年9月25日，001型航母正式交付中国人民海军，命名为"中国人民解放军海军辽宁舰"，舷号为"16"。从这一天开始，我国有了自己的航母，海军建设翻开崭新的篇章。

2012年11月23日，我国舰载战斗机歼-15首次降落在辽宁舰甲板上，并于当天顺利完成舰上滑跃起飞。歼-15在辽宁舰上试飞成功，成为人民海军建设的重要里程碑，标志着辽宁舰成为真正意义上的航空母舰。

2017年4月26日，正当辽宁舰为守护中国海上安全不断突破时，我国第一艘国产航母下水仪式也在大连造船厂举行。

2019年12月17日，经中央军委批准，我国第一艘国产航母命名为"中国人民解放军海军山东舰"，舷号为"17"，并正式交付人民海军。我国由此进入"双舰时代"。

2022年6月17日，我国003号航空母舰在江南造船厂成功下水，命名"福建舰"，舷号为"18"。这是由我国完全自主设计建造的首艘弹射型航空母舰，采用平直通长飞行甲板，配置电磁弹射和阻拦装置，满载排水量8万余吨。

第三节 综合电子信息系统

从信息化武器装备角度讲，指挥信息系统又称综合电子信息系统。指挥信息系统是以计算机网络为核心，由指挥控制、情报、通信、信息对抗、综合保障等分系统组成，可对作战信息进行实时的获取、传输、处理，用于保障各级指挥机构对所属部队和武器装备实施科学、高效的指挥控制的军事信息系统。

一、综合电子信息系统的分类与组成

综合电子信息系统主要由指挥控制系统、情报侦察系统、预警探测系统、通信系统和综合保障系统等组成。

（一）指挥控制系统

指挥控制系统是指挥信息系统的核心，用以保障指挥员和指挥机关对作战人员和武器系统实施指挥与控制，主要包括指挥所信息系统、作战单元指挥系统、武器平台控制系统、指挥信息网和数据链。

（二）情报侦察系统

情报侦察系统用于实时收集、处理、存储、分发和传输各类情报，包括情报侦察指挥机构、情报侦察人员、情报侦察对象、各种情报侦察工具和手段，以及支持情报侦察机构对所属力量进行指挥控制的信息系统。该系统分布和应用十分广泛，主要有地面、水面（水下）、空中和太空情报侦察系统。

（1）地面情报侦察系统。它主要包括侦察车、侦察站、地面战场传感器系统等。

（2）水面（水下）情报侦察系统。它主要由侦察舰船和作战舰艇所配备的无线电侦察设备、雷达侦察机、预警探测雷达、声呐侦察设备、搭载无人侦察艇以及相应的情报侦察处理设备组成。

（3）空中情报侦察系统。它是指用各种空中飞行平台（包括固定翼飞机、直升机、无人机、浮空器和动力侦察飞翼等），装载各种侦察传感器，从空中侦察各种有价值目标的侦察系统。

(4) 太空侦察系统。这是以航天器为平台，携带侦察设备对地面、水面、空中和太空目标执行军事侦察任务的侦察系统。

(三) 预警探测系统

预警探测系统是运用信息获取技术装备，为早期发现、定位、跟踪、识别来袭武器并发出相应警报的持续运行系统，主要包括陆基、海基、空基和天基预警探测系统，预警机、预警侦察、探测雷达、监视和探测卫星、飞船及天基红外系统是该系统的主要技术装备与平台。

(1) 陆基预警探测系统。它是国家防空预警系统的一个重要组成部分，因陆基预警探测设备安装在地面上，故对其重量和体积没有严格的限制，是远程、超远程预警的最佳选择。

(2) 海基预警探测系统。它是将预警探测设备（主要是预警探测雷达和预警探测声呐）装载在海基平台上的预警探测系统，主要用于对海面（水下）和空中威胁目标的预警探测。

(3) 空基预警探测系统。它是将预警探测设备（主要是预警侦察雷达）装载在空基平台（固定翼飞机、直升机、无人机和高空系留气球）上的预警探测系统，主要用于对低空和超低空飞行威胁目标的预警探测，同时引导拦截来自多方的威胁。

(4) 天基预警探测系统。它是将预警探测设备（主要是预警探测雷达和红外探测器）装载在天基平台上的预警探测系统，主要用于对战略弹道导弹和太空飞行器的预警探测。

(四) 通信系统

通信系统是指用于保障军事信息活动、具有特定功能的系统，由传输、交换、处理和终端等通信设备及辅助设施构成。它主要包括通信枢纽、传输信道和用户终端三类。

(1) 通信枢纽。它是汇接、调度通信线（电）路和传递、交换信息的通信中心，是通信系统的基础。

(2) 传输信道。它将各通信枢纽、通信节点与通信用户终端有机连接，形成各种功能的网络，保障各种信息的传递。

(3) 用户终端。它是指由通信用户直接操作使用，并为其提供通信业务的各类设备。

(五) 综合保障系统

综合保障系统是指为军队作战提供支援保障的各类信息系统，是信息化战争中实现"精确保障"的物质基础。该系统主要由气象水文保障信息系统、测绘保障信息系统、卫星导航定位系统、后勤保障信息系统、装备保障信息系统、防险救生/工程/防化保障信息系统和教育训练保障信息系统等构成，其中最主要的是气象水文保障信息系统、测绘保障信息系统和卫星导航定位系统。

二、综合电子信息系统的发展趋势

21世纪以来，世界各国综合电子信息系统的发展出现了以下趋势。

（一）功能上向综合化、智能化方向发展

大力提高综合电子信息系统的智能化水平，是其未来发展的方向之一。提高智能化水平的核心是开发各类智能化软件系统。随着思维科学、决策科学、认识科学、机器自学功能的提高，以及神经网络新一代计算机的产生，综合电子信息系统的智能化将进入更高的发展阶段。

（二）规划上强调系统的一体化，更重视信息安全

实现系统的一体化也是综合电子信息系统发展的趋势。随着信息技术的发展和信息战的到来，信息安全受到了严重威胁，各国视安全为信息的生命。因此，各国对信息和信息系统的安全特别重视。美军对信息安全提出了如下要求：①信息系统必须有能力在任何复杂环境中安全处理各种信息；②必须充分保护国防部的信息系统，以便有能力与有关网络上的多个主机间进行分布式信息处理和分布式信息管理；③信息系统须有能力支持具有不同安全要求的用户，利用不同安全保密级别的资源进行信息处理。

（三）使用上提高系统多种能力，向深海和外层空间发展

根据战争的实战经验，提高综合电子信息系统的各种作战性能和适应能力，以满足未来信息化战争的需求。

1. 提高快速反应能力

美国应对海湾危机的应急决策表明，综合电子信息系统的各个环节都要注重提高应对突发事件的反应能力。

2. 提高抗毁生存能力

随着综合电子信息系统技术水平的提高，其脆弱环节也越来越多，抗毁和生存问题将更加突出，必须采取机动隐蔽、防护加固、冗余技术、容错系统、抗干扰和抗病毒等多种手段，以提高抗毁和生存能力。

三、综合电子信息系统的作战应用

现代战争是体系与体系的对抗，突出强调的是体系的对抗能力。体系对抗能力不强，即使拥有先进的单个武器装备，也难以在未来信息化战争中有所作为。

（一）军队战斗力的"倍增器"

综合电子信息系统可以极大地提高军队的战斗力。战斗力是指军队实施战斗行动和完成战斗任务的能力，主要取决于两个方面要素：一是作战实力，二是指挥控制能力。要想使兵力和兵器达到最佳组合，充分发挥它们的作战效能，最大限度地提高军队的战斗力，除了指挥员要有精深的谋略和高超的指挥艺术，还需要功能强大的综合电子信息系统。

（二）军队一体化作战体系的"黏合剂"

综合电子信息系统可以将现代军队的各个系统有机地联为一体，充分发挥整体威力。现代战争是诸军兵种一体化联合作战，参战军兵种多、武器平台多、战场分布广，如果没有一个高效率、高度集中统一的综合电子信息系统作为军队的神经中枢，那么这支军队只能是一盘散沙，无法发挥应有的效能。

（三）打赢信息化条件下局部战争的根本保证

综合电子信息系统是进行信息化条件下局部战争的基础，也是打赢信息化条件下局部战争的根本保证。在信息化条件下的局部战争中，作战力量的指挥控制将更加受制于复杂的战场环境。

第四节 信息化杀伤武器

一、精确制导武器

战争的最基本目的是保存自己，消灭敌人。高效地消灭敌人一直是战争的首要任务。以往，消灭敌人主要通过对己方士兵进行严格训练，使其能够熟练地驾驭武器装备来实现。随着现代军事科技的发展，武器装备通过与精确制导技术相结合，远距离准确命中目标成为可能。精确制导技术使现代战争中出现了一类崭新的武器装备——精确制导武器，包括指令制导武器和惯性制导武器。

（一）指令制导武器

指令制导是由制导站发出指令控制导弹飞行的制导方式。制导站可设在地面、海上（舰载）或空中（机载）。按指令传输方式，分为无线指令制导和有线指令制导两种。

最常用的无线指令制导是微波雷达指令制导。把制导雷达测量目标和导弹的运动参数输入计算机进行计算，产生制导指令。弹上设备将接收到的制导指令转变成控制信号，控制导弹飞向目标。如果采用相控阵雷达，还可以同时引导多枚导弹攻击多个目标。但在制导过程中制导站需要连续进行跟踪和发出指令，易受到电子干扰和反辐射导弹的攻击，所以制导雷达必须采取多种抗干扰措施，才能提高生存能力。

"爱国者"地对空导弹是一种无线指令制导的导弹。为使"爱国者"导弹兼具反飞机和反战术导弹的能力，美国从1984年开始研制"爱国者-2"，导弹的外形尺寸和火力单元构成与"爱国者"相同，增加了拦截导弹的控制程序，提高了杀伤威力。"爱国者-2"曾在海湾战争中被用于拦截伊拉克的"飞毛腿"导弹。另一种无线指令制导的导弹为"战斧"巡航导弹。

有线指令制导是利用导弹拖曳的导线传送制导指令，主要用于射程在几千米以内的由步兵携带或直升机装载的反坦克导弹，它依靠射手目视观测发现目标，有人工发送指令和计算机自动发送指令两种形式。前者被称为人工指令制导，后者被称为半自动指令制导。有线指令的最新发展是光纤制导。这种制导的优点是精度高、抗干扰能力强，并可用于攻击障碍物后面肉眼看不到的目标。

线导鱼雷是从潜艇、水面舰艇或反潜直升机发射，通过导线传输制导指令将鱼雷导向目标，用于攻击潜艇或水面舰艇。线导鱼雷的主要优点是命中精度高，抗干扰性好。线导鱼雷一般都装有末段声自导系统，鱼雷在接近目标进入声自导作用距离时启动声自导系统，开始自主搜索、跟踪、识别直至命中目标。

（二）惯性制导武器

惯性制导是利用陀螺仪和加速度表组成的惯性测量装置测量导弹的运动参数，控制其按预定路线飞行的一种制导方式。其与制导程序要求的预定值进行比较，如果有误差，制导系统即发出指令，修正导弹的弹道直至命中目标。

惯性制导系统由惯性测量装置、计算机和执行机构等组成。惯性测量装置测出导弹运动参数的变化，计算机根据实时测得的数据、发射前输入的初始条件和重力影响等数据，算出导弹的实际飞行速度、航向、姿态和坐标，并将这些数据与制导程序要求的预定值进行比较，根据偏差大小产生相应的制导指令，执行机构根据制导指令控制导弹沿正确的路线飞行。

按惯性仪表安装方式的不同，惯性制导分为平台式和捷联式两类。平台式是将加速度表装在惯性平台上，利用陀螺仪使平台保持稳定，不管导弹飞行时发生多大变化，平台相对于惯性参考坐标系的方向始终保持不变，因而可以简化导航计算。平台还能隔离弹体的震动，为惯性仪表提供良好的工作环境。因此，洲际弹道导弹、潜地弹道导弹、远程巡航导弹和大型运载火箭基本上都采用平台式惯性制导。

按惯性制导系统建立坐标系的不同，惯性制导分为空间稳定平台式惯性制导系统和本地水平平台式惯性制导系统。前者的台体相对于惯性空间是稳定的，用以建立惯性坐标系。它受地球自转和重力加速度的影响，需要补偿，多用于运载火箭和航天器。后者台体上的加速度计输入轴所构成的基准平面能始终跟踪运动物体所在的水面，因此，其加速度计不受重力加速度的影响。这种系统多用于沿地球表面做接近等速运动的运动物体，如飞机、巡航导弹等。

惯性制导是一种自主式制导，制导系统工作时不易受人、自然环境以及气象条件的干扰和影响。弹道式战略导弹通常采用惯性制导系统，在一些战术导弹制导的初始段或末段也常用惯性制导系统。比如，地对地战术导弹、战略导弹和运载火箭都采用惯性制导。其主要缺点是制导误差随时间积累，因此对工作时间较长的惯性制导系统，要用其他制导方式进行修正，构成复合制导。常用的有惯性/GPS 制导、惯性加地形匹配制导、星光惯性制导等。

★知识链接：火箭军

火箭军包括核导弹部队、常规导弹部队、保障部队等，下辖导弹基地等，在维护国家主权和安全中具有至关重要的地位和作用。火箭军是中国战略威慑的核心力量，是中国大国地位的战略支撑，是维护国家安全的重要基石。

二、核生化武器

核武器、生物武器和化学武器属于大规模杀伤性武器的范畴，由于其特殊的杀伤机理和大规模的杀伤破坏效能，从其开始出现在战场就挑战人类道德底线，一直被国际法和国际公约禁止使用。但随着核生化技术的发展，它们在军事领域中运用的范围更加广泛。同时，新型核生化武器的不断出现，模糊了其与常规的界限，使其能够突破条约限制，大大增加了其在战场上被使用的可能性。

核武器因其巨大的杀伤力而备受世界关注，也因此遭到世界各国政府及民间组织的抵制。虽然联合国大会 1996 年决议通过《全面禁止核试验条约》，但条约未能生效，因其未得到一系列国家，包括美国的签署或批准。因此，核武器对人类威胁的阴影并未消失，新型核武器仍在孕育中。其中一个值得警惕的趋向是，小型化和实战化的新式核武器正向人类逼近。

核武器小型化是反映一个国家的核武器发展水平的重要因素之一，而小型化的水平主要通过威力比来衡量。所谓核武器的威力比，是指爆炸的总当量与核武器重量之比。核武器战斗部的尺寸大幅缩小、重量大幅减轻、威力比大幅提高，使其在战场上被使用的机会增多，具有更加方便和灵活的特点，能够更好地适应作战需要以及灵活机动、快速反应的战场环境。小型化使核炮弹、核地雷变成了现实，可以大量运用于战术层面，增加了使用核武器的可能。

★知识链接：战略核武器和战术核武器

核武器按照担负的任务或作战使用目的，分为战略核武器和战术核武器两大类。战略核武器是指用于攻击敌方战略目标的核武器，如陆基洲际弹道导弹、战略巡航导弹等。战术核武器多指用于战场作战，压制和消灭敌方战役战术目标和作战力量的核武器，如战术导弹、攻击型核潜艇或常规核潜艇等。

战术核武器与战略核武器的最大区别是战术核武器的爆炸威力较小。单一战术核武器的核当量（即威力）在几十吨至数十几万吨 TNT 当量之间，其杀伤范围相对不大，难以摧毁地下坚固目标。

三、新概念武器

新概念武器，是指与传统武器相比，在基本原理、杀伤破坏机理和作战方式上都有本质区别，尚处于研制或探索之中的一类新型武器。其特点是概念新、原理新、能源新、杀伤效能新、指挥艺术新，在技术上有重大突破与创新，在作战方式与效能上与传统武器有明显的不同，是可以使战斗力倍增的创新性武器。

（一）各式新概念武器

1. 激光武器

2013 年 5 月，美国的激光武器成功击落了自由飞行的火箭弹，美海军已经开发出一种能够击毁飞机和小型船只的激光炮，计划安装到海上前沿补给舰"庞塞"号上。该武器已经击落过低高度飞行的飞机，击毁过小型船只。在 12 次射击测试中命中率为 100%。由此可见，激光武器已经发展到一个新的阶段。

激光武器是利用沿一定方向发射的激光束直接毁伤目标或使之失效的定向能武器，在光电对抗、防空和战略防御中可发挥独特作用。

激光武器是当前新概念武器中理论成熟、发展迅速、具有实战价值的前卫武器。激光武器以其自身的众多优势，在光电对抗、防空、战略防御中可发挥重要作用。随着技术和研发逐渐成熟，激光武器将成为一种攻防兼备、高效费比、优势明显的新概念武器。

激光武器具有速度快、精度高、拦截距离远、火力转移迅速、不受外界电磁干扰、持续战斗力强等优点，而且每次使用的费用很低，通常在几美元左右，与每枚成本达几百万美元的导弹相比十分便宜。

★知识链接："沉默猎手"激光防空系统

"沉默猎手"是一款要地激光防空武器系统，主要用来保护有战略价值的目标，比如指挥中心、导弹发射器、机场、兵营、核电站和兵工厂等。"沉默猎手"有两种布置模式，一种是固定式，另一种为车载式。"沉默猎手"通过高度自动化和一体化的目标探测和火控系统，可以实现目标搜索、捕获、锁定/跟踪和射击全自动化。

"沉默猎手"的发射功率可调，最小 5 千瓦，最大 30 千瓦，打击范围则从 200 米到 4000 米。"沉默猎手"可以轻松打击飞行速度不超过 60 米/秒（216 千米/小时）的中低速空中目标，比如中低空小型无人机等，通过持续锁定并照射不超过 10 秒钟时间，激光束可以保证摧毁目标。

2. 粒子束武器

粒子束武器是指依靠粒子加速器发射的高度聚集的强原子粒子束流或亚原子粒子束流，以接近光速的速度攻击目标的武器。粒子束武器一般由粒子加速器、高能脉冲电源、目标识别与跟踪系统、粒子束精确瞄准定位系统和指挥控制系统等组成。按粒子是否带电可分为带电粒子束武器和中性粒子束武器。

由于粒子束武器具有能量高度集中、束流运行速度快、无放射性污染等显著特点，非常适合对大气层内飞行的导弹进行拦截，因此，人们将其视为反导利器。此外，粒子束武器还可以依靠巨大的太阳能和核能源源不断供给它充足的"弹药"。战时，这些武器可直接用来摧毁卫星、导弹、航天飞行器和其他地面目标。

粒子束武器发射出的粒子束流以接近光的速度前进，这个速度比一般炮弹或子弹的速度要快几万倍。因此，用粒子束武器拦截各种空间飞行器，可在极短的时间内命中目标，非常适合对付在远距离高速飞行的洲际弹道导弹。另外，在射击一些近距离和速度比较慢的飞行器时，一般不需考虑和计算射击提前量。粒子束武器还是一种杀伤点状目标的武器，高能粒子和目标材料的分子发生猛烈碰撞所产生的高温热应力会使导弹等目标材料断裂、损坏甚至融化。

此外，粒子束武器只要改变一下粒子加速器电磁透镜中电流的方向或强度，就能在百分之一秒的时间内迅速改变粒子束的射击方向，这与一般大型武器相比就显得非常灵活。粒子束武器还有一个显著的优势就是不受气象条件的影响。它发射出去的粒子比光子具有更大的动能，而且能够穿透云雾，具备全天候作战能力。

3. 电磁炮

电磁炮是利用电磁能代替化学发射药发射弹丸的远程武器系统，主要由电源、高速开关、加速装置和炮弹四部分组成。其主体结构由两根相当于炮管长度的固定平行导轨和一个沿导轨轴线方向滑动的电枢组成，弹丸放置在电枢前面的导轨上形成闭合回路。导轨与电容器或旋转电机构成的脉冲形成网络相联结。当发射弹丸时，脉冲形成网络向一根导轨供电，经电枢流向另一根导轨。强大电流流经两平行导轨，在两导轨间产生强大而方向相反的线性磁场，并与电枢形成的第三个磁场相互作用，产生强大的电磁力。电磁力推动电枢和置于电枢前面的弹丸沿导轨加速运动，从而使其获得极高的初速度，并沿导轨向外运动，最后从炮口末端发射出去。之后，电枢和包裹弹丸的软壳脱落，弹丸飞向目标。

4. 高功率微波武器

高功率微波武器又称为射频武器，利用高功率微波束毁坏敌方的电子设备和杀伤作战人员，属于"软杀伤"武器。高功率微波武器的破坏原理就像近距离的雷电，极强的电磁脉冲通过"前门"和"后门"两种途径进入电子设备。"前门"就是指设备对外开放的通道（如天线、发射装置等），强电磁脉冲被直接导向目标设备。如果知道设备的接收频率，甚至可以通过巧妙的设计，造成更大的破坏效果。"后门"则指设备的导线、动力电缆、电话线等，高功率微波的能量通过它们耦合到设备而造成破坏。

高功率微波武器的特点在于物体的相互作用过程中可产生电磁效应、热效应和生物效应。拥有这些效应的高功率微波武器，可以对各种电子信息装备和人员实施"软杀伤"，干扰、破坏或烧毁地方武器系统，对雷达、导弹、自动指挥系统等构成严重威胁。可以说，只要敌方武器系统处于高功率微波的覆盖区内，都会遭到毁灭性打击。

（二）新概念武器的发展趋势

由于需求的推动，技术的发展，新能源、新材料的不断出现，新概念武器的瓶颈会逐一得到解决，不久的将来会陆续研制出具有"高""新""尖""精"特征的武器系统。新概念武器的发展、列装、使用，对军事思想、作战方式将产生巨大影响。

在未来战争中,新概念武器既可作为摧毁敌方高价值战略目标的进攻性武器,又可作为各类导弹、飞机进攻的有效防御性武器,更可作为夺取信息优势的重要作战手段。但各国在研发时都遇到不少瓶颈,突出问题有:①新概念武器的技术门槛高;②新概念武器的研发费用高;③新概念武器的装备化程度慢。

新概念武器的高效性,在未来战争中将发挥巨大的作战效能。以美国为代表的各军事大国十分重视新概念武器的研究,陆续投入大量人力物力,在机载激光武器反导技术、微波武器信息战技术、动能武器发射、制导技术等方面不少关键技术已获突破与应用。未来新概念武器的发展趋势主要体现在以下三个方面。

1. 激光武器、动能武器将获得优先发展

美国在激光武器、动能武器等领域研究相对领先和成熟,这些武器已逐步成为夺取制天权、制空权的利器,舰载激光防御系统将会出现在新一代航母上。作为信息战的重要软、硬杀伤手段的微波武器,可以作为攻击敌方信息节点的有效手段,不久可以部分列装。

2. 配套的作战理论研究更受重视

虽然各国对新概念武器的研发和试验一直在进行,但是对于新概念武器未来作战使用概念的发展和新概念武器对未来复杂战场作战模式影响的评估却相对滞后,缺乏先进、完善、系统的作战使用概念的指导,严重制约了新概念武器系统的发展方向和进度。因此,新概念武器系统的研发不应该仅仅停留在技术应用层面,还应该重视新概念武器作战概念、作战模式等作战理论的发展研究,为新概念武器后续的发展提供强劲的动力和明确的发展方向。

3. 衍生技术有更好的应用与推广

由新概念武器带动或衍生而来的技术会得到应用与推广。美军"福特号"航母首次采用了电磁弹射系统来取代蒸汽弹射系统,这大大提高了舰载机的起飞效率。2022年6月,我国第三艘航母"福建号"下水,该航母也配置了电磁弹射和阻拦装置。

思考题

1. 信息化装备的内涵是什么?
2. 信息化装备对现代作战有哪些影响?
3. 信息化装备的主要特征有哪些?

4. 信息化装备的分类有哪些?
5. 信息化装备的发展趋势有哪些?
6. 综合电子信息系统主要由哪几个部分组成?

第二部分

军事技能

第六章　共同条令教育与训练

第一节　共同条令教育

条令是以命令的形式颁布的规范军队作战行动和各级组织、各类人员共同行为准则的军事法规。2018年4月4日,中央军委主席习近平签署命令,颁布新修订的《中国人民解放军内务条令(试行)》《中国人民解放军纪律条令(试行)》《中国人民解放军队列条令(试行)》(以下分别简称《内务条令》《纪律条令》《队列条令》),自2018年5月1日起施行。

三部条令所规定的内容具有共性,是全体军人都必须遵守的基本行为准则,适用于中国人民解放军现役军人和单位(不含企业、事业单位),以及参训的预备役人员;各级党委、领导、机关对条令的施行负有共同责任。因此,将三部条令统称为共同条令。

一、《内务条令》

(一)《内务条令》概述

《内务条令》是规定军人基本职责、军队内部关系和日常生活制度的条令,是全军建立和维持良好的内部、外部关系和正规的内部秩序,履行军人职责,进行正规化训练和管理,培养优良作风的依据。

中国人民解放军的内务建设,是军队进行各项建设的基础,是巩固和提高战斗力的重要保证。基本任务是:使每个军人明确和认真履行职责,维护军队良好的内外关系,建立正规的战备、训练、工作、生活秩序,培养优良的作风和严格的纪律,保证军队圆满完成任务。

现行《内务条令》共15章51节325条。主要内容包括:总则,军人宣誓,军人职责,内部关系,礼节,军人着装,军容风纪,与军外人员的交往,作息,日常制度,日常战备,军事训练和野营管理,日常管理,国旗、军旗、军徽的使用管理和国歌、军歌的奏唱,附则,附录。

(二)《内务条令》的基本内容

1. 总则

明确了制定《内务条令》的目的、适用范围、内务建设的任务、指导思想、新时代的强军目标、内务建设的原则,以及各级对条令施行的职责。强调内务建设必须以习近平强军思想为指导,以新时代强军目标为引领,贯彻政治建军、改革强军、科技兴军、依法治军、始终聚焦备战打仗的原则。

2. 军人宣誓

军人宣誓是军人对肩负的神圣职责和光荣使命的庄严承诺和保证。条令规范了军人誓词、宣誓的基本要求及宣誓的组织实施流程。

3. 军人职责

规范了士兵、军官和主管人员职责,强化了备战打仗的职能使命,使各类人员职责清晰,主责主业突出。

4. 内部关系

规范了军人相互关系、官兵关系、机关相互关系和部(分)队相互关系,有利于提高部队凝聚力和战斗力。比如强调中国人民解放军,不论职位高低,在政治上一律平等,相互间是同志关系,不允许搞庸俗腐败关系。

5. 礼节

规范了军队内部的礼节、对军外人员的礼节及其他时机和场合的礼节,展现军队良好的形象和文明素养。如军人听到首长和上级呼唤自己时,应当立即答"到";回答首长问话时,应当自行立正;领受首长口述命令、指示后,应当回答"是";等等。

6. 军人着装

规范了军人着装的基本要求以及各式军装着装的时机及具体要求,维护军装的严肃性,增强军人荣誉意识和自豪感。比如强调军服必须配套穿,佩戴标志服饰,着装整洁、军容严整;不得混穿、自制、变卖、拆改或将军服借、赠予他人等。

7. 军容风纪

规范了军人仪容、举止及军容风纪检查等内容,从细微处塑造军人的良好形象。比如仪容方面,强调军容严整,不得披衣、敞怀、衣冠不整,头发要整洁等;举止方面,强调举止端庄,不得袖手、背手、将手插入衣袋,不得边走边吸烟、吃东西、扇扇子,不得搭肩挽臂。当群众生命财产安全受到严重威胁时,应当见义勇为、积极救助等。

8. 与军外人员的交往

规范了军人及单位对外交往的相关事宜、程序及要求,维护军队良好形象。比如适应军队使命任务拓展、对外活动及外事活动增多等新情况,明确了军民共建、国防教育、军营开放、迎外、联合军演等活动的组织实施要求。

9. 作息

规范了时间分配、基层单位一日生活和机关一日生活,增强时间观念,令行禁止,保证部队一日生活正规有序。

10. 日常制度

规范了值班、警卫、内务设置、行政会议、保密等十四项基本制度,是部队日常工作、生活、训练有序进行的基本制度保证。

11. 日常战备

规范了日常战备的基本要求、紧急集合和节日战备,使部队常保持战备状态,随时应对可能出现的战争和非战争军事行动。比如强调部(分)队应当按照规定保持装备完好率、在航率和人员在位率,保持指挥信息系统常态化运行,保证随时遂行各种任务。

12. 军事训练和野营管理

明确了军事训练和野营活动中的相关要求。比如强调要实战实训,从实战需要出发从难从严组训;军人应当严格执行通用体能训练标准,落实军人体重强制达标要求等。

13. 日常管理

规范了零散人员管理、军人健康保护、车辆使用管理、营区管理等八个方面的内容,为部队正规化管理提供了基本依据和遵循。

14. 国旗、军旗、军徽的使用管理和国歌、军歌的奏唱

规范了国旗的使用管理和国歌的奏唱、军旗的使用管理、军徽的使用管理、军歌的奏唱,体现了国旗、军旗、军徽及国歌、军歌的庄严神圣,凸显了军队在捍卫国家主权、安全及利益,维护军队荣誉的决心和意志。

15. 附则

明确了其他需要说明的事项。比如条令适用于中国人民武装警察部队,实施时间及原条令的废止等。

16. 附录

包括中国人民解放军军旗式样、中国人民解放军军徽式样、中国人民解放军军歌、报告词示例、军服的配套穿着和标志服饰的佩戴、标志服饰的缀钉方法、基层单位要事日记式样、外出证式样及军人发型示例等十项内容。

二、《纪律条令》

(一)《纪律条令》概述

《纪律条令》是全体军人的行为准则,是军队维护纪律、实施奖惩的基本依据,对于调整军队内部关系、培养军人严格的组织纪律观念具有极为重要的作用。

中国人民解放军的纪律,是建立在政治自觉基础上的严格的纪律,是军队战斗力的重要因素,是保持人民军队性质、宗旨、本色,团结自己、战胜敌人和完成一切任务的保证。用铁的纪律凝聚铁的意志、锤炼铁的作风、锻造铁的队伍,确保军队绝对忠诚、绝对纯洁、绝对可靠,保证军队的高度集中统一,加强革命化、现代化、正规化建设,巩固和提高战斗力,确保任何时候、任何情况下都一切行动听指挥、步调一致向前进。

现行《纪律条令》共10章16节262条。主要内容包括:总则、纪律的主要内容、奖励、表彰、纪念章、处分、特殊措施、控告和申诉、首长责任和纪律监察、附则、附录。

(二)《纪律条令》的基本内容

1. 总则

明确了制定《纪律条令》的目的、适用范围,纪律的地位作用,维护和巩固纪律的指导思想、要求、举措以及实施奖惩的原则、要求和权责等。

2. 纪律的主要内容

首次明确了政治纪律、组织纪律、作战纪律、训练纪律、工作纪律、保密纪律、廉洁纪律、财经纪律、群众纪律、生活纪律十个方面的内容,使军人的言行都处于严格的纪律约束之下,确保部队的高度集中统一。

3. 奖励

主要明确了奖励的目的和原则、奖励的项目、个人奖励的条件、单位奖励的条件、奖励的权限、奖励的实施、奖励的待遇七个方面的内容。如奖励的目的在于鼓励先进,维护纪律,调动官兵的积极性、创造性,发扬爱国主义、共产主义和革命英雄主义精神,保证作战、训练和其他各项任务的完成。奖励的原则是严格标准、按绩施奖;发扬民主,贯彻群众路线;精神奖励和物质奖励相结合,以精神奖励为主,注重发挥物质奖励的激励作用。奖励项目包括嘉奖、三等功、二等功、一等功、荣誉称号、八一勋章（个人）等。新设立的"八一勋章"，是由中央军委决定、中央军委主席签发证书并颁授的军队最高荣誉。"八一勋章"与"共和国勋章""七一勋章""友谊勋章"是党和国家功勋荣誉表彰制度体系的最高层级。中央军委首次颁授"八一勋章"，充分体现了对英模典型的崇高敬意和高度褒奖，必将极大提振军心士气、激发昂扬斗志，激励全军汇聚起为实现中国梦强军梦而奉献的强大正能量。

4. 表彰

明确了实施表彰的层级、组织程序及时机等。

5. 纪念章

明确了作战纪念章、重大任务纪念章、国防服役纪念章、卫国戍边纪念章、献身国防纪念章、和平使命纪念章、特殊纪念章等纪念章的颁发条件。

6. 处分

明确了处分的目的和原则、处分的项目、处分的条件、处分的权限、处分的实施、处分对个人待遇的影响六个方面的内容。比如处分的目的在于严明纪律，教育违纪者和部队，强化纪律观念，维护集中统一，巩固和提高部队战斗力。处分应当坚持依据事实、惩戒恰当、惩前毖后、治病救人、纪律面前人人平等的原则。处分的项目包括警告、严重警告、记过、记大过、降职（级）或者撤职、降衔（级）、除名、开除军籍等。

7. 特殊措施

明确了行政看管、士官留用察看及其他措施处理的原则、方法及要求。

8. 控告和申诉

明确了控告和申诉的目的，军人实施控告和申诉的条件、程序和形式，控告申诉双方的权利义务、保证其权利的要求、处理时限和控告军外人员的注意事项等。

9. 首长责任和纪律监察

10. 附则

主要明确了其他需要说明的事项。比如对非现役公勤人员、职工的奖励、表彰和处分办法另行规定，各种奖励证章由中央军委政治工作部制发或者明确式样，实行时间及原条令废止时间，等等。

11. 附录

包括三大纪律、八项注意，个人奖励登记（报告）表，单位奖励登记（报告）表，处分登记（报告）表，行政看管审批表，行政看管登记表，士官留用察看审批表，控告、申诉登记表等八项内容。比如三大纪律是：一切行动听指挥、不拿群众一针一线、一切缴获要归公。八项注意是：说话和气、买卖公平、借东西要还、损坏东西要赔、不打人骂人、不损坏庄稼、不调戏妇女、不虐待俘虏。

三、《队列条令》

（一）《队列条令》概述

《队列条令》是规范我军队列动作、队列队形、队列指挥，保持正规队列生活，维持严肃队列纪律的基本法规，是中国人民解放军队列生活的准则和队列训练的基本依据。

要求全体军人必须严格执行《队列条令》，加强队列训练，培养良好的军姿、严整的军容、过硬的作风、严格的纪律性和协调一致的动作，落实全面从严治军要求，促进军队正规化建设，巩固和提高战斗力。

现行《队列条令》共10章89条。主要内容包括：总则，队列指挥，队列队形，单个军人的队列动作，分队、部队的队列动作，分队乘坐交通工具，国旗的掌持、升降和军旗的掌持、授予与迎送，阅兵，仪式，附则，附录。

（二）《队列条令》的基本内容

1. 总则

明确了立法目的、适用范围、作用与意义，首长、机关的责任及队列纪律。比如队列纪律：坚决执行命令，做到令行禁止；姿态端正，军容严整，精神振作，严肃认真；按照规定的位置列队，集中精力听指挥，动作迅速、准确、协调一致；保持队列整齐，出列、入列应当报告并经允许。

2. 队列指挥

明确了队列指挥位置、队列指挥方法、队列指挥要求。比如队列指挥位置应当便于指挥和通视全体。通常是：停止间，在队列中央前；行进间，纵队时在队列左侧中央前或者偏后，必要时在队列中央前，横队、并列纵队时在队列左侧前或者左侧，必要时在队列右侧前（右侧）或者左（右）侧后。

队列指挥方法：队列指挥通常用口令。行进间，动令除向左转走和齐步、正步互换及敬礼、礼毕时落在左脚，其他均落在右脚。变换指挥位置，通常用跑步（5步以内用齐步），进到预定的位置后，成立正姿势下达口令。

纵队行进时，可以在行进间下达口令。

队列指挥要求：指挥位置正确；姿态端正，精神振作，动作准确；口令准确、清楚、洪亮；熟练掌握和运用队列指挥方法；认真清点人数、检查着装，按照规定组织验枪；严格要求，维护队列纪律。

3. 队列队形

主要规范了队列的基本队形、列队的间距、分队的队形、旅的队形。比如队列的基本队形为横队、纵队、并列纵队；需要时，可以调整为其他队形。队列人员之间的间隔（两肘之间）通常约为 10 厘米，距离（前一名脚跟至后一名脚尖）约为 75 厘米；需要时，可以调整队列人员之间的间隔和距离。分队的队形分为班的队形、排的队形、连的队形、营的队形等。

4. 单个军人的队列动作

规范了军人立正、稍息、跨立、停止间转法、行进与停止、行进间转法、敬礼、礼毕、单个军人敬礼、坐下、蹲下、起立、脱帽戴帽、宣誓、整理着装、持携枪（筒）、操枪（筒）等动作的口令及要领。

5. 分队、部队的队列动作

规范了部（分）队集合、离散、整齐、报数、出列、入列、行进与停止、队形变换、方向变换、队敬礼，以及班的置（架）枪、取枪，排、连的置（架）枪、取枪，指挥员列队位置的变换，卫兵执勤动作，等等。

6. 分队乘坐交通工具

明确了乘坐运输车、客车、火车、舰（船）艇、飞机（直升机）和车辆行进中的调整等口令、要领及要求。

7. 国旗的掌持、升降和军旗的掌持、授予与迎送

规范了国旗的掌持、国旗的升降、军旗的掌持、军旗的授予、迎军旗、送军旗的口令及要领。

8. 阅兵

规范了阅兵时机和权限、阅兵形式、阅兵指挥、旅阅兵程序及师级以上部队阅兵、海上阅兵和码头阅兵、空中阅兵的组织与实施。比如旅阅兵按照迎军旗、阅兵式、分列式、阅兵首长讲话、送军旗的程序进行；分列式按照标兵就位、调整部（分）队为分列式队形、开始行进、接受首长检阅、标兵撤回的程序进行；等等。

9. 仪式

明确了仪式的基本规范，并且分别对升国旗、誓师大会、码头送行、迎接任务舰艇、凯旋、组建、转隶交接、授装、晋升（授予）军衔、首次单飞、停飞、授奖（授称、授勋）、军人退役、纪念、迎接烈士、军人葬

礼、迎外仪仗等仪式及鸣枪礼的组织实施进行了规范。

10. 附则

明确了参照执行范围、生效时间等。

11. 附录

包括队列口令的分类、下达的基本要领和呼号的节奏，队列指挥位置示例，标兵旗的规格、符号等内容。比如明确口令是队列训练和日常列队时指挥员下达的口头命令，可分为短促口令、断续口令、连续口令和复合口令四种。下达口令时发音部位要正确，要掌握好音节、注意音色、突出主音等。

第二节 分队的队列动作

分队的队列动作主要指营以下单位集合、离散、整齐、报数、出列、入列、行进、停止、方向变换等动作，要求指挥员口令清晰准确、指挥位置正确、指挥程序规范，具备良好的指挥素养；队列人员要严格遵守队列纪律、令行禁止，按指挥口令迅速做动作，动作标准规范，确保分队动作协调一致、整齐划一。

一、集合、离散

（一）集合

集合是使单个军人、分队、部队按照规范队形聚集起来的一种队列动作。

集合时，指挥员应当先发出预告或者信号，如"全连注意"或者"×排注意"，然后，站在预定队形的中央前，面向预定队形成立正姿势，下达"成××队——集合"的口令。所属人员听到预告或者信号，原地面向指挥员成立正姿势；听到口令，跑步到指定位置面向指挥员集合（在指挥员后侧的人员，应当从指挥员右侧绕过），自行对正、看齐，成立正姿势。

（二）离散

离散是使列队的单个军人、分队、部队各自离开原队列位置的一种队列动作，包括离开和解散。

二、整齐、报数

（一）整齐

整齐是使列队人员按照规定的间隔、距离，保持行、列平齐的一种队列动作。整齐分为向右（左）看齐和向中看齐。

口令：向右（左）看——齐；以×××为准，向中看——齐；向前——看。

要领：基准兵不动（当指挥员指定"以×××为准或者以第×名为准"时，基准兵答"到"，同时左手握拳高举，大臂前伸与肩略平，小臂垂直举起，拳心向右），其他士兵向右（左）转头，眼睛看右（左）邻士兵腮部，前四名能通视基准兵，自第五名起，以能通视到本人以右（左）第三人为度；后列人员先向前对正，后向右（左）看齐；听到"向前——看"的口令，基准兵迅速将手放下，其他士兵迅速将头转正，恢复立正姿势。

一路纵队看齐时，可以下达"向前——对正"的口令。

（二）报数

口令：报数。

要领：横队从右至左（纵队由前向后）依次以短促洪亮的声音转头（纵队向左转头）报数，最后一名不转头；数列横队时，后列最后一名报"满伍"或者"缺×名"。

三、出列、入列

单个军人和分队出列、入列，通常用跑步（5步以内用齐步，1步用正步），或者按照指挥员指定的步法执行；进到指挥员右前侧适当位置或者指定位置，面向指挥员成立正姿势。

（一）出列

口令：×××（或者第×名），出列。

要领：出列军人听到呼点自己姓名或者序号后应当答"到"，听到"出列"的口令后，应当答"是"。位于第一列（左路）的军人，按照上述规定，取捷径出列；位于中列（路）的军人，向后（左）转，待后列（左路）同序号的军人向右后退 1 步（左后退 1 步）让出缺口后，从队尾（纵队时从左侧）出列；位于"缺口"位置的军人，待出列军人出列后，即复原位；位于最后一列（右路）的军人出列，先退 1 步（右跨 1 步），从队尾出列。

（二）入列

口令：入列。

要领：听到"入列"口令后，应当答"是"，然后按照出列的相反程序入列。

四、行进、停止

横队和并列纵队行进以右翼为基准，纵队行进以左翼为基准（一路纵队行进以先头为基准）。

（一）行进

口令：齐（跑）步——走。

要领：听到口令，基准兵向正前方前进，其他士兵向基准翼示齐，保持规定的间隔、距离行进。纵队行进时，排、连通常成三路纵队，也可以成一、二路纵队。行进中需要时，用"一二一"（调整步伐的口令）、"一二三四"（呼号）或者唱队列歌曲，以保持步伐的整齐和振奋士气。

（二）停止

口令：立——定。

要领：听到口令，按照立定的要领实施，分队的动作要整齐一致；停止后，听到"稍息"的口令，先自行对正、看齐，再稍息。

五、方向变换

方向变换是改变队列面对的方向的一种队列动作。

（一）横队和并列纵队方向变换

停止间，通常是左（右）转弯或者左（右）后转弯，必要时可以向后转。

停止间口令：左（右）转弯，齐（跑）步——走，或者左（右）后转弯，齐（跑）步——走；向后——转，齐（跑）步——走（当需要向后转走时，应当先下"向后——转"的口令，待方向变换后，再下"齐步——走"或者"跑步——走"的口令）。

行进间口令：左（右）转弯——走，或者左（右）后转弯——走。

要领：一列横队方向变换时，轴翼士兵踏步，并逐渐向左（右）转动；外翼第一名士兵用大步行进并同相邻士兵动作协调，逐步变换方向（愈接近轴翼者，其步幅愈小），其他士兵用眼睛的余光向外翼取齐，并保持规定的间隔和排面整齐，转到90°或者180°时踏步并取齐，听口令前进或者停止。

方向变换：数列横队和并列纵队方向变换时，第一列轴翼士兵停止间用踏步、行进间用小步，外翼士兵用大步行进，保持排面整齐，边行进边变换方向，转到90°或者180°后，听口令前进或者停止；后续各列按照上述要领，保持间隔、距离，取捷径进到前一列转弯处，转向新方向跟进。

（二）纵队方向变换

停止间，通常是左（右）转弯，或者左（右）后转弯，必要时可以向后转。

停止间口令：左（右）转弯，齐（跑）步——走，或者左（右）后转弯，齐（跑）步——走；向后——转，齐（跑）步——走（按照横队和并列纵队向后转走的方法实施）。

行进间口令：左（右）转弯——走，或者左（右）后转弯——走。

要领：一路纵队方向变换，基准兵在左（右）转弯时，按照单个军人行进间转法（停止间，左转弯走时，左脚先向前1步）的要领实施，在左（右）后转弯时，用小步边行进边变换方向，转到90°或者180°后，照直前进；其他士兵逐次进到基准兵的转弯处，转向新方向跟进。数路纵队方向变换时，按照数列横队和并列纵队方向变换的要领实施。

第三节　现地教学

一、走进军营

军营是部队官兵工作生活、学习训练的场所。由于军人职业的特殊性，对于普遍人来说，军营往往充满着神秘感。为发挥部队在国防教育和爱国主义教育中的重要功能和作用，军营逐步面向社会开放。

（一）军营体验活动的目的

走进军营、体验军营活动是当代大学生激发爱国拥军热情，磨炼意志品质，增强国防意识、集体意识、纪律意识，培养良好行为习惯的实践活动。通过近距离的接触、面对面的交流，学生可以了解军人紧张、正规、有序的生活，体会部队官兵的艰辛，感受和平幸福生活的来之不易，激发热爱军队之情；学习军事国防知识，增强国防观念和信心；体验部队严格的纪律、严谨的作风，提高纪律意识、团队意识，培养良好习惯；在感同身受、思想交锋中迸发出为祖国强大而奋发的爱国情怀和社会责任感。

（二）军营体验活动的内容

1. 看

观看部队宣传片、参观连队荣誉室、观摩连队日常训练，看内务、看展示、看装备等，感受正规有序的部队生活、雷厉风行的作风和过硬的军事本领，增强对军人的尊崇之情，激发对国防军事的热情和自豪。

2. 听

听部队发展的历史和感人事迹、听官兵的心声，融入部队生活的点滴，感受部队的荣光和官兵的不易，激发珍惜学习机会、勤勉努力的动力。

3. 训

在官兵的组织下进行日常基础训练，如队列训练、紧急集合等，进一步感受部队训练的正规和艰辛，深刻认识到国防和军事的重要性，增强爱军拥军的意识。

4. 摸

在官兵的指导下进行武器装备、器材的操作体验，了解国防、军事知识，增强国防观念和意识。

5. 练

跟官兵学习叠被子、整理内务等，感受部队生活的点滴和官兵的自律，建立养成良好学习习惯的行动自觉。

6. 比

与官兵比一比，与同学比一比，在增进友谊的同时，培养团结协作精神。

7. 写

活动结束后撰写心得和交流体验感受，升华活动效果。

另外，经与部队协调沟通，还可以开展用餐、留宿等体验活动。

（三）军营体验活动的组织实施

1. 充分准备

加强与部队的沟通联系，确定活动方案；组织安全教育和文明礼貌教育；明确负责人及相关要求。

2. 严密组织

统一着装、遵守纪律、听从指挥；注意乘车安全，徒步行进过程保持队形，不得擅自离队，严禁嬉笑打闹、大声喧哗；遵守部队规定，不得随意触碰，不得在禁止拍照的时机和场所拍照，严禁泄漏涉密信息；保持公共卫生；等等。

3. 保证效果

深入进行思想动员，鼓励学生积极参与；协调相关保障，衔接紧凑有序；撰写和交流活动感受，制定相应措施，延续活动效果。

二、学唱军营歌曲

军营歌曲（简称"军歌"）是激励士气、催人奋进的战斗号角，是举旗铸魂、培育精神的红色经典，是抒发感情、展现风貌的铿锵旋律，具有很高的教育价值和艺术价值。军歌是先进军事文化的一个重要组成部分，以其特有的品质、形式和内容，在军队建设、战斗力生成、思想政治工作的开展等方面发挥着无可替代的作用。

（一）学唱军营歌曲的目的

军营歌曲通常是根据当代军人的现实生活和思想，以传播革命英雄主义、歌颂奉献精神、赞扬军人之美、崇尚共产主义为主，具有浓厚的政治色彩和思想引领性，对军人核心价值观的形成具有积极的引导作用，能促使军人更好地履行职能使命。

学唱军营歌曲是大学生国防教育和爱国主义教育实践活动的一项重要内容。通过学唱军营歌曲，在军歌强大的精神力量影响和现场热烈氛围的冲击下，大学生能体会军歌所带来的强烈心灵震撼、感受团结的力量和催人奋进的正能量、激发出强烈的爱国情怀和社会责任感，在歌声中缅怀历史、歌颂祖国、赞美青春、鼓舞斗志、读懂责任、学会奉献，推动其人生观、价值观和世界观的转变升华，建立高尚的人生价值追求。

（二）军营歌曲的特点

传统的军歌不讲究韵律，要求的是大声、铿锵有力、字正腔圆，所以唱军歌，又叫"吼歌"。随着时代的不断发展，军营歌曲顺应时代的步伐不断创新，涌现了大量通俗的军营歌曲，不论是抒情、摇滚还是民谣、说唱，都体现了流行音乐元素和军营音乐艺术的完美融合。大多军营歌曲属于进行曲，以偶数拍作为周期性反复，常用2/4、4/4的拍子，易于学唱。学唱军营歌曲可以结合军训、歌咏比赛、军营体验、国防教育等活动，采取教唱、自学等多种形式，在丰富学生课余文化生活的同时，达到学唱军营歌曲的目的。

（三）拉歌的组织与实施

拉歌赛歌是我军一种传统的歌咏形式，体现了革命乐观主义精神。拉歌不仅能促进学唱军歌活动的开展，而且能促进团结和友谊，培养集体荣誉感。拉歌取胜的关键在于拉歌指挥的才能和全体人员的齐心协力。

1. 拉歌的方法

拉歌一般在开展集体活动前进行，大体可分为问答式、数字式、方言式、快板式、歌唱式等，通常多种方式搭配进行。

问答式，即指挥与群众一问一答拉歌，如"×连唱得好不好？""好""再来一个要不要？""要"。这是拉歌最常用的方式，通常问答要简洁，备词要多，配以动作时要整齐。

数字式，即指挥喊数字，群众合相应的韵，如"一二三""三二一""一二三四五六七，我们等得好着急"。这种拉歌方式通常要预先沟通和排练。

方言式，即通过诙谐幽默的方言拉歌，如"×连唱得中不中""中"。有特点又朗朗上口的方言能活跃气氛。

快板式，即用现成或即兴编唱的快板，辅以有节奏的掌声拉歌，如"叫你唱，你就唱，扭扭捏捏不像样""不像样""叫你唱，你就唱，不唱回去挂蚊帐""挂蚊帐"。这类方式通常要编好拉歌词，不宜过长。

歌唱式，即选用脍炙人口的曲调，指挥员唱一句，大家合第二句的形式拉歌，如"×连来呀么""嗬嘿""来一个呀么""嗬嘿""你们的歌儿唱得好啊""唱得妙""再来一个呀么""嗬嘿"。

2. 拉歌赛歌中应注意的事项

（1）拉歌赛歌要热情、活泼健康、生动幽默，讲团结，讲文明。不要起哄、讽刺挖苦和奚落，避免庸俗化。

（2）拉歌词内容要简明、易懂，选用的曲调要熟悉有力。临时编词要预先彩排。

（3）要有拉有唱，不能光拉不唱。通常拉歌前应先唱一首，然后再拉，别人拉自己时也不要不理睬。

（4）要争取主动，把握挑战时、应战时、唱后反击时、请对方唱新歌时、要对方继续唱时、给对方加油时等多种时机，切入要恰当，气势要强；当陷入被动时，不要相互抱怨，在主动歌唱后反击。

三、走进爱国主义教育基地

爱国主义教育基地是弘扬社会主义核心价值观、宣传社会道德新风尚、促进社会主义精神文明建设的重要场所，是传播中华优秀传统文化、开展公民思想道德教育的重要载体，是传承红色文化基因、弘扬和培育民族精神、激发爱国情感的重要阵地，是展示改革开放及国家建设发展成果、激发实现中华民族伟大复兴的中国梦强劲动力的重要窗口。

（一）走进爱国主义教育基地的目的

加强与爱国主义教育基地的合作，充分利用本地红色资源，定期组织学生到基地开展社会实践活动，是进行大学生思想政治教育、国防教育和爱国主义教育的重要手段。要深入挖掘和利用教育基地资源，讲好中国共产党故事，讲好新时代中国特色社会主义故事，传承红色基因，种下红色种子，继承红色血脉。通过设置特定的情景，将讲解、感受、体验结合起来，让学生在活动中了解更多的历史和灿烂的中国文化，开阔眼界，培养爱国主义情怀和艰苦奋斗的精神，激发源源不断的学习热情和奋进的动力。

（二）爱国主义教育示范基地

1997年7月，中共中央宣传部向社会公布了首批百个爱国主义教育示范基地，并以此影响和带动全国爱国主义教育基地的建设。在这些示范基地的带动下，各地都根据当地情况建立了各级的爱国主义教育基地。2021年6月19日，中共中央宣传部新命名111个全国爱国主义教育示范基地。此次命名后，全国爱国主义教育示范基地总数达585个，基本覆盖了从中国共产党成立到解放战争胜利各个历史时期的重大历史事件、重要人物和重要革命纪念地。这些示范基地主要包括纪念馆、军史馆、烈士陵园、革命和历史遗址,以及具有国防教育功能的陈列馆、博物馆、科技馆、军事训练基地等场所。

(三)爱国主义教育基地参观见学的组织与实施

在参观见学前,要认真研究,制定周密的活动方案;进行安全及文明礼貌教育,介绍活动的目的、意义、流程,明确有关要求;协调各项保障,包括与基地的联系、车辆安排、仪式所需物资准备等。在参观见学过程中,要服从命令,一切行动听指挥,注意仪容和言行举止,不得大声喧哗、随意走动,不做任何与现场氛围不符的事情,保持活动的有序性和肃穆性;积极融入,确保教育效果入脑入心。在参观见学后,要认真总结梳理,开展相应辅助活动,延续并升华教育效果,实现学生思想、情感、价值的转变内化。

思考题

1. 共同条令的主要内容有哪些?
2. 学校驻地有哪些红色资源?我们应如何通过参观爱国主义教育基地培养我们的爱国主义精神?

第七章 射击与战术训练

第一节 轻武器射击

一、轻武器介绍

轻武器,亦称轻兵器,通常指由单兵或班(组)携行使用的小型、轻便武器,包括各种枪械、单兵地面杀伤武器、便携式反坦克武器和单兵防空导弹等。其基本作战用途是在近距离内杀伤敌方有生目标,毁伤敌方轻型装甲目标、低空飞行目标,破坏敌方设施和军事器材。轻武器的主体是枪械。一个国家的枪械(尤其是步枪)发展水平,可以看作其轻武器发展水平的标志。

轻武器按口径可分为大口径武器和小口径武器,按自动方式可分为半自动武器和全自动武器,按用途可分为手枪、步枪、冲锋枪、机枪、火箭筒和榴弹发射器等。下面主要介绍92式手枪和88式狙击步枪。

(一)92式9毫米手枪

92式9毫米手枪(图7-1)是我国自行设计生产的新一代手枪,主要给基层指挥员及特种兵使用。该枪重(含一个空弹匣)760克,长190毫米,有效射程50米。该枪由枪管、套筒、套筒座、复进机、击发机、弹匣及机械瞄准装置七大部分组成;弹药配备 DAP 92式9毫米手枪弹;必要时也可通用国外9毫米巴拉贝鲁姆手枪弹。主要用在近距离杀伤敌方单个有生目标和进行自卫。使用 DAP 92式9毫米手枪弹,在50米距离内能杀伤单个有生目标,反向击穿232头盔钢板后,仍能击穿50毫米厚的木板。该枪支结构上有机械瞄准具和荧光夜瞄点,必要时还可装激光瞄准具。供弹方式为弹匣供弹,容弹量(双排)15发。

图7-1 92式9毫米手枪

(二) 88式5.8毫米狙击步枪

88式5.8毫米狙击步枪（图7-2）重4.2千克，长920毫米，有效射程800米。该枪由枪管、机匣、枪机、枪机框、复进簧、击发机、弹匣、瞄准装置、脚架和枪托十大部分组成。配有YMA/QBU88式5.8型白光瞄准镜，为可调导气式半自动武器。该枪表尺形式为觇孔式，配白光瞄准镜，简易瞄准装置夜光点可直接瞄准射击。供弹方式为

图7-2 88式5.8毫米狙击步枪

弹匣供弹，容量10发，配4个弹匣；发火方式为单发。弹药配备：1988年式5.8毫米机枪弹、1988年式5.8毫米机枪曳光弹，必要时也可使用1987年式5.8毫米步枪普通弹、1988年式5.8毫米步枪曳光弹。

二、轻武器的性能、构造与保养

自动步枪是最常见的轻武器，本节主要介绍我军目前装备的95式自动步枪的性能、构造与保养。

95式5.8毫米自动步枪采用无托结构，具有长度短、重量轻、射击精度好、造型美观等特点。配有95式白光瞄准镜和微光瞄准镜。

(一) 性能

95式5.8毫米自动步枪（图7-3）是我军较新式的一种近距离消灭敌人的自动武器，对单个目标在400米距离内射击最佳，集中火力可射击500米内敌人的飞机、伞兵以及集团目标。能用实弹发射40毫米系列枪榴弹，使步兵具有点面杀伤和反装甲能力。表尺射程：破甲枪榴弹120米，杀伤枪榴弹250米，

图7-3 95式5.8毫米自动步枪

最大射程400米。必要时，还可加挂枪挂式防暴榴弹发射器，发射35毫米系列防暴榴弹，以完成特殊任务，表尺射程350米，最大射程360米。

侵彻力：使用1987年式普通弹在300米距离上能射穿10毫米厚的A3

钢板；在600米距离上，在贯穿2毫米厚的冷轧钢板后，仍能贯穿14厘米厚的松木板。

（二）构造

95式自动步枪由刺刀（匕首）、枪管、瞄准装置、导气装置、护盖、机匣、枪机、复进机、击发机、弹匣和枪托十一大部件组成（图7-4）。另有一套附品。

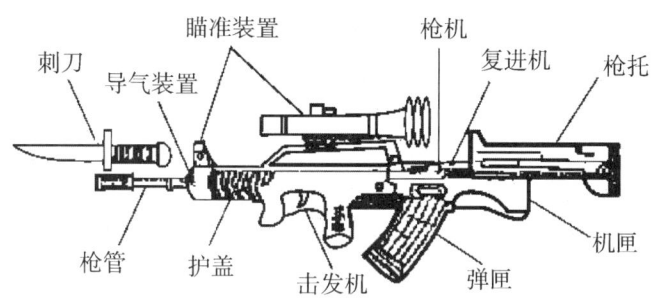

图7-4　95式自动步枪十一大部件

（三）保养

要保养好武器装备必须做到"两勤四不"，即勤检查、勤擦拭，不碰摔、不生锈、不损坏、不丢失。

（1）检查。①检查武器外部是否有污垢、锈痕和碰伤，尤其要检查准星和表尺是否弯曲和松动。②检查枪膛内是否有污垢、生锈和损伤。③检查各机件运行是否灵活，有无锈痕和损坏，要特别检查击针。④检查附品是否齐全完好，子弹有无锈蚀、凹陷、裂缝和松动。

（2）擦拭。正常情况下，每周至少擦拭一次。实弹射击后应用油布将武器认真擦拭干净并上油；在此后的三四天内应每天擦拭一次；训练、演习后，应用干布和油布进行擦拭。

三、简易射击学理

（一）发射

发射是指由发射药或推进剂燃气能量等产生的膨胀力，将射弹等从导轨或身管装置推送出去的过程。

自动步枪发射的过程：扣动枪的扳机，击针撞击子弹底火，底火点燃喷出底火孔，火焰通过导火孔引燃发射药，产生大量的火药气体，在膛内形成很大压力，迫使弹头脱离弹壳，沿膛线旋转加速前进，直至被推出枪口。

（二）后坐

发射时，武器向后运动的现象就是后坐。发射药燃烧时，气体同时作用于各个方向，向前作用于弹头后部的压力推送弹头前进，向后作用于弹壳底部的压力通过枪机传给整个武器，使武器向后运动，形成后坐。

（三）弹道

弹道是指射弹的质心从发射开始点到终点运动的轨迹。

弹头脱离枪口后，一方面受地心吸力的作用，逐渐下降；另一方面受空气阻力的作用，越飞越慢。因此，形成一条不均等的弧线，升弧较长、较直，降弧较短、较弯曲（图7-5）。

（四）直射和直射距离

由于弹道呈弧线，而瞄准线是直线，所以它们不在一条水平线上。瞄准线上的弹道高在实际表尺距离上不超过目标高的射击，叫直射。这段表尺距离就是直射距离（图7-6）。用同一武器射击时，目标高度不同，直射距离也不同。目标越高，直射距离越大；目标越低，直射距离越小。用不同类型的武器对同一类型的目标射击时，弹道越低伸，直射距离越大；反之，则越小。

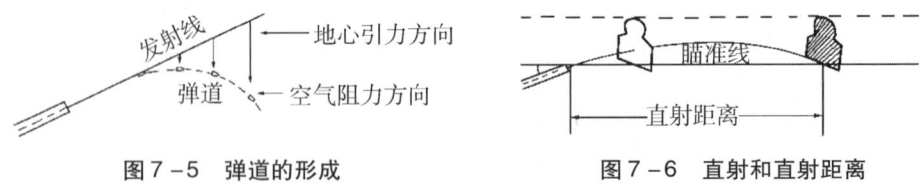

图7-5　弹道的形成　　　　　图7-6　直射和直射距离

（五）选定表尺分划和瞄准点的方法

1. 定实距离表尺分划，瞄目标中央

当目标距离为百米整数时，可根据目标的距离装定相应的表尺分划，瞄准点选在目标中央。如自动步枪对100米距离人胸目标射击时，定表尺

"1"，瞄准目标中央射击，即可命中目标中央（图 7 - 7）。

2. 定大于或小于实距离表尺分划，适当降低或提高瞄准点

当目标距离不是百米整数时，通常选定大于实距离表尺分划，根据武器在该距离上的弹道高，相应降低瞄准点射击。如自动步枪在 250 米距离上对人胸目标射击时，定表尺"3"，在 250 米处的弹道高为 21 厘米。这时，瞄准目标下沿中央射击，即可命中目标（图 7 - 8）。

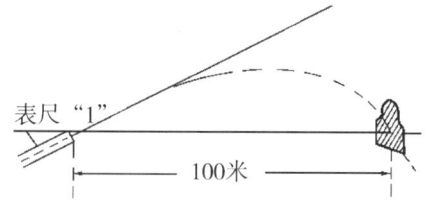 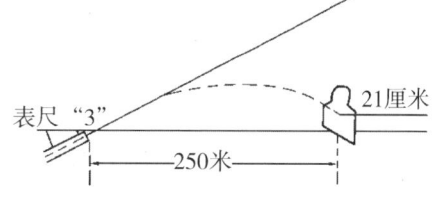

图 7 - 7　定实距离表尺分划射击景况　　图 7 - 8　定大于实距离表尺分划射击景况

有时也可选定小于实距离的表尺分划，根据武器在该距离上的负弹道高，相应提高瞄准点射击。如自动步枪对 250 米距离上的人头目标射击时，定表尺"2"，在 250 米处的弹道高为负 18 厘米。此时，瞄准目标头顶中央射击，即可命中（图 7 - 9）。

3. 定常用表尺分划，小目标瞄下沿中央，大目标瞄中央

战斗中，由于时间紧迫，而且目标的距离在不断变化，有时来不及选定表尺。因此，对 300 米距离以内的目标射击时，通常定常用表尺（表尺"3"）分划，小目标瞄下沿中央射击，大目标瞄中央射击，即可命中。如自动步枪定常用表尺对 300 米以内人胸目标（高 50 厘米）射击时，瞄目标下沿中央，则整个瞄准线上最大弹道高为 35 厘米，没有超过目标高，目标只要在 300 米距离内，都会被射弹杀伤（图 7 - 10）。

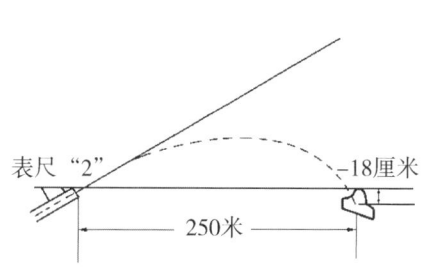 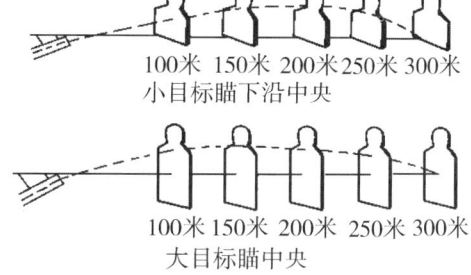

图 7 - 9　定小于实距离表尺分划　　图 7 - 10　定常用表尺分划对 300 米以内
　　　　　射击景况　　　　　　　　　　　　　　目标射击景况

四、武器操作

武器操作主要包括验枪，卧姿装、退子弹及定复表尺，卧姿有依托据枪、瞄准和击发等动作。掌握武器操作动作的要领是正确使用武器、提高射击精度、防止事故发生的重要保障。

（一）验枪

验枪是指在操作枪械之前或之后，检查枪膛、弹匣、弹箱内有无实弹的活动。目的是避免误用实弹或枪走火等，保障用枪安全。验枪通常在肩枪的基础上实施。验枪时，严禁枪口对人。

95 式自动步枪验枪动作要领：听到"验枪"口令后，右手移握握把，以右脚掌为轴，身体半面向右转，左脚顺势向前迈出一步，两脚分开约与肩同宽。将枪向前送出，左手接握下护盖（双手持枪时，两手协力将枪向前送出），左大臂紧靠左胁，枪托贴于右胯，准星约与肩同高，左手拇指打开保险。拇指按压弹匣卡榫，卸下弹匣，使弹匣口向上，交给右手握于握把左侧，食指移握机柄。

当指挥员检查时，拉枪机向后；验过后，自行送回枪机，装上弹匣，扣扳机，关保险，左手移握护盖。

听到"验枪完毕"口令后，左手反握上护盖，右手移握枪托，两手协力将枪倒置于胸前，右手拇指挑起背带，身体半面向左转，在右脚靠拢左脚的同时，两手协力将枪送上右肩，恢复肩枪姿势（双手持枪时，右脚迅速靠拢左脚，成双手持枪立正姿势）。

（二）卧姿装、退子弹及定复表尺

95 式自动步枪卧姿装、退子弹动作要领：听到"卧姿——装子弹"的口令后，右手移握提把，使枪口向前，背带从肩上脱下，左脚向右脚前迈出一大步（也可右脚顺脚尖方向迈出一大步），左臂伸出，掌心向下（手指稍向右）撑地，顺势卧倒。身体左侧着地，以左肘和身体左侧支持身体。右手将枪向目标方向送出，左手接握下护盖。枪面稍向左，弹匣着地，右手卸下空弹匣，使弹匣口朝后、挂耳向下，交给左手握于护木右侧，解开弹袋扣，换上实弹匣，将空弹匣装入弹袋内并扣好，食指打开保险，拉枪机送子弹上膛，关上保险，然后移握握把，全身伏地，两脚分开约与肩同宽，目视前方，准备射击（图 7-11）。

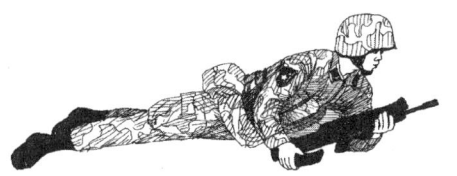

图 7-11　卧姿装、退子弹

听到"退子弹——起立"口令后，身体稍向左侧，右手卸下实弹匣交给左手，打开保险，食指慢拉枪机向后，退出膛内子弹，送回枪机，右手将子弹压入弹匣内，解开弹袋扣，换上空弹匣，把实弹匣装入弹袋内并扣好，扣扳机，关保险，表尺分划归"3"（使用瞄准镜时，右手盖上瞄准镜护盖，卸下瞄准镜，装入袋内并扣好），右手移握提把，将枪收回，同时左小臂向里合，屈左腿于右腿下。以左手和两脚撑起身体，右脚向前一大步，左脚再向前一步，左手握上护盖前端，将枪倒置于胸前，右手挑起背带，在右脚靠拢左脚的同时，两手协力将枪送上右肩，恢复肩枪立正姿势。

（三）卧姿有依托据枪、瞄准和击发

1. 据枪

据枪时，将枪下护盖放在依托物上，枪与身体要对正目标，身体右侧与枪身略成一线，两脚打开略宽于肩，两手协同保持枪面平正，左手握下护盖或小握把，手腕挺直，向下稍向后用力，左肘着地，手腕挺直，向下稍向后用力，左肘着地前撑，将肘皮控制在内后侧，右手虎口向前握握把，食指第一节靠在扳机上，用手掌肉厚部分和余指合力握住握把，握力为10千克至20千克，右手腕内合下塌挺住。两肘稳固地支撑于地面，保持上体稳固。两手协同将枪托上三分之二抵于肩窝，抵肩位置不能过高或过低，使枪托与肩窝紧密结合，通过肩部用整个身体承受武器后坐。胸部稍挺起，身体稍前跟，上体正直自然下塌。下塌后枪身不得前移，枪托抵肩确实，两脚内侧紧蹬地面，头稍前倾，枪自然贴腮（图7-12）。

图 7-12　卧姿有依托据枪

2. 瞄准

使用觇孔式瞄准具时，右眼通视觇孔准星，使准星尖位于觇孔中央，并指向瞄准点，就是正确瞄准（图 7-13）。

95 式自动步枪瞄准时，右眼通视缺口和准星，使准星位于缺口中央，准星尖与缺口上沿平齐，指向瞄准点就是正确瞄准（图 7-14）。

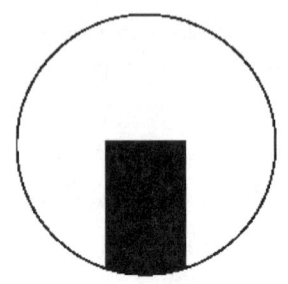
图 7-13　准星与觇孔的正确关系

图 7-14　准星与缺口的正确关系

正确瞄准的景况是，准星与觇孔（缺口）的平正关系看得清楚，而目标看得比较模糊。有依托据好枪后，瞄准线应自然指向瞄准点下方，上体下塌确实后，瞄准线应自然指向瞄准点。若未指向瞄准点，切忌用手或臂等局部力量调整或强扭枪身改变据枪动作进行修正，也不可迁就或勉强，而应调整整个姿势或依托物的高低。修正方向时，可左右移动两肘或整个身体；修正高低时，可前后移动身体或调整依托物的高低。

注意：①如果准星与觇孔（缺口）关系不正确，对射弹命中目标影响很大，准星偏向哪边，弹着就偏向哪边。如准星尖在觇孔（缺口）内偏差 1 毫米，95 式自动步枪弹着点在 100 米距离上的偏差为 31 厘米（32 厘米）。距离增加几倍，偏差量就增大几倍。②若准星与觇孔（缺口）的关系正确，而瞄准点产生偏差，射弹也会产生偏差。③枪面倾斜对命中精度也有一定影响。枪面偏左，射弹偏左下；枪面偏右，射弹偏右下。

3. 击发

击发是准确射击的关键。击发时，右手食指第一节均匀正直地向后扣压扳机，余指握握把和右手腕用力保持不变。当瞄准线接近瞄准点时，开始预压扳机，并减缓呼吸。当瞄准线指向瞄准点时，应屏住呼吸，继续增加对扳机的压力，直至击发。击发瞬间应保持正确一致的瞄准。当瞄准线偏离瞄准点或不能继续屏住呼吸时，应既不增加也不放松对扳机的压力，待修正或换气后，再继续扣压扳机。

注意：①射击前，要检查武器弹药，保持武器的清洁和弹药的完好，防止射击时不退壳。②击发时,注意不能因害怕枪响而闭眼睛,要养成不闭眼睛的习惯。③绝不允许猛扣扳机,因为猛扣扳机会使枪身扭动,射弹就会产生偏差。

据枪、瞄准、击发是相互联系和相互影响的整体动作。稳固持久的据枪,正确一致的瞄准,均匀正直的击发,三者正确的结合是准确射击的关键。必须反复训练,才能熟练掌握。

五、实弹射击

(一) 射击准备

1. 设置射击场地

射击场地应根据实弹射击条件进行设置。目标从右至左设置,依次为1~10号目标,靶位的间隔一般不小于4米,如果目标数量过多,可插设间隔旗。在射击区域应设置射击地线,并在相应的依托物旁设置号码牌;在待机区域应设置出发地线(距射击地线20米,可放置小板凳)以及发弹员、记录员、信号(观察)员、修械员、卫生员的位置。

2. 组织参加实弹射击的人员学习射击规则

3. 准备武器、弹药和各种器材

实弹射击前,指挥员应组织擦拭枪支、校枪、试枪,准备好弹药。应根据练习条件和射击编组情况,拟订所需器材的准备计划,然后具体组织落实。

4. 指定射击指挥员

实弹射击通常应指定一名射击场指挥员和若干名地段指挥员、一名靶壕指挥员、一名调理员。各类指挥员应认真熟悉大纲,掌握实弹射击的有关规定和射击条件。

5. 培训勤务人员

勤务人员由示靶员、发弹员、记录员、电话员、信号(观察)员、修械员、卫生员、警戒人员等组成,并使他们明确各自的职责。

6. 进行射击编组

根据参加射击的人数、靶位数进行射击编组,确定各组人员名单和组长。

（二）射击实施

1. 射击前准备

检查武器弹药和各种器材的携带情况，组织验枪，下达课目，宣布射击要求：固定胸环靶，距离 100 米，卧姿有依托，不使用瞄准镜，使用弹数 5 发（5 次单发射），自下达"卧姿装子弹"口令起，3 分钟内射击完毕，可报靶。成绩评定：命中 45 环（含）以上为优秀，命中 35～44 环为良好，命中 30～34 环为及格，其他为不及格。明确安全注意事项，提出具体要求。

2. 派出警戒

警戒人员搜索警戒区域完毕后，应发出安全信号；靶壕指挥员组织示靶员设靶，其他勤务人员迅速就位并履行职责。

3. 发出准备射击信号

示靶人员迅速隐蔽，并发出可以射击的信号。

4. 开始射击

射击信号发出后，指挥员指挥第一组射手进入出发地线。发弹员按规定弹数给每名射手发子弹。射手领弹后，应认真检查并将子弹装入弹匣，放进弹袋并扣好。指挥员下达"向射击地线前进"的口令后，射手前进到射击地线，对正自己的位置，自行立定。指挥员下达"卧姿装子弹"的口令后，射手自行装子弹，定表尺，进行射击。到达规定的射击时限时，指挥员应下达"停止射击""退子弹起立"的口令，射手应停止射击，退弹起立。指挥员组织验枪，收缴剩余子弹。射击人员按规定路线被带到指定地点。指挥员发出报靶的信号，信号员竖起白旗，并通知靶壕验靶；靶壕指挥员先令竖起白旗，再组织示靶员验靶、补靶和报靶并登记射击成绩。

（三）射击结束

射击结束后，指挥员应组织射手验枪，收缴剩余弹药；发出射击结束的信号；组织人员清理现场，收拢器材，检查武器、装备和器材；将人员带到预定集合地点，宣布射击成绩，讲评射击人员在整个射击过程中的优点、缺点和遵守纪律的情况，提出改进意见，并提出返回途中的要求；及时向上级报告实弹射击情况。

第二节 单兵与分队战术

一、单兵战术基础动作

（一）持枪

持枪是指士兵在战斗中携带枪支的动作和方法。在不同的地形和距离条件下，士兵应根据敌情和任务灵活采用不同的持枪动作，力争做到便于运动、便于卧倒、便于观察和便于射击。持枪通常在立正的基础上进行。也可两脚分开，左脚在前，右脚在后，成丁字步，两脚打开距离约与肩同宽。

1. 单手持枪

口令：单手持枪。

要领：右臂微屈，右手提提把，以右手的握力将枪固定，枪身轴线与地面略呈水平，背带压于拇指下，枪身距身体右侧约 10 厘米，左臂自然下垂，运动时随身体自然摆动。安装瞄准镜时，通常不采用单手持枪的方法。

2. 双手持枪

口令：双手持枪。

要领：左手托握下护盖，右手握握把，食指微接扳机，将枪身置于胸前，枪口朝向左下（也可向前稍向左，枪身略成水平），背带自然下垂或挂在后颈部。

3. 单手擎枪

口令：单手擎枪。

要领：右手正握握把，食指微接扳机，将枪置于身体的右侧，枪口向上，上护盖末端略低于肩，枪身微向前倾，枪面向后，右大臂里合，枪托贴于右胁，背带自然下垂，目视前方，左手自然下垂，运动时自然摆动。

4. 双手擎枪

口令：双手擎枪。

要领：双手擎枪是在单手擎枪基础上，左手托握下护盖，枪身略低，枪口对向前上方，背带自然下垂或压于左手下，身体与射向略成 30°角。

（二）卧倒、起立

卧倒、起立是单兵的基础动作，可分为徒手卧倒、起立，单手持枪卧倒、起立，双手持枪卧倒、起立。

1. 徒手卧倒、起立

口令：徒手卧倒、起立。

要领：左脚向右脚前迈出一大步，同时上体前倾，身体下塌，按左手、左膝、左肘的顺序着地，形成侧卧，在转体的同时，蹬直左腿，两手掌心向下，放置于头部两侧或交叉于胸前。

起立时，先成侧卧，然后以臂、手、腿的支撑力将身体撑起，右脚向前一步，左脚再向前大步，右脚靠拢左脚成立正姿势。也可两手将身体撑起，右脚向前一步，左脚再向前大半步，右脚靠拢左脚成立正姿势。

2. 单手持枪卧倒、起立

单手持枪卧倒、起立在单手持枪的基础上进行。

口令：单手持枪卧倒、起立。

要领：卧倒时，左脚向前迈出一大步，左腿弯曲，上体前倾，两眼注视前方，左手顺左脚方向伸出，按左手、左膝、左肘的顺序着地，迅速卧倒。卧倒后，右手将枪向目标方向送出，左手接握下护盖，右手移握握把，全身伏地，据枪射击。安装瞄准镜时，不采取单手持枪卧倒的方法。

起立时，右手移握提把，收枪的同时转为侧身，屈回左腿，收回左小臂，然后用左臂和两腿的撑力撑起身体，右脚向前一大步，左脚再向前大半步，右脚靠拢左脚的同时成单手持枪立正姿势。

3. 双手持枪卧倒、起立

双手持枪卧倒、起立在双手持枪的基础上进行。

口令：双手持枪卧倒、起立。

要领：卧倒时，左脚向前迈出一大步，左腿弯曲，上体前倾，两眼注视前方，右手握握把，左手松开下护盖顺左脚方向伸出，按左手、左膝、左肘的顺序着地，迅速卧倒。卧倒后，右手将枪向目标方向送出，左手接握下护盖，全身伏地，据枪射击。

起立时，右手握握把，收枪的同时转为侧身，屈回左腿，收回左小臂，然后用左臂和两腿的撑力撑起身体，右脚向前一大步，左脚再向前大半步，右脚靠拢左脚的同时，左手接握下护盖，成双手持枪立正姿势。

（三）匍匐前进

士兵在敌方火力威胁较大、自身处于卧倒状态下，如发现近处（10米以内）有地形可利用时，可采用匍匐前进的运动姿势向其靠近。根据遮蔽物的高低，匍匐前进又分为低姿匍匐、侧身匍匐和高姿匍匐三种姿势。

1. 低姿匍匐

低姿匍匐是身体平趴于地面并降低至最低程度的运动方式，一般是在前方遮蔽物高约 40 厘米时采用。

口令：向××处，低姿匍匐——前进。

要领：一种是右手握握把和背带或右手掌心向上托握机匣，使枪面向右置于右小臂内侧；另一种是左手握护盖，右手握枪颈，将枪横托于胸前，枪身离地。

前进时，身体紧贴地面，头稍微抬起，屈回右腿，伸出左手，用右脚的蹬力和左手的扒力使身体前移，然后再屈回左腿，伸出右手，用左脚的蹬力和右手的扒力使身体继续前移，依次交替前进。前进速度不小于 0.8 米每秒。徒手低姿匍匐动作与持枪的动作基本相同。

2. 侧身匍匐

侧身匍匐是在前方的遮蔽物高约 60 厘米时所采用的一种运动方式。其特点是运动的速度稍快，但姿势偏高。

口令：向××处，侧身匍匐——前进。

要领：前进时，提提把或握把将枪收回，使枪面向左稍向上（也可向右稍向上，将枪置于右小臂内侧），同时侧身，使左大腿外侧着地，左小臂前伸着地，左大臂支撑身体，左腿弯曲，右脚收回靠近臀部着地，以左小臂的扒力和右脚的蹬力使身体前移。前进速度不小于 1.2 米每秒。徒手侧身匍匐动作与持枪的动作基本相同。

3. 高姿匍匐

高姿匍匐一般是在前方的遮蔽物高约 60 厘米时采用。

口令：向××处，高姿匍匐——前进。

要领：前进时，左手握上下护盖，右手握枪颈，将枪横托于胸前，枪口离地，用两肘和两膝支撑身体，然后依次前移左肘和右膝、右肘和左膝，如此交替前移。前进速度不小于 1 米每秒。有时也可采取低姿匍匐的携枪方法。徒手高姿匍匐动作与持枪的动作基本相同。

二、步兵班战术

步兵班战术主要包括步兵班进攻战斗、步兵班防御战斗和步兵班（组）战斗勤务三项内容。步兵班通常由 9～10 名士兵组成，为最基本的战术单位，在步兵排的编成内行动。可担负攻击、抗击、警戒等任务，有时还可担负搜索、侦察、机降等特殊作战任务。

（一）步兵班进攻战斗

步兵班进攻战斗即步兵班主动进攻敌人的战斗行动。其任务是：歼灭敌人，攻占重要地区和目标；割裂敌人部署和断敌退路，配合主力歼敌；破袭敌人的交通运输线或重要设施等。步兵班在进攻战斗中，通常在排的编成内担任突击班，有时担任连（排）的预备队，根据情况还可担任穿插、渗透、开辟通路等任务。

1. 队形与运动

队形即战斗队形，是为了进行战斗而展开兵力兵器所形成的队形。运动即机动，是为了争取和保持主动，形成有利态势而有组织的迅速转移兵力和火力的行队形与运动。步兵班在战斗中，既要善于利用地形和火力掩护效果，又要灵活运用各种队形和采取不同的运动方法，并注重火力与运动的有机结合，这样才能减少敌火杀伤，保证按时到位。

（1）横队队形。横队队形即士兵按照一定间隔并行展开的队形。班长位于队形的中央或一侧。该队形通常是在通过敌火控制的开阔地或冲击时运用。班长指挥口令："目标（方向）××处，××士兵（组）为准，成横队队形——散开——"这里的"××士兵（组）为准"是作为班展开的基准点。班的行动是：基准士兵（组）向目标（方向）前进，其余士兵（组）在其两侧或一侧散开前进。

（2）纵队队形。纵队队形即班按照一定的距离依次排列而成的队形。可分为一路或二路纵队，班长通常位于队形前方。这种队形通常是在距敌较远、地形隐蔽、敌火威胁不大或通过狭窄地段时运用。班长指挥口令："距离××米，成一（二）路队形跟我来！"班的行动是：班长向目标方向前进，其余士兵（组）按规定的距离（间隔）成一（二）路依次跟进。

（3）楔形队形。楔形队形就是班成箭头形状，中间一名士兵在前，其余士兵向左后和右后成斜方向散开，取适当间隔依次排列而成的队形。通常是在通过开阔地或密集火制区时运用。班长指挥口令："目标（方向）××处，××士兵为准，成楔形队形——散开——"基准士兵是指最先行动的士兵，是队形的箭头。班的行动是：基准士兵向目标方向快速前进，其余士兵在其左后和右后成斜方向散开，成箭头形状前进。

（4）三角队形。三角队形就是以三个战斗编组为单位，按照一定的间隔和距离，采取一个组在前，两个组在后（前三角），或两个组在前，一个组在后（后三角）所形成的队形。通常是在通过开阔地密集火制区或向敌冲击时运用。班长指挥口令："目标（方向）××处，××组为准，成前

（后）三角队形——散开——"班的行动是：基准组向目标（方向）前进，其余组（士兵）分别在基准组两侧后（前）取适当距离（间隔）前进，组与组间隔25～30米，距离20～40米，士兵与士兵间隔或距离6～8米。前进时各组可成横队、纵队或三角队形。

无论采取哪种战斗队形，班长应在队形中便于观察、指挥的位置。配属火器应在班战斗队形中便于发挥火力的位置。运动中班长通常是以口令进行指挥，但有时也以手势或信号指挥全班变换战斗队形前进。停止时，班长只下达"卧倒"或"占领××位置"的口令或信号，士兵应按命令卧倒或占领射击位置。

2. 运动方法

战斗中，步兵班会遭到敌人各种兵器实施的远、中、近、多方向火力打击，使得运动更加困难。因此，班在运动时，要充分利用地形和火力掩护、烟雾弥漫的效果，抓住敌火力减弱、中断等有利时机，快速隐蔽地运动。运动方法可分为单个前进、分组前进、全班前进。

（1）单个前进。单个前进也称全班各个前进，即以士兵（武器）为单位逐个向前运动。它通常是在通过敌火力封锁严密的开阔地或隘口时运用。班长指挥口令："向××处，从左（右）至右（左）单个前进——"班长也可逐个指挥士兵（武器）前进。

士兵按班长指挥的顺序，依次快速前进至指定位置卧倒或占领阵地，停止间的士兵以火力担任掩护。

（2）分组前进。分组前进即以组为单位交替掩护向前运动，它通常是在敌火威胁较大，需要互相掩护或受地形限制时运用。班长指挥口令："向××处，从左（右）至右（左）分组前进——"班长也可逐个指挥战斗小组前进。

各组按顺序依次前进至指定位置，停止间的组以火力掩护运动中的组。

（3）全班前进。全班前进即全班士兵同时向前运动。它是在距敌较远，敌火减弱、敌火中断或被我火力压制时运用。班长指挥口令："向××处，全班前进——"听到口令，全班突然跃起，以快速的动作向前运动（通常向前15～30米），到达指定位置后迅速卧倒或占领射击位置。

（二）步兵班防御战斗

步兵班防御战斗是指步兵班依托阵地或有利地形、运用灵活的战法抵抗敌人攻击的战斗行动。任务是大量杀伤、消耗敌人，扼守阵地，争取时间，为转入进攻或保障其他方向进攻创造条件。步兵班通常在排的编成内组织防御，防守排支撑点内的一段阵地，防御正面达 100～150 米。步兵班有时也可能单独防守一个阵地。

（三）步兵班（组）战斗勤务

步兵班（组）战斗勤务主要包括班哨、步哨、游动哨、潜伏哨和警戒哨等。

思考题

1. 在什么情况下，采用侧身匍匐前进？
2. 步兵班在进攻战斗中，有哪几种战斗队形？

第八章 防卫技能与战时防护训练

第一节 格斗基础

格斗基础是学习格斗技术必须掌握的内容,主要包括格斗常识、格斗基本功和拳法等。

一、格斗常识

只有了解人体基本结构和要害部位,才能进行有效自卫和制敌。

(一)人体关节

人体关节在受到超过生理限度的压迫、打击或扭转时,就会失去正常的功能,使人的局部丧失战斗力。

1. **指关节**

手掌共有9个指关节,只能做屈伸运动,关节囊背侧松弛,其余侧有韧带加固,掌指关节5个,可做屈伸和伸展运动。

2. **腕关节**

腕关节由桡骨的桡腕关节和三块腕骨组成。若遭用力击打,轻则疼痛难忍,重则韧带撕裂、骨折。

3. **肘关节**

肘关节由肱骨下端与尺骨、桡骨的上端组成。用力击打可使韧带撕裂、关节脱臼。

4. **肩关节**

肩关节是人体活动范围最大的关节,由肩胛骨关节囊和肱骨上头组成,属于球窝关节。用力击打可使韧带和肌肉撕裂、关节脱臼。

5. **膝关节**

膝关节粗大,结构复杂而紧密,只能后屈和伸直。由股骨下端、髌骨和胫骨上端组成。若遭暴力击打,轻则剧痛、行动不便或倒地;重则两侧副韧带撕裂、半月板骨折或脱臼。

6. 踝关节

踝关节由胫骨下关节面，内踝、外踝关节面和趾骨上方的滑车关节面组成。用力击打或扭转可造成脱臼、韧带撕裂。

（二）要害部位

要害部位（图 8-1）是指人体受到外力击打或挤压后，最容易造成昏迷、伤残、死亡的部位。在了解要害部位的同时，还需掌握正确的击打方法，既能克敌于瞬间，又能避免打击过度。

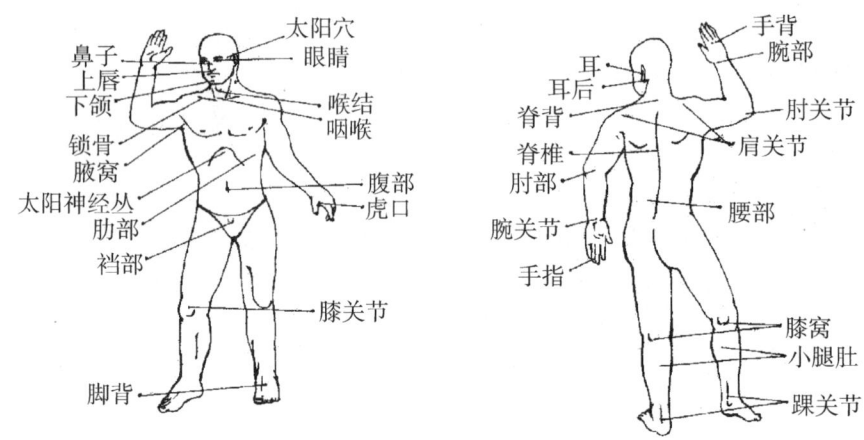

图 8-1　人体要害部位（正面、背面）

人体要害部位可分为头颈部要害部位和躯干部要害部位。

1. 头颈部要害部位

头颈部的要害部位，以点状目标为主，分布集中，暴露明显，防护较弱，击打效果明显。主要包括七个部位。

（1）太阳穴。太阳穴位于上耳郭和眼角延长线交点处。此处骨质脆弱，且有一条动脉和大量神经集中于皮下，暴力击打可引起骨折，伤及动脉和神经，致使血管壁膨胀、血液不能流畅，造成大脑缺血、缺氧，轻则脑震荡，重则死亡。

（2）眼睛。眼睛是人体最重要的器官之一，很容易受伤，用拳打、指抠、掌刺等手法均可使其受伤或致盲。

（3）鼻子。鼻皮下组织较少，神经、血管丰富，鼻骨部分由软骨组成，鼻筛板较薄，打断鼻梁骨很容易造成软组织水肿，使人疼痛难忍并暂时失明。如猛烈击打鼻子，可将骨碎片楔入脑组织，会使人立刻毙命。

（4）上唇。上唇是鼻软骨与硬骨的连接处，此处神经接近皮层，且有人中穴,是脸部的要害部位。轻击能产生剧痛,重击则使人昏厥。

(5) 下颌。在格斗中猛击下颌会产生特殊的效果,会使人猛然失去平衡或颈椎受到损伤,用拳向上重击还会使下颌骨骨折、牙齿崩落、大脑受到震荡而眩晕。

(6) 咽喉。咽喉由食管和呼吸道组成,两侧有颈总动脉。另外,男性的喉结处有气管、颈动脉和迷走神经,极易受伤,击打后会阻塞血液流通,引起大脑缺氧、缺血,从而窒息、死亡。

(7) 耳朵。耳郭神经距大脑较近,击打或挤压后可损伤脑膜中的动脉,使血管壁肿胀、血液循环受阻;在耳郭后下颌骨的上缘,有一个同太阳穴一样致命的穴位,叫耳后穴。击打耳朵或耳后穴,轻则击穿耳膜、耳内出血,重则脑震荡或死亡。

2. 躯干部要害部位

躯干部要害部位,既有点状目标,又有面状目标,呈区域分布,有一定的遮蔽和防护,但其目标大,移动慢。主要包括八个部位。

(1) 锁骨。锁骨横卧于两侧肩颈之中,内接胸骨,外连肩胛骨,辅助肩臂活动。如果锁骨骨折,不仅影响肩臂活动,而且会造成大脑功能障碍。

(2) 腋窝。腋窝下有一条粗大的神经,击打腋窝,可产生剧痛和短暂的局部瘫痪。

(3) 太阳神经丛。俗称"心窝",位于剑突下端,是人体较大的神经密集区,通向腹腔的粗大血管和神经都由此经过。对太阳神经丛的任何一次具有穿透力的打击,都可使人产生剧痛、窒息或瘫倒在地,猛烈击打可置敌于死地。

(4) 腹腔。腹腔位于体前剑突以下、耻骨以上部位。右上为肝脏,左上为脾脏,中下部有胃、肠和膀胱等脏器。受暴力击打后内脏血管壁膨胀,导致血液循环受阻,同时由于腹膜神经末梢感觉灵敏,人会感到疼痛难忍。如果肝、脾等脏器破裂而出血,会导致死亡。

(5) 裆部。裆部是人体中神经末梢最为丰富的地方。对于男性来说,睾丸容易受伤,且受伤后疼痛剧烈,严重的损伤还会引起终身残疾或死亡。

(6) 肋部。肋部由12对肋骨组成,成环桶状护卫着胸腔内的脏器。肋骨细长,附在表面的肌肉很薄,较容易折断。肋部在受到击打后会产生震荡并压迫内脏神经,使人疼痛难忍;骨折后,折断的锋利骨茬还可能会刺破内脏,造成体内大出血。

(7) 肾脏。肾脏被中医称为"生命之源",是人体最重要的器官之一,位于背后脊柱两侧,紧靠软肋下部。击打此部位,可使肾脏损伤,并引起严重的神经震动,使人产生剧痛,如肾脏或肾上腺破裂而得不到及时救治将危及生命。

(8) 脊椎。脊椎是人体的支柱,全身各骨骼都直接或间接与之相连,对脊椎重击可使脊椎关节脱位,导致瘫痪或死亡。

二、格斗基本功

格斗由拳打、脚踢、摔打等搏击、散打的基本动作组成。练习格斗,能使全身各部位得到比较全面的活动,尤其是上下肢肌肉的爆发力、各关节的灵活性和柔韧性,以及快速的反应能力都能得到提高。

(一) 手型

1. 拳

拳:四指并拢握紧,拇指扣在食指的第二节上。通常分为立拳、反拳、平拳三种(图8-2)。

图8-2 立拳、反拳、平拳(从左至右)

2. 掌

掌:四指并拢伸直,拇指弯曲紧扣于虎口处。分立掌、横掌、插掌、八字掌四种(图8-3)。

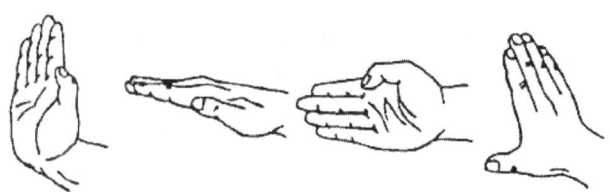

图8-3 立掌、横掌、插掌、八字掌(从左至右)

3. 勾和爪

勾:五指第一节捏拢在一起,屈腕(图8-4)。

爪:五指的第一、二关节向掌心方向弯曲并用力张开。分鹰爪、虎爪两种(图8-4)。

图8-4 勾、鹰爪、虎爪（从左至右）

（二）步法

步法是格斗中身体向前、后、左、右移动的方法。灵活而敏捷的步法，不仅是调整重心和维持身体平衡的关键，也是进攻和防守中占据有利位置和发挥最优攻势的基础。因此，对步法的训练应特别注重在活、疾、稳、准上下功夫。

1. 进步、退步

进步、退步主要用于向前、向后及斜向移动。急进、急退主要用于突然进步攻击和急退防守。

在格斗势的基础上，进步时，右脚前脚掌用力蹬地，通过腰髋的牵引推动左脚向前滑动，左脚前移后，右脚随即前滑跟进一步，前移时，身体重心要平稳前移，两脚应贴地而行，膝关节切勿僵硬，两脚进步距离相同，着地后仍保持格斗势的基本姿势；退步时，左脚前脚掌用力向后蹬地，右脚先后退一步，左脚随即后退一步，向后退步的步幅同前进步的步幅相同（图8-5）。急进急退时，动作要领与进步、退步相同，但脚步启动更突然、进退更迅速。进退时，左右脚移动的距离基本相等。

图8-5 进步、退步（从左至右）

2. 横移步

横移步主要用于横向闪躲向自身直线攻击的拳或腿。在格斗势的基础上，左横移步时，右脚前脚掌蹬地，左脚先向左前侧移动，右脚随即向左移动，右脚移动距离大于左脚；右横移步时，左脚前脚掌蹬地，右脚先向右后侧移动，左脚随即向右移动，右脚移动距离大于左脚（图8-6）。移动中保持基本姿势不变。

3. 垫步

垫步主要用于急进出拳或出腿攻击和急退防守及反击。

在格斗势的基础上，前垫步时，右脚前脚掌蹬地并先向左脚后进一步，左脚随即向前进一步；后垫步时，左脚蹬地并先向右脚前后退一步，右脚随即后退一步（图8-7）。

图8-6 左横移步、右横移步（从左至右）　　　图8-7 垫步

（三）拳法

拳法是格斗中主要的攻击方法。要求出拳迅速、有力、准确。可以原地击打，也可配合步法、身法使用。基本拳法有直拳、摆拳、勾拳等。

1. 直拳

左直拳：在格斗势的基础上，左脚蹬地，使身体重心稍前移，左拳向前用力内旋击出，力达拳面，上体微向右转，目视前方，然后迅速收回，成预备姿势。

右直拳：在格斗势的基础上，右脚蹬地，上体稍向左转，转腰送肩，用力出拳使拳直线向前击出，力达拳面，目视前方（图8-8）。

2. 摆拳

左摆拳：在格斗势的基础上，左脚蹬地，使身体稍向右转，左拳向左前伸出转向右下横击，左拳内旋，拳心向左稍向下，力达拳面；右拳收于右腮。

右摆拳：在格斗势的基础上，右腿蹬地，上体稍向左转，右拳向外、向前、向里横击，右拳内旋，力达拳面，目视前方（图8-8）。

图8-8 右直拳、右摆拳（从左至右）

3. 勾拳

（1）平勾拳：分为左平勾拳和右平勾拳。

左平勾拳：在格斗势的基础上，上体稍向右转，左肘关节外展抬起，大臂和小臂约成90°角，左拳经左向右击出，拳心向下，左脚跟外转，出拳后左臂迅速向胸靠拢，成预备姿势（图8-9）。

右平勾拳的动作同左平勾拳，方向相反。

（2）上勾拳：分为左上勾拳和右上勾拳。

左上勾拳：在格斗势的基础上，身体稍左转，微沉肘，重心略下沉，左脚蹬地，腰突然向右转，以蹬地、扭腰、送胯的合力，左拳由下向前上猛力击出，力达拳面，目视前方。出拳后迅速恢复成预备姿势（图8-9）。

右上勾拳：在格斗势的基础上，身体稍向右转微向前倾，右脚蹬地、扭腰、送胯，右拳向内，由下向前上猛击，力达拳面，并迅速收回成预备姿势。

图8-9 左平勾拳、左上勾拳（从左至右）

（四）腿法

腿法具有打击力量大、范围广、隐蔽性强，能进行有效进攻与反击等特点。基本腿法通常有蹬腿、勾踢腿、弹腿等。

1. 蹬腿

左蹬腿：在格斗势的基础上，右腿直立或稍弯曲，左腿屈膝抬起，勾脚尖，由屈到伸以脚跟领先，向前猛力蹬出，力达脚跟；也可送髋，脚掌下压，力达前脚掌。左臂自然下摆助力，右拳护面，目视前方（图8-10）。做左蹬腿时可配合垫步前蹬。

右蹬腿的动作同左蹬腿，方法相反。

图8-10 左蹬腿

正蹬腿：分为左正蹬腿和右正蹬腿。

左正蹬腿：在格斗势的基础上，重心后移，左脚屈膝抬起，勾脚尖，由屈到伸，向前猛力蹬出，力达脚跟，左臂自然下摆于体侧，右拳护面，目视前方。动作完成后迅速收回成预备姿势。做左正蹬腿时可配合垫步前蹬。

右正蹬腿的动作同左正蹬腿，方向相反（图8-11）。

2. 勾踢腿

左勾踢：在格斗势的基础上，右脚微屈膝支撑身体，左脚向后抬起（一般大小腿夹角不超过90°），上体稍右转，收腹合胯带动左腿，勾脚尖向前向右弧线擦地勾踢，力达脚弓内侧（图8-11）。

右勾踢的动作同左勾踢，方向相反。

3. 弹腿

左弹腿：在格斗势的基础上，重心移至右腿，右腿微屈支撑身体，左腿提膝上抬，大腿带动小腿向前上方弹击，脚背绷直，着力点在脚背，目视前方（图8-12）。

右弹腿的动作同左弹腿，方向相反。

图8-11　右正蹬腿、左勾踢（从左至右）

图8-12　左弹腿

4. 踹腿

左踹腿：在格斗势的基础上，右腿稍弯曲保持弹性，左腿屈膝抬起靠近胸前，大小腿夹紧，勾脚尖，小腿外摆，脚掌正对攻击目标，展髋、挺胸向前猛力踹出，力达脚掌，身体适当侧仰（图8-13）。

右踹腿的动作同左踹腿，方向相反。

5. 鞭腿

左鞭腿：在格斗势的基础上，上体稍向右转侧倾，同时左腿屈膝抬起，大小腿折叠，脚尖绷直，右腿支撑身体，左脚向右上方猛力弹踢，力达脚背或小腿下端，左臂自然下摆助力，右拳收于下颌处，目视前方。左脚迅速收回，落地成预备姿势。

右鞭腿的动作同左鞭腿，方向相反（图8-14）。

图 8–13　左踹腿　　　　　图 8–14　右鞭腿

（五）肘法

横击肘：在格斗势的基础上，右（左）脚蹬地向左（右）转体时，身体重心移至左（右）腿同时，右（左）肘抬平，由右（左）成弧形击肘，力达肘尖，肘稍高于肩，眼看右（左）肘，击中目标后向右（左）转体，回到原来位置，恢复成预备姿势（图 8–15）。

顶肘：在格斗势的基础上，右脚向后撤一大步，身体后转成右弓步同时左手抱推右拳，右肘向右水平顶击，肘与肩平，眼看右肘（图 8–15）。

图 8–15　横击肘、顶肘（从左至右）

砸肘：在格斗势的基础上，右（左）脚蹬地向左（右）转体时，右（左）肘抬起，由上向下砸击，力达肘尖，肘稍低于肩，眼看右（左）肘，击中目标后向右（左）转体，回到原来位置，恢复成预备姿势（图 8–16）。

右挑肘：在格斗势的基础上，右臂屈肘握拳，随即以蹬腿、拧腰、送胯之合力，由下向上猛力挑击，力达肘尖或肘前部（图8-16）。

左挑肘的动作同右挑肘，方向相反。

图8-16　砸肘、右挑肘（从左至右）

（六）膝法

正顶膝：在格斗势的基础上，身体重心移至前腿，收腹含胸的同时，两手成拳向后下回拉，右膝向前上方冲顶，力达膝部，两手与膝同高，眼看右膝。击中目标后右脚向后落地，恢复成准备格斗式。

侧顶膝：在格斗势的基础上，身体重心移至前腿，收腹含胸的同时，两手成拳向右后下回斜拉，右膝向左前上方冲顶，力达膝部，两手与膝同高，眼看右膝。击中目标后右脚向后落地，恢复成预备姿势（图8-17）。

图8-17　正顶膝、侧顶膝（从左至右）

第二节 战场医疗救护

战场医疗救护是减小伤亡、有效保存战斗力的重要保证。

一、救护的基本知识

掌握战场医疗救护的基本知识，可以帮助自己或他人减轻伤病造成的痛苦，有效预防并发症。战争中受外伤较多，救护过程中一定要注意伤口的治疗，保证伤口不被感染而造成破伤风等。战场医疗救护只是初步治疗，最终还要进行全面治疗。了解救护的基本知识和方法，有助于正确处理各种情况。

战场救护应遵循"先复苏后固定，先止血后包扎，先重伤后轻伤，先救治后运送，急救与呼救并重，搬运与医护同步"的基本原则。

救护伤员时，不能用手和脏物触碰伤口，不能用水冲洗伤口（化学伤除外），不能轻易取出伤口内的异物，不能送回已脱出体腔的内脏，不能用消毒剂或消毒粉处理伤口。

伤员头面部受伤时，应保证其呼吸道畅通，清除其口中异物，将其衣领解开，采取侧卧或俯卧姿势，防止吸入呕吐物，并妥善包扎伤口和止血；伤员胸（背）部伤往往伴有多根肋骨骨折，除用敷料包扎外，还应用绷带环绕胸（背）部包扎固定；伤员腹（腰）部受伤时，腹部伤要立即用大块敷料和三角巾包扎；伴有内脏伤时不能喝水、吃东西、吃药，应尽快后送；伤员四肢受伤时，除了手指或脚趾伤必须包扎外，包扎四肢时，要把手指或脚趾露出，以便随时观察血液循环情况，及时采取相应措施。

二、意外伤的救护

（一）毒蛇咬伤

1. 临床表现

人被蛇咬伤时，患处留有两个相邻的牙痕（无毒的蛇咬伤的牙痕呈锯齿状）。由于毒素作用不同，或出现四肢麻痹、无力、眼睑下垂、瞳孔散大；或出现眼睛对光反射消失、不能吞咽和说话、呼吸缓慢无力等神经障碍，从而导致窒息、心力衰竭而死亡；或出现全身皮下瘀血、鼻出血、呕血、咯血、尿血、便血等症状，甚至昏迷、虚脱、休克而死亡。

2. 急救措施

一是立即用止血带绑扎。为防止与减缓毒素继续吸收和扩散，要在肢体创口的近心端绑扎止血带；绑扎不能过紧过久，要间断放松，防止远端肢体缺血坏死；患肢制动、抬高，以减少毒素吸收，防止水肿。二是尽快排出伤口毒液。创口用清水、肥皂水或高锰酸钾溶液反复冲洗；用手由上向下、周围向创口中心挤压，或用吸吮器、拔火罐吸出创口毒液；急救时也可用口直接吸吮，但口腔黏膜有损伤者不可吸吮毒液，以防毒液从损伤处进入救护者体内。三是口服蛇药片，或将蛇药片用清水溶成糊状涂在创口四周。

（二）溺水

1. 症状

溺水者面部青紫、肿胀、双眼充血，口腔、鼻孔和气管充满血性泡沫，肢体冰冷，脉细弱，甚至抽搐或呼吸、心跳停止。

2. 自救互救

当发生溺水时，不熟悉水性者可采取自救法；除呼救外，取仰卧位，头部向后，使鼻部露出水面呼吸。呼气要浅，吸气要深。因为深吸气时，人体比重降到0.967，比水略轻，可浮出水面。此时千万不要慌张，不要将手臂上举乱扑动而使身体下沉更快。

会游泳者如果发生小腿抽筋，要保持镇静，采取仰泳位，用手将抽筋腿的脚趾向背侧弯曲，可使痉挛缓解，然后慢慢游向岸边。

救护溺水者时，施救者应迅速游到溺水者附近，观察清楚位置，从其后方出手救援；也可投入木板、救生圈、长杆等，让落水者攀扶上岸。

3. 出水后的救护

出水后的救护措施主要有：清理溺水者口鼻内污泥、痰涕，有假牙者要取下假牙，然后进行控水处理。救护人员单腿屈膝，将溺水者俯卧于救护者的大腿上，借体位使溺水者体内水由气管口腔中排出。

如果溺水者呼吸、心跳已停止，应立即进行口对口人工呼吸，同时进行胸外心脏按压。

（三）中暑

1. 症状

中暑的症状主要有：①热射病。在闷热的教室、房间、公共场所易发生热射病，中暑者初感头痛、头晕、口渴，然后体温迅速升高、面红，甚至昏迷。②日射病。在烈日下活动或停留时间过长，日光直接暴晒易发生日射病，其症状同热射病相似，但体温不一定升高，头部温度有时增高到39℃以上。③热痉挛。在高温环境下，由于身体大量出汗，流失大量氯化钠，导致血钠过低，引起腿部甚至四肢及全身肌肉痉挛。

2. 处理

处理中暑病人，要迅速将病人移到阴凉通风的地方，解开其衣扣，让其平卧休息。用冷毛巾敷头部，或用30%浓度的酒精擦身降温，喝一些淡盐水或清凉饮料。清醒者也可服绿豆汤等。对于昏迷者可针刺人中、十宣穴并立即送往医院。

三、心肺复苏

心肺复苏是指针对呼吸、心跳停止所采用的抢救措施。即以人工呼吸替代自主呼吸，以心脏按压形成暂时人工循环并诱发心脏的自主搏动。

（一）判断心搏骤停

心搏骤停一旦发生，抢救越早，复苏成功率越高。判断心搏骤停，首先应轻摇或轻轻拍打病人，同时呼叫其名字或大声呼喊，若无反应则可判断为意识丧失。然后马上以手指触摸其双颈动脉，若意识丧失同时伴颈动脉搏动消失，即可判定为心搏骤停。应立即开始现场抢救，并紧急呼救以取得他人帮助。

（二）安置复苏体位

复苏体位是仰卧位，应在呼救的同时小心放置病人，使其仰卧在坚硬的平地上。安置时，应一手托住病人颈部，另一手扶其肩部，使病人沿躯体纵轴整体翻转到仰卧位。

（三）开放气道

在心搏骤停后，病人全身肌肉松弛，可发生舌根后坠，使气道受阻。为保持呼吸道通畅，可采用仰头抬颌法，也可采用仰头举颈法或双手托颌法开放病人气道。

（四）判断自主呼吸

判断病人有无自主呼吸，可通过"一看二听三感觉"的方法。即看病人胸部有无起伏，用耳及面部贴近病人口鼻，分别听和感觉有无气体呼出，如没有，应立即进行口对口人工呼吸。

（五）重建呼吸

帮助病人重建呼吸最有效的方法是人工呼吸。进行人工呼吸时，应保持病人抬头仰颌，抢救者以右手拇指和食指捏紧病人鼻孔。深吸一口气后，用自己的双唇将病人的口完全包绕，然后用力吹气1～1.5秒，使其胸廓扩张。吹气完毕，抢救者松开捏鼻孔的手，让病人的胸廓及肺依靠其弹性自主回缩呼气。

（六）进行心外按压能使病人重建循环

进行心外按压时，施救者可采用踏脚凳或跪式等不同体位，用靠近病人左侧手的食指和中指置于胸骨下切肌上方，用另一手的掌根部紧靠前一手食指，放于胸骨下1/3，掌根部长轴与胸骨长轴重合，然后将前一手置于另一手背上，两手手指交叉抬起，使其不接触胸壁。按压时双肘伸直，垂直向下用力按压，下压深度4～5厘米，按压频率100次/分，按压时间与放松时间各占50％，放松时掌根不能离开胸壁，以免按压点移位（图8-18）。

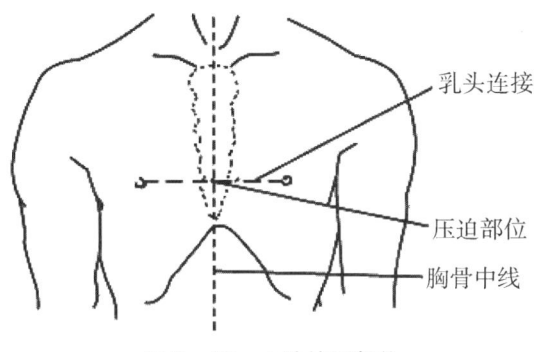

图8-18 心外按压部位

（七）心外按压（双人）

两人同时进行人工呼吸及心外按压时，一人先做口对口人工呼吸2次，另一人做胸外心脏按压30次，以后人工呼吸数与胸外按压数按2∶30的比例反复进行。

四、战场自救互救

战场救护技术主要包括止血、包扎、固定、搬运四项。

(一) 止血

血液是生命的源泉,它通过心脏的不断收缩,循环于身体各个部位。当失血量达到20%～30%时,就会危及伤员生命。

1. 出血种类

判定出血种类是正确实施止血的首要工作,主要根据出血的特征加以判断。如果是动脉出血,则颜色鲜红,呈喷射状,有搏动,出血速度快且量多;如果是静脉出血,则颜色暗红,呈涌出状或徐徐外流,出血速度不如动脉出血快;如果是毛细血管出血,则血色鲜红,从伤口向外渗出,出血点不容易判明。

2. 止血方法

(1) 加压包扎止血法。静脉、毛细血管或小动脉出血时,先将敷料盖在伤口上,然后用三角巾或绷带用力包扎。

(2) 指压止血法。较大的动脉出血,要临时用手指或手掌压迫伤口近心端的动脉,将动脉压向深部的骨头上,阻断血液的流通,可达到临时止血的目的。

头顶部出血:一侧头顶部出血,可用食指或拇指压迫同侧耳前方(颞浅动脉)搏动点。

颜面部出血:一侧颜面部出血,可用食指或拇指压迫同侧下颌骨下缘、下颌角前方约3厘米的凹陷处,可摸到明显的搏动(面动脉),压迫此点可以止血。

头面部出血:一侧头面部大出血,可用拇指或其他四指压迫同侧气管外侧与胸锁乳突肌前缘中点之间,此处可摸到一个强烈的搏动(颈总动脉),将血管压向颈椎止血。

肩腋部出血:可用拇指压迫同侧锁骨上窝中部的搏动点(锁骨下动脉),将动脉压向深处的肋骨上止血。

前臂出血:可用拇指或其他四指压迫上臂内侧肱二头肌与肱骨之间的搏动点,将肱动脉压向肱骨上即可止血。

手部出血:互救时可用两手拇指分别压迫手腕横纹稍上处内外侧搏动点(尺动脉、桡动脉)止血。自救时用健康手拇指、食指分别压迫上述两点。

大腿以下出血：大腿及其以下动脉出血，自救时可用双手拇指重叠用力压迫大腿上端腹股沟中点稍下方的强大的搏动点（股动脉）止血。互救时，可用手指或手掌用力将股动脉压在股骨上。

足部出血：可用两手食指或拇指分别压迫足背中部近脚腕处的胫前动脉和足跟内侧与内踝之间的胫后动脉止血。

（3）止血带止血法。止血带是一种制止肢体出血的急救用品。常用的止血带是约1米长的橡皮管。一般在四肢大动脉出血用其他方法止血无效时，采用止血带。使用要诀是：橡皮带左手拿，右手拉紧环体扎，前头交左手，中食二指夹，顺着肢体向下拉，前头环中插，保证不松垮。

（4）卡式止血带止血法。卡式止血带是一种新型、便于携带、松紧可调的塑料卡锁止血带，目前已全面装配部队。通常适用于四肢静脉、毛细血管和小动脉出血。其操作方法是：在出血处加上敷料垫，打开活动锁紧开关，用一手拿住活动锁紧开关压住敷料，另一手从肢体下方拉过涤纶松紧带头端，绕肢体一圈，将插入式自动锁卡插进活动锁紧开关内，用一手按住活动锁紧开关，另一手用力拉紧涤纶松紧带，直到不出血为止。放松时，用手向后扳放松板；解开时，用手指向下按压开关即可。

（二）包扎

包扎通常要使用配发的急救包，使用时把急救包开口沿箭头方向撕开，将敷料盖在伤口上，然后进行包扎。不同部位有不同的包扎方法。

1. 头面部伤的包扎

（1）帽式包扎法。适用于颅顶部的损伤。其方法是将三角巾底边的中点放在伤员眉间上部，顶角经头顶垂向枕后，再将底边经左右耳上向后拉紧，在枕部交叉，并压住垂下的顶角，再将顶角随一底边角拉紧在前额部打结固定。

（2）风帽式包扎法。适用于颅顶部、面部、下颌和伤肢残端的包扎。将三角巾顶角和底边中央各打一结，形似风帽。然后将顶角结放于前额正中，底边结置于枕外隆突下方，两手垂直向下拉紧两底角，分别在下颌处反折交叉后绕至枕后结上打结固定。

（3）下颌包扎法。适用于下颌部伤口和下颌骨折固定包扎。将三角巾折叠成约四横指宽条带状，取1/3处抵住下颌，长端经耳前绕过头顶至对侧耳前上方，与另一端交叉，然后分别绕过前额及枕后，于对侧相遇打结固定。

(4) 面部包扎法。将三角巾顶角打一结兜住下颌，盖住面部，然后拉紧两底角，在头后交叉，绕至额前打结。包好后，在眼、口、鼻的地方剪洞，露出眼、口、鼻。

2. 四肢伤的包扎

(1) 三角巾包扎上肢。将三角巾一底角打结后套在伤侧手上，结的余头留长些备用；另一底角沿手臂后侧拉至对侧肩上，顶角包裹伤肢，前臂曲至胸部，拉紧两底角打结。

(2) 三角巾包扎手（脚）。将手放在三角巾中央，手指朝向顶角；拉顶角盖住手背，两底角左右交叉压住顶角绕手腕打结。包扎脚部与此法相同。

(3) 三角巾包扎小腿和脚。将三角巾铺平，顶角在前，将伤脚放于三角巾中央适当位置，反折顶角于足背，再将两底角提起包裹顶角，绕踝关节部的肢体后固定打结。

(4) 三角巾包扎肘、膝。将三角巾折成适当宽度的带形，将该带的中部斜放于伤部，取带两端分别压住上下两边，包绕肢体一周后在伤口背侧打结。

3. 胸（背）部伤的包扎

将三角巾的顶角放在伤侧胸部肩上，把左右两底角拉到背后打结，然后和顶角打结。本方法也适用于背部包扎。

4. 腹部伤的包扎

腹部损伤或伴脏器脱出，通常采取腹部兜式包扎法。三角巾顶角朝下，底边横放于腹部，两底角向后拉紧于腰背部打结，然后把顶角经会阴拉至臀部上方，与腰部余结头打结。腹部脏器脱出时，可用武装带围成圈后放在敷料上进行保护性包扎。

（三）固定

固定是使受伤的肢体制动，让受伤肢体得到休息，避免增加损伤，也可减少伤员痛苦，便于后送。凡骨或关节损伤都要进行固定。

1. 判断骨折的方法

判断骨折的方法有：用手指轻轻按摸受伤部位时疼痛加剧，有时可以摸到骨折断端；受伤部位变形；受伤部位明显肿胀或受伤部位不能活动；骨折断端有时可用手扪到"嘎吱""嘎吱"的骨摩擦感。

2. 骨折临时固定的方法

目前我军对骨折临时固定所采用的制式材料为卷式夹板，在紧急情况下，也可使用三角巾、枪支、树枝等就便器材代替。

(1) 锁骨骨折三角巾临时固定法。在伤员的腋窝处加好棉垫，用两条三角巾分别折成五横指宽的条带，环绕腋窝一周，在腋后打结，然后把左右打结的三角巾拉紧，在背后打结，使左、右肩关节后伸外展。也可用一条三角巾折成条带或用夹板进行临时固定。

（2）上臂肱骨骨折躯干三角巾临时固定法。将三角巾折叠成与上臂长度相等的宽带，将肱骨固定在躯干上，然后屈肘 90°，再用三角巾将前臂悬吊于胸前。也可用夹板或简便器材进行临时固定。

（3）前臂尺桡骨骨折临时固定法。用卷式夹板的头端从手背腕部推向肘关节，再将卷式夹板回返推向手心处，然后用两条三角巾条带分别在骨折两端绕肢体两圈固定，再用一条三角巾将骨折肢体悬吊于胸前。此处骨折也可用其他方法进行临时固定。

（4）小腿胫腓骨骨折临时固定法。用四条三角巾条带，分别在骨折的上端、下端将伤肢绕两圈临时固定在健肢上，然后用一条带状固定带在踝关节处成"8"字形固定，再用一条三角巾折成五指宽将两膝关节固定。此处骨折也可用其他方法进行临时固定。

（5）大腿股骨骨折临时固定法。用卷式夹板两块，一块放于大腿内侧，一块放于大腿外侧，一块长度不够时可接上一块，在骨突出处加垫，用条带固定骨折上端和下端，然后用条带固定膝关节，再用条带成"8"字形固定踝关节，最后在大腿根部将夹板固定。

（四）搬运

在对伤员进行止血、包扎、固定后，应安全迅速地将伤员搬运到较隐蔽的地点，及时送救护所救治。根据时机和伤员伤情采取不同的搬运方法。

1. 侧身匍匐搬运法

救护者侧身在伤员背侧，将伤员腰部垫在大腿上，伤员两手放于胸前，救护者右手穿过伤员腋下抱肩，使伤员上体脱离地面并贴紧救助者，左前臂撑于地面，两眼目视前方，按照侧身匍匐的方法要领蹬足向前移动。

2. 单人肩、背、抱法

当伤员伤势较轻且周围无敌人火力威胁时，可采用单人肩、单人背或单人抱法进行搬运。

3. 双人徒手搬运法

此方法适用于头、胸、腹部受伤的重伤员的搬运。

4. 担架搬运法

担架搬运法最适用，只要战况和条件许可，应尽量采用此法。首先迅速展开担架，放于伤员伤侧，将其装备解除，坚硬物品要从口袋中取出。

一人托住伤员头部和肩背部,另一人托住伤员腰臀部和下肢,协力将伤员平稳地轻放在担架上,根据伤情取合适体位,系好担架扣带以固定伤员,两人合力抬起担架前进。

第三节 核生化防护

核生化的防护是指针对敌人核、生物、化学武器袭击而采取的防护措施,目的是最大限度地减少损伤、保全自己。

一、防护基本知识和技能

(一)防护基本知识

1. 常规武器及其杀伤破坏途径

常规武器是以化学能及其转化的动能毁伤目标,附带损伤面相对较小的武器,是除核、生物、化学武器等大规模杀伤破坏性武器之外的其他武器,如各种轻武器、火炮、炸弹、火箭弹、导弹等。

2. 核武器及其杀伤破坏途径

核武器是利用原子核裂变或聚变反应,瞬时释放巨大能量,造成大规模杀伤破坏效应的武器,包括原子弹、氢弹和特殊性能核弹等。其杀伤破坏途径有五种。

(1)冲击波。核爆炸产生的高速高压气浪,能直接或间接造成人员脑震荡、骨折、内脏破裂和皮肤损伤。

(2)早期核辐射。主要造成人员的放射性损伤。

(3)光辐射。主要造成眼睛、皮肤、呼吸道烧伤,还可引燃各种物体,形成大范围火灾。

(4)核电磁脉冲。能使电子元器件和电子设备失灵、失效以至损坏,使自动化指挥控制系统发生混乱,产生不可估量的后果。

(5)放射性污染。能在较长时间内对人员形成累积性伤害,影响军队作战能力和行动。

3. 化学武器及其杀伤破坏途径

战争中用来毒害人、畜的化学物质,叫军用毒剂。装有毒剂的各种炮弹、炸弹、火箭弹、导弹、毒烟罐、手榴弹等统称为化学武器。化学武主要是以毒剂的毒害作用杀伤有生力量。化学毒剂主要包括神经性毒剂、糜烂性毒剂、失能性毒剂、窒息性毒剂和刺激性毒剂。化学毒剂释放后，可形成气态、气溶胶态、液滴态、微粉态，人员接触或吸入后会立即发生中毒，如果不及时防护和抢救，就会失去战斗力或在一定时间内死亡。

（二）防护的基本技能

1. 对常规武器的防护

（1）在开阔地上的防护。在开阔地上活动时，如突遭敌轻火力射击，应迅速卧倒，全身伏地，头部要低，以减少敌火力杀伤面，视情况也可开枪向敌射击。如遭敌炮兵和空中火力袭击，卧倒后，胸部不要紧贴地面，防止被炮弹、炸弹的爆炸震浪损伤。也可将双手交叉放在胸部或头部下进行保护。

（2）利用地形防护。士兵在利用地形时，要根据遮蔽物的高低、大小、形状、敌火力的威胁程度等情况，采取适当的姿势利用遮蔽物和死角进行防护。

（3）利用建筑物防护。利用墙根、房角、床、桌等物体，采取蹲、跪或卧倒姿势进行防护。

2. 对核武器的防护

对核武器的防护主要包括对核爆炸瞬时效应的防护和对放射性污染的防护。

（1）对核爆炸瞬时效应的防护。核爆炸瞬时效应防护是指对核爆炸产生的冲击波、光辐射、早期核辐射等瞬时杀伤效应采取的防护措施，是核防护的重要内容。

开阔地上的防护：收到核袭击警报信号或发现核闪光时，应立即背向爆心卧倒。卧倒时，两手交叉压于胸下，两肘前伸，头自然下压夹于两臂之间，闭眼闭嘴（有条件时堵耳），憋气（当感到热空气时），两腿伸直并拢。

利用地形防护：当发现核爆炸闪光时，应就近利用地形背向爆心的一面迅速卧倒（动作要领同开阔地）。如利用较大的土丘、坟包、土坎时，可对向爆心卧倒，重点防护头部。

（2）对放射性污染的防护。处于爆心下风方向的人员在放射性烟云到达以前，要做好防护准备。当发现放射性灰尘落下时，迅速穿戴防护器材；若无制式器材，应利用就便器材进行防护，如戴口罩、披雨衣（斗篷）、扣紧袖口、领口和裤腿、脖子上围毛巾等进行全身防护，将身体遮盖起来。

当沉降完毕，如风速不大、无大量灰尘扬起，可脱掉雨衣或斗篷，但不要摘口罩。

通过沾染区的防护：通过沾染区时，应尽量避开辐射水平高的地区，能绕则绕，不能绕过时，人员之间应保持适当距离，加快行进速度，减少灰尘扬起。如有条件乘车通过，应尽量乘车，以缩短停留时间。

在沾染区内的防护：尽量利用有防护设施的工事进行防护，同时减少在工事外活动，以减轻外照射和沾染。暴露人员应穿戴防护器材，扎紧"三口"（领口、袖口、裤口），穿（披）雨衣或斗篷、戴手套等。在沾染区内，尽量不喝水、不吸烟、不进食、不接触受染物体。

3. 对生物武器的防护

对生物武器的防护，主要包括对生物战剂气溶胶的防护和对敌投带菌昆虫的防护。

（1）对生物战剂气溶胶的防护。生物战剂气溶胶只有通过呼吸道、消化道、黏膜和皮肤，特别是受伤的皮肤进入人体后，才能发挥其杀伤作用。防护的基本目的就是防止生物战剂气溶胶从这些部位进入人体。能对毒剂气溶胶和放射性气溶胶进行有效防护的措施，均适用于防护生物战剂气溶胶。用各种军用防毒面具、民用防毒面具、防疫口罩、防尘口罩，甚至用布片、手帕等捂住口鼻，也有一定的防护效果。

（2）对敌投带菌昆虫的防护。主要是保护暴露皮肤，防止昆虫叮咬。其主要方法有三种：①利用工事、房屋、帐篷防护。门窗或出入口应安装纱窗、纱门，挂上用防虫药物浸泡过的门帘或关闭孔口、密闭门。②利用器材防护。可利用防蚊服、防蚊帽等进行防护。为防止敌投带菌昆虫钻入衣服，可将袖口、裤脚扎紧，上衣塞入裤腰（或扎腰带），颈部围毛巾。对蜱（蜘蛛一类小动物）的防护，应经常检查，将爬在衣服上的蜱及时除去。③涂驱避剂。为保护人员不受昆虫的叮咬，可使用驱避剂加以防护。

4. 对化学武器的防护

遭化学袭击时的防护：要迅速戴好防毒面具，穿好防护服。

利用工事防护：根据指挥员的命令有组织地进入工事，不得随意进出。进入时应防止将毒剂带入，进入后关闭密闭门或放下防毒门帘，要减少各种活动。人员在没有密闭设施的工事内，要戴面具防护。

在染毒地域停留时的防护：在染毒地域停留时，必须按照规定穿戴防护器材，尽量避免与染毒物体接触。

二、防护装备的使用

(一) FMJ03 型防毒面具的使用

FMJ03 型防毒面具是没有导气管的头戴式通话面具,由过滤元件、面罩、面具袋组成。

戴脱面具的要领:当听(看)到"化学警报"信号或"戴面具"的口令时,立即屏住呼吸,闭嘴闭眼,迅速将面具袋移至身体右前方,打开袋盖,右手握住面具袋底,左手迅速取出面具,两手分别握住面具两侧的中、下头带,拇指在内撑开面罩;身体微向前倾,下颌微伸出,将面罩套住下颌,用拇指和食指夹住军帽帽檐,两手稍用力向上后方拉头带,迅速戴上面具;两手对称地调整头带,使面具与脸部密合;然后深呼一口气,睁开眼睛,戴好军帽。

脱面具:当听(看)到"解除化学警报"信号或"脱面具"的口令后,左手脱下军帽,右手握住面具下部,向下向前脱下面具,戴上军帽,然后将过滤器朝外装入面具袋内。

(二) 防毒靴套的使用

将靴带对折,折头穿入前带孔,将两带尾穿入折头环并拉紧。分开靴带分别从下而上穿进侧带孔,然后从下而上穿进后带孔;使两带在脚后交叉,绕至脚腕部扣一个结,向后上打一叉,再向前上打一叉,最后将带勒紧在膝盖下系为活结。

脱防毒靴套的要领:背风而立,解开靴带,交替用一只脚的脚尖踏住另一脚的靴套后跟带,将靴套脱下。

(三) B 型防毒斗篷的使用

使用 B 型防毒斗篷时,应首先戴好面具,而后按下述要领穿戴:迎风而立,取出斗篷,手持帽罩部分使斗篷自然下垂,身体微向前倾,用双手撑开斗篷,穿在身上,转向背风而立,扣好上身五对扣,背好面具袋;叉开双腿,将后下摆正中提起,先左后右连接裤腿,分别把对应的四个扣按好,系好袖口,呈非防毒衣状态。

脱防毒斗篷的要领:迎风而立,解开帽带、扣子、袖紧带与下摆带,脱下斗篷甩到身后并使染毒面着地。

思考题

1. 人体要害部位有哪几个?
2. 格斗基本功中有哪几种手型?
3. 救护技术主要包括哪几项?
4. 在开阔地时对常规武器应如何进行防护?

第九章 战备基础与应用训练

第一节 战备规定

战备是武装力量为及时应对可能发生的战争或突发事件而在平时进行准备和戒备的活动。大学生作为国家重要的国防后备力量，了解必要的战备常识，有助于战时或遇有重大突发情况时，能以最快速度投入战斗，圆满完成战斗任务。部队战备规定的内容，主要有日常战备、等级战备等。

一、日常战备

日常战备主要包括战备教育、军情研究、战备值班、节日战备、兵员管理、武器装备管理、战备物资管理、国防工程维护管理、请示报告和战备演练等。

（一）战备教育

部队通常结合形势和任务对所属人员进行经常性战备教育。战备教育由政治机关组织，通常每季度进行一次。节日、特殊时期和部队执行任务前一般也要进行针对性战备教育。战备教育通常包括以下三项内容。

（1）进行马克思列宁主义和毛泽东思想战争观以及新时代军队历史使命教育。目的是使全体人员牢固树立时刻准备打仗、时刻准备执行非战争军事行动任务的思想。

（2）进行形势、任务教育，反渗透、反心战、反策反、反窃密教育，以及战备工作法规制度教育。目的是克服麻痹思想，增强战备意识，保持常备不懈。

（3）进行爱国主义、革命英雄主义教育。强化战斗精神，培养英勇顽强的战斗意志和战斗作风，坚定敢打必胜的信心。

（二）军情研究

军情研究是平时重要的基础性战备工作，主要结合作战任务，定期对主要作战对象的编制、装备、作战思想、作战原则、基本战法、部署变动、保障发展等情况进行研究。

（三）战备值班

战备值班分为平时战备值班、节日战备值班和等级战备值班。担负平时战备值班任务的分队通常每年调换一次。

（四）节日战备

节日战备是指在元旦、春节、"五一"国际劳动节、"八一"建军节和"十一"国庆节等国家和军队法定节假日期间，为保证国家安全和人民欢度节日而组织的一种短期战备值班行动。节日战备前，通常组织战备教育和战备检查，制订战备计划，调整加强值班兵力，完善应急行动方案，及时上报战备安排。节日战备期间，要按规定保持人员在位率和装备完好率，加强战备值班、执勤、巡逻警戒和对重要目标的防护。

（五）兵员管理

兵员管理是指按编制编配、使用、管理兵员。兵员调动必须经部队首长批准，由相关部门承办。

（六）武器装备管理

武器装备管理要严格执行《中国人民解放军武器装备管理条例》，以科学化、制度化、经常化管理为重点。

（七）战备物资管理

分队战备物资应按规定配备储备，按"三分四定"的要求存放管理。

"三分"，即将个人物资分为携行、运行、后留三类，分别放置。携行，即紧急情况时自己随身带的必备物资；运行，即需要上级单位帮助运走的物资；后留，即不需要带走的个人物资，留在营房，由上级统一保管。"四定"指战备物资在存放、保管和运输中做到定人、定物、定车、定位。

（八）国防工程维护管理

国防工程维护管理是平时重要的战备工作。有国防工程维护管理任务的分队，要经常对工程组织检查维护，无关人员不得进入工事，不准利用工事从事种植、养殖或为地方储存物资，不准参观、拍照，发现工事及其内部设施遭到人为破坏，要及时与有关部门联系，并协助上级依据军事设施保护法处理。

（九）请示报告

请示报告是为上级首长机关及时了解部队动态而建立的重要制度。包括值班情况报告、分队行动报告、实力报告、战备工作情况报告等。

（十）战备演练

战备演练是根据战备方案和战备规定的有关内容，结合担负任务，从实战需要出发组织进行的战备训练。其目的是检查战备工作的落实情况和部队的作战能力。

二、等级战备

等级战备是指部队为准备执行作战任务或在情况需要时，根据上级命令进入的高度戒备状态。等级战备按照戒备程度由低级到高级分为三级战备、二级战备、一级战备。

（一）战备等级的划分与转换

1. 三级战备：部队现有人员、装备、物资等完成行动准备状态

（1）时机。当国内外发生重大事件，国家安全和社会稳定可能受到威胁时，通常会指定有关部队进入三级战备。此时部队进入部分作战准备状态，进行战备动员和物资器材的准备。

（2）部（分）队。停止所属人员探亲、休假、疗养、退役，召回在外人员；检修装备和器材；组织战备教育和训练；加强战备值班；展开阵地准备和有关保障等。

（3）个人。按照上级的命令和指示，做好思想准备，检查并保养好携带的武器装备、装具、物资；明确自身的分工并保持高度戒备，随时准备遂行任务；启封车辆，检修武器装备和器材，补充战备物资；熟悉本级行动方案，积极参加战备演练；根据上级安排，参加值班、执勤等工作；及时请示报告。

2. 二级战备：部队按照编制达到齐装、满员，并完成行动准备的戒备状态

（1）时机。当国家安全和社会稳定受到现实威胁时，通常会指定有关部队进入二级战备状态。此时部队进入全面准备状态，进行深入的战备动员，完成一切战斗行动准备。

（2）部（分）队。收拢部队，补充人员、装备；发放战略物资，落实后勤、装备等各项保障；进行战备动员和临战训练；加强战备值班；完善行动方案；做好进入预定疏散地域或者战时位置的准备。

（3）个人。按照上级的命令、指示，保持思想稳定；完成人员补充的准备；请领战备物资和指挥器材；向所属人员明确任务和职责；根据上级命令，占领阵地或执行其他任务；参加临战训练。

3. 一级战备：部队完成一切临战战备的最高戒备状态

（1）时机。当国家安全和社会稳定受到严重现实威胁，针对我国的战争征候十分明确时，指定有关部队进入一级战备状态。此时部队呈待发状态，人员、车辆、物资器材全部准备就绪，武器不离身，一声令下，就可立即出动。

（2）部（分）队。按照上级的命令、指示，保持思想稳定；配合上级接受补充（配属）人员；清点、移交留守物资；根据上级的命令，完成疏散隐蔽和伪装；完成临战准备，处于待命状态。

（3）个人。严格遵守保密规定，不泄露部队行动的秘密；外出探亲人员接到上级的通知后要迅速归队；服从命令，听从指挥，按上级的命令完成各项工作；提高警惕，坚持在岗在位，保持良好的战备状态；进一步落实战备计划，随时做好出动准备。

关于战备等级的转换，通常情况下，部队应按命令由平时状态向三级、二级、一级战备状态依次转进。有时也可根据命令由三级向一级越级转进。

（二）进入等级战备的注意事项

（1）严格遵守保密规定，不泄露部队行动的秘密。
（2）外出、探亲人员接到上级的通知后迅速归队。
（3）服从命令，听从指挥，按命令完成各项工作。
（4）提高警惕，坚持在岗在位，保持良好的战备状态。

第二节　紧急集合

一、紧急集合的含义

紧急集合，即紧急情况下迅速进行的集合，是应对突发情况的一种紧急行动。在平时进行紧急集合训练，是锻炼和提高部队紧急行动能力、检查战斗准备状况的有效手段。

部队应当根据上级的紧急战备号令，或者在下列情况下实施紧急集合：发现和遭到敌人的突然袭击，受到火灾、水灾、地震、台风等自然灾害的威胁和袭击，上级赋予紧急任务或者发生重大意外情况。

接到紧急集合的信号或命令后，指挥员应按有关规定迅速指挥部队完成紧急集合行动。

（一）思想准备

平时要结合上级的战备教育和本单位实际情况，对全体官兵进行战备教育和思想发动，激发所属人员捍卫祖国领土完整和保卫人民生命财产安全的神圣感和使命感，树立随时准备打仗和执行急、难、险、重任务的思想，克服和平麻痹思想，增强战备意识。

（二）物资准备

应根据上级的作战任务和要求，平时做好物资准备，经常检查本单位人员战备物资的数量、质量、储备、保管等情况，并按照"三分四定"的要求做好战备物资的准备。

（三）制订紧急集合预案

分队的紧急集合预案的主要内容包括：
（1）紧急集合的警报信号和通知方法。
（2）武器装备、装具和战备物资的位置。
（3）进行合理分工，对携带的武器装备、装具、物资，将责任落实到人。
（4）紧急集合场的位置、进出道路及区分等情况。

二、紧急集合的组织实施

一旦接到紧急集合的信号或命令，应立即按照规定着装，携带齐全武器装备和器材，迅速到规定地点集合。紧急集合分为全副武装紧急集合和轻装紧急集合。具体程序分为四步：着装、整理携行生活器材、装具携带和集合。

（一）着装

通常着作训服。昼间：一般按当时的训练着装进行。如果上级重新规定着装，应立即换装。夜间：按照帽子、上衣、裤子、袜子、鞋子的顺序进行穿戴。

（二）整理携行生活器材

打背包：背包宽30～35厘米，竖捆两道，横压三道。米袋捆于背包上端或两侧；雨衣、大衣通常捆于背包上端，大衣袖子捆于背包两侧；鞋子横插在背包背面中央或竖插两侧；背包内侧放战备小包，外侧放褥单、蚊帐。

挎包内物品：急救盒（包）、毛巾、牙膏、牙刷、野战餐具、军用食品、笔记本、笔。

（三）装具携带

背挎包，右肩左胁；背水壶，右肩左胁；背防毒面具，左肩右胁；扎腰带；披弹袋；背背囊（包）；取枪。

（四）集合

披装完毕后，迅速跑步到集合地点，向指挥员报告。紧急集合时要做到迅速、肃静、完整、安全、便于行动。接到紧急集合的号令后，指挥员应在上级首长的指挥下，主要完成以下工作：

（1）接受并立即传达上级命令、指示。

（2）对所属人员进行简短的思想动员，提高其思想觉悟，消除其紧张、恐慌心理。

（3）明确有关注意事项。

（4）组织并督促所属人员做好个人携行物资准备和携带武器装备；检查携行物资的数量、质量和武器装备的状况，组织验枪、验弹。

（5）按照分工组织所属人员对携行的物资和装具进行装车、定位，所有物资、装具都要定人、定位，实行分工负责。

（6）督促所属人员迅速集合，检查清点人数、武器装备和携（运）行物资，并向上级首长报告情况。

（7）指挥所属人员准时到达指定位置，按规定完成战斗或机动准备。

第三节 行军拉练

一、徒步行军

（一）基本知识

行军是部队沿指定的路线有组织地移动。行军方式有徒步行军、摩托化行军和履带行军三种，行军方向有向敌行军和背敌行军两种，行军强度分为常行军和急行军两种。

徒步行军是以步行方式实施的，通常在行军距离较近、输送工具不足或没有输送工具的情况下，以及地形不便于实施摩托化行军时采用。常行军时，乡村路时速为4~5千米，山地时速为3~4千米；急行军时，乡村路时速可达8~10千米。日行程通常为30~40千米。

大休息通常在走完当日行程一半以上时进行，休息时间通常为2~3小时。休息地点应尽量离开道路，选择具有良好的隐蔽条件和水源的地点。休息时，士兵可以就餐、补充饮水、治疗脚伤，但武器、装备始终不能离身。

（二）行军的组织与准备

军训期间组织学生行军时，应在基本完成训练任务的基础上安排，通常在昼间组织实施。第一次组织行军，速度不宜过快，一般按常行军速度进行。要充分做好行军的各项组织准备工作，特别要根据学生身体实际、所在地区地形特点、气候等情况，正确选择行军路线，周密制订行军计划，合理组织行军保障，广泛开展思想动员。

1. 选择行军路线

选择行军路线时，应尽量选择人流量小和车辆少的路线，尽量避开危险区域和地段。同时，应考虑选择便于安排大、小休息点，便于组织各种保障，便于设置各种情况的路线。

2. 制订行军计划

行军路线确定后，应组织有关人员现场勘察。了解沿途地形、道路、车辆通行能力等有关情况，合理制订行军计划。计划的主要内容有：行军队形的编成与行进序列；行军路线、行程，通过出发点、调整点的时间，大休息点、到达时间和地点；可能出现的情况及处置方案；集合时间、地点、完成行军准备时限；指挥员位置及联络信号。

3. 组织行军保障

学校应根据任务、地形、气候等情况，周密地组织行军保障。

（1）组织通信联络。行军中，必须保障通信畅通，使指挥员随时了解行军中的所有情况，以保证正确的组织和指挥，可采用对讲机或其他移动通信器材。

（2）做好物资器材准备。主要包括饮水、油料等给养和药品等的准备。准备的数量应根据人数、行程、道路和天气等情况而定。

（3）组织技术保障。行军前，应检查车辆的技术状况，备足配件和随车工具，做好随坏随修准备。

4. 开展思想动员

开展思想动员，使大学生明确行军的目的和意义；培养吃苦耐劳的精神，增强克服困难的勇气和信心；加强集体主义、革命英雄主义精神；增强互相帮助、互相关心、互相爱护、助人为乐的风气；提高遵守纪律的自觉性。应制定行军纪律和注意事项并告知学生，使学生有充分的思想准备；要明确统一的着装、个人应携带的物品、各专业需要准备的物品、行军指挥组应准备的器材、后勤保障组需要保障的事项、医疗保障组应准备的各种药品；明确遇到各种突发情况时的报告和处置方法；明确各种信号、记号的规定；等等。行军动员应按全校、学院、专业、班级的顺序进行。

（三）徒步行军的管理与指挥

1. 行军

行军时，通常成一路或二路纵队行进，人员前后距离一般为80～100厘米。行军途中，应检查、督促所属人员保持行军队形，跟上行军队列，以免掉队；提醒大家注意调整呼吸和体力，保持匀速前进；随时观察道路及周围情况，确保行军安全。行军中，发现脚底起泡、身体不适或体力不支的人员，应及时向上级报告，视情况服用药物、挑破水泡，并安排其他人员帮助其继续前进。长途行军时，途中应组织休息、野炊和露营。

2. 途中信息传递

途中信息传递通常以传递口令的方式实施。传递口令要准确、迅速、声音小，听清后再往下传，不准更改或附加字句。由前向后传递口令时，接到口令的人员，转身稍停将口令传出，或向左（右）跨出一步，待后面的人员靠近时，边走边将口令传出，然后大步跟上。后面人员听清后，再依次向后传递，直至受令者为止。由后向前传递时，接到口令的人员加快行进速度，当接近前面的人员侧后时，拍肩为号，边走边将口令传出，而后按正常速度行进。前面的人员听清后，再依次向前传递，直至受令者为止。

3. 休息

休息分为小休息和大休息。徒步行军的首次小休息，通常在行军30分钟后进行，时间为15～20分钟。然后每行军50分钟休息一次，每次10分钟。大休息通常在日行程过半时实施，时间约2小时。小休息应采取集中组织的方式，通常在路的右侧，人员应在规定区域内活动，不准无故穿越道路。休息时，应检查所属人员的着装和携带的武器、装具，及时做好调整；检查所属人员的身体状况，及时向上级报告，并做妥善处置。冬季还应提醒所属人员不要随地坐、卧，以免着凉或冻伤。大休息时，应根据上级命令组织所属人员进行野炊和休息，野炊要结合个人特点进行合理分工，统筹安排，既要保证吃得饱、吃得好，又要遵守时间，保证所属人员休息好，以便恢复体力，继续行军。

二、露营

露营，即部队在房舍外的宿营。在野外露营时，既要消除紧张心理，安然入眠，以保存和恢复体力、精力，又不能麻痹大意，掉以轻心，最重要的是入睡前做好安全防范工作。

（一）露营地的选择

1. 基本要求

（1）近水。营地要选择离水源近的适当地方，这样既能保证做饭饮用用水，又能提供洗漱用水。但不能紧靠水边，因为在深山密林中靠近水源露营有可能会遇到野生动物，应格外小心注意。

（2）背风。最好是在小山丘的背风处，林间或林边空地、山洞、山脊的侧面和岩石下面。

（3）避险。一般夏季应避开洪水道、独立树，不要在泥石流多发地建营；雷雨天不要在山顶或空旷地上安营，以免遭到雷击；山地避开滚石、滚木和易崩塌处；丛林区避开低洼地、有毒植物和有野兽出没的区域。

（4）防兽。建营地时要仔细观察营地周围是否有野兽的足迹、粪便和巢穴。营地不宜搭建在草丛和灌木丛或多蛇多鼠地带，以防它们伤人或损坏装备设施。要有驱蚊、虫、蝎药品和防护措施。在营地周围遍撒草木灰，能有效地防止蛇、蝎、毒虫的侵扰。

（5）日照长。营地要尽可能选在日照时间较长的地方，这样会使营地比较温暖、干燥、清洁，同时便于晾晒衣服、物品和装备。

（6）平整。营地地面要平整，不要存有树根草根和尖石碎物，不要有凹凸或斜坡，以免损坏装备或刺伤人员，影响人员的休息质量。

2. 不同条件下露营地的选择

山地露宿通常选择在避风、防汛、无山崩、无塌方的山坡上或谷地的高坡上，尽量靠近水源并注意保持环境卫生和防止水源污染。夏季要注意防洪和山体滑坡。露宿时不得成片砍伐树木，破坏天然伪装。帐篷、草棚周围要挖排水沟。不宜搭设帐篷时，可构筑地窖式简易掩蔽部。酷暑条件下露宿应选择在干燥、通风的缓坡上，避开大树、陡崖峭壁，以防雷击或塌方。遮棚或帐篷周围要挖排水沟，铲除杂草，必要时撒些草木灰。冬天露宿应选择在背风地。为防止冻伤，通常采用搭帐篷、草棚等方法。有条件时还可在棚舍中燃火取暖，但必须预防火灾和一氧化碳中毒。睡前应用雨布（衣）、干草等隔潮材料铺设地铺。睡觉时应注意避风和保暖。

（二）简易帐篷的架设

1. 屋顶型帐篷

将绳子拴在两棵树之间拉紧形成脊线。或用锹柄、木棍等物做支柱，用背包带连接两个支柱顶端，两端延长斜拉固定在地桩上形成屋脊样式，将雨衣等搭在脊线上形成两个屋顶坡面，坡面底边用石块压牢即成。

2. 单坡面帐篷

利用断墙、棱坎等，将雨布的一边固定在墙或坎上，雨布的另一边固定在地面上，即可形成单坡面帐篷。

3. 遮棚

在林中过夜，可以就地取材搭制临时遮棚。遮棚分单坡面遮棚和丛林遮棚两种。

（1）单坡面遮棚。先挑选和制作 3 根直径 4 厘米、长 2 米的木棍做檩杆；选用 5 根直径 3 厘米、长 1.5 米的树棍做椽子。各檩杆之间间隔取 0.5 米，椽子之间取等间隔用绳子绑牢。将檩干靠在两棵树上成为单坡面框架。然后将带叶的小树枝扎成把，像铺瓦一样一把一把重叠着挂在檩杆上，挂满后即成单坡面遮棚。

（2）丛林遮棚。选用新砍伐的质地坚硬的树木枝干，捆扎材料要尽量使用坚实的藤蔓、柔软的小树条、强韧的树皮以及新剖开的竹条，以节省绳子。方法是：根据遮棚面积打 4 根直径 10 厘米、高 2 米左右的立柱，在立柱离地面 40 厘米处，两个对边上绑两根直径 10 厘米的横杆做底架，底架上密铺直长树干做地板。然后向上每隔 40～50 厘米绑横杆，以便于挂雨布或树枝做遮墙，顶部平铺雨布做顶。要尽量把四边的接连角捆扎结实，防止绳索松开或下滑，如无法控制下滑，可用树干竖起撑住横杆。

4. 吊床

夏季丛林中，露宿时间短时可采用吊床，其可用帆布、伪装网制作。吊床两端拴在两棵树上，上面再拉一根绳子，搭上方块雨布，四角用绳子系牢，便成为防水遮阳帐篷。

5. 猫耳洞

一般在土质较好的沟壕或土坡的侧壁上挖掘猫耳洞。猫耳洞似猫耳形状，洞口开设在向阳背风的方向。

第四节　野外生存

一、可食植物的识别与野生动物的捕获

野生动物和植物具有一定的营养价值，可作为辅助食物或主要食物。学会识别和食用各种野生动、植物，对在特殊情况下的野外持久生存具有重要意义。

（一）可食植物的识别

在各种野生植物里，有毒的植物种类不多，且数量有限，大部分野生植物均可食用。鉴别植物是否有毒，比较可靠的方法首先是根据下发的可食野生植物的图谱进行认真鉴别。其次是向有经验的同志或当地居民了解可食植物的种类和识别方法。最后是仔细观察动物采食的情况，通常情况下，老鼠、松鼠、兔子、猴子等动物能吃的植物对人类也是无害的；但鸟类可以食用的植物，人不一定能食用。

1. 野果类

在我国南方的野灌木丛中，生长着许多可食的野果。如生长在低山丘陵常绿阔叶灌木丛中的桃金娘，山地落叶灌木丛中的山桃、胡颓子，石灰岩山地落叶阔叶灌木丛中的小果蔷薇，河谷落叶阔叶灌木丛中的余甘子、

沙棘，沙地灌木丛中的山棘子、稠李，以及山樱桃、山柿子、猕猴桃、酸藤果、茅莓、棠梨、坚果等。夏秋两季，这些野果都可以生食充饥。

2. 蘑菇类

蘑菇在我国分布很广，是人们喜爱的一种食物，通常可食用的有香菇、草菇、口蘑、猴头菌、鸡枞等。蘑菇一般可炒食或做汤。外形特殊、易于识别的食用蘑菇有两种。

（1）猴头菌。形如猴子的头，故名。新鲜时呈白色，干燥后变为淡褐色，块状，直径3.5～10厘米，基部狭窄，除基部外，均布以肉质、针状的刺，刺直伸发达，下垂，长1～3厘米。全国各地均有，生于栎、胡桃等阔叶树种的立木及腐木上，或生在活立木的受伤处。食用前，应洗净切碎，可炒食或做汤，也可晒干备用。

（2）鸡枞菌。别名鸡肉丝菇（台湾地区叫法）、伞把菇。刚采摘时，菌盖呈圆锥状，伸展开后中央具一乳突（形如鸡嘴），直径3～20厘米或更大。潮湿时有黏性，表面平滑，呈微黄色，乳突部分呈褐色或呈花皮状，往往辐射状地开裂。菌肉、菌褶白色，褶宽5～15毫米，呈不规则形。主要分布在我国江苏、福建、台湾、广东、四川、贵州等省，云南最多。这种菌在雨季从地下白蚁窝上生出。食用方法与猴头菌一样。

毒蘑菇识别方法：①毒蘑多有各种色泽，而且美丽；无毒蘑则多呈白色或茶色。②菌盖有肉瘤，菌柄上有菌环和菌托的有毒；反之则无毒。③毒蘑多生长在肮脏潮湿、有机质丰富的地方，无毒蘑则多生长于较干净的地方。④采集后毒蘑易变色；无毒蘑则不同，不易变色。⑤毒蘑大多柔软多汁，无毒蘑则较致密脆弱。⑥毒蘑的汁液浑浊似牛奶，无毒蘑则清澄如水。⑦毒蘑的味道多辛酸苦辣，无毒蘑则很鲜美。⑧煮蘑菇时，放灯芯草。煮熟后，如灯芯草变成青绿色，证明有毒；如果是黄色，则无毒。煮蘑菇时，毒蘑能使银器具变黑；如果加牛奶，牛奶马上凝固；放葱，葱会变成蓝色或褐色。

（二）野生动物的捕获

下面重点介绍几种简便易行的捕猎方法。

1. 压猎

压猎是较为原始的狩猎方法，但捕获率很高。其中，压拍子是压猎法中最简便易行的一种方法，可以捕捉各种小毛皮兽。

压拍子是用一块石板或木板，或冻土板、冰板，用木棍（或绳子）支（或吊）起来，板上可加压重物，板下放置诱饵，当动物取食时，即可将其捕获。在森林中，可用粗圆木（树干）做成压杠支设在地上，捕捉各种毛皮兽。

2. 套猎

套猎是用各种绳索、马尾、钢丝制作套子猎捕动物。套子的大小、距地面的高低，由所猎动物的大小决定。例如，套捕野兔的简易套，可选取长1.5米、直径1毫米左右的钢丝，做成套子。套子的直径为13～14厘米，套子的一端拴在小树上，套子底边距地面约为11厘米。套子要布设在疏林和林中空地或兔子通道中间，不要偏斜和歪扭。

3. 捕兽卡和竹筒

这两种方法主要用于猎获在地面活动的小动物，如田鼠、旱獭、黄鼬等。

捕兽卡用一根细钢丝弯曲而成，两端有向外弯曲的尖，中间有供设置用的细铁丝小圈。设置时，将钢丝两臂压紧，两臂上的铁丝小圈重叠，用大头针通过后面小圈穿入重叠小圈即可。钢丝尖端设置诱饵，动物取食时，铁丝圈即从大头针脱落，钢丝弹向两侧，钢丝尖端撑开动物嘴部，动物即被捕获。

竹筒宜选用内径略大于猎捕动物、长65厘米左右的竹节做成。竹筒斜埋于地下，倾斜45°左右，竹筒上口与地面平，筒必须光滑，将诱饵投入筒底。动物进入筒中取食时，因不易退出而被捕获。

4. 捕蛇

捕蛇首先要掌握蛇的活动规律，在不同季节采用不同的方法。冬季，蛇类蛰伏在草丛、林木、石缝间，或活动于田埂、沟边。夏秋两季，蛇便四处觅食。通常，蛙类活动的地方，便是蛇类出没的地方。到晚秋，蛇准备入洞过冬，因而较集中，也易于捕捉。各种蛇的食性不同，其活动地点也不同。如眼镜蛇捕鼠类、蛙类，多在山坡、田间、沟边、屋边活动；银环蛇食黄鳝、泥鳅；水蛇常见于水田边或树上。捕蛇可采用木叉法、泥压法、索套法等方法。

（1）木叉法。用于捕捉较大的蛇。其方法是用树枝做一木叉，木叉柄的长短以捕蛇者俯身后两手能够捉到蛇颈部为准。叉口的大小以能叉紧蛇的颈部为宜。捕蛇时，先叉住蛇的颈部，然后立即俯身用胸部抵住木叉柄，再用一只手抓住蛇的颈部，另一只手握住蛇的后部，即可将其捉住。

（2）泥压法。用于捕捉在地面或石头上活动的一些不大的蛇。可拿一块黏泥，用力向蛇摔去，把蛇粘压在地上或石上，使蛇一时不能逃走，再动手捕捉。

（3）索套法。用于捕捉在乱石上、草丛间或地上翘起头的蛇或者盘绕在竹子或树上的蛇。在竹竿一端打通一个洞，穿过一条具有一定硬度和弹性的细尼龙绳或细料绳，做成一个活动圈套，用手拿着竹竿和绳索，用另一端从蛇的背后将活套对准蛇的头部迅速套住，随即拉紧活套，缚住蛇颈。

5. 捕鱼

捕鱼应有钓线、鱼钩、钗坠、浮子等，鱼钩可用针制作，或在海边寻找被丢弃的鱼骨和小硬木刺来制作临时的鱼钩。加工时，若无小刀，可将贝壳打破，用贝壳的锐角刮制。钓线则可寻找韧性较强的蔓草制作。先将蔓草晾干，再用石块捶击使其柔软，捻成强韧的钓线，长度最好为 2～3 米。钗坠可用子弹壳或小石子等重物代替（安放在距离鱼钩 10～15 厘米的位置）；鸭、鹅、雁等禽鸟的羽毛管，松树和杨树的树皮以及玉米秆、圆珠笔芯都可以制成浮子（鱼漂）。钓竿则可用任何一种柔韧的竹竿或树木的枝条代替。鱼饵通常用蚯蚓，还有各种昆虫，如蜻蜓、蝗虫、牛虻等都可以做鱼饵。还可以用刺刀、削尖的鱼骨绑缚在木棍、竹竿上面，做成鱼叉，在岸上俯瞰鱼类往来的位置，用鱼叉来叉大鱼。

6. 捕捞贝类和海上浮游生物

在沿海岸有种类繁多的贝类动物。绝大多数贝类都可食用，如鲍鱼（内脏有毒不可食）是名贵的"海味"，还有红螺、田螺、泥蚶、香螺、缢蛏、贻贝、扇贝、牡蛎、文蛤等，营养丰富，且味道鲜美。

二、寻找水源和鉴定水质的方法

水对人的生存至关重要。在野外，要有计划地使用饮用水，同时组织人员寻找水源或采集、处理用水，以补充消耗掉的饮用水。

（一）寻找水源的方法

在野外，可根据野生植物的种类、生长的数量和分布范围，动物出没活动规律等寻找地下浅层水源。一般植物茂盛、动物经常出现的地方，是容易找到浅表层水源的。在南方，叶茂的竹丛不仅生长在河流岸边，也常生长在与地下河有关的岸溶大裂隙、落水洞口的地方。还可以从特殊植物的生长地点来判定地下水的水质情况，如见到马兰花、拂子茅等植物群，就可断定那里不太深的地方有淡水。另外，在地下水埋藏浅的地方，泥土潮湿，蚂蚁、蜗牛、螃蟹等喜欢在此做窝聚居；冬天，青蛙、蛇类动物喜欢在此冬眠；夏天的傍晚，因其潮湿凉爽，蚊虫通常在此聚集成柱状盘旋飞绕。

（二）鉴定水质的方法

由于水在自然界的广泛分布和流动，特别是地面水流经地域很广，一般情况下难以保证水源不受污染。在野外没有检验设备时，可以根据水的色、味、温度、水迹粗略地鉴别水质的好坏。

1. 通过水的颜色鉴定

纯净的水在水层浅时无色透明，深时呈浅蓝色。可以用玻璃杯或白瓷碗盛水观察，通常水越清水质越好，水越浑则杂质越多。水色随含污不同而变化，如含有腐殖质时呈黄色，含低价铁化合物时呈淡绿色，含高价铁或锰时呈黄棕色，含硫化氢时呈浅蓝色。

2. 通过水的味道/气味鉴定

一般清洁的水是无味的，而被污染的水则带异味。如含硫化氢的水有臭鸡蛋味，含盐的水有咸味，含铁较高的水有金属锈味，含硫酸镁的水有苦味，含有机物质的水有腐败、臭、霉、腥、药味。为了准确地辨别水的气味，可以用一只干净的瓶子，装半瓶水摇荡数下，打开瓶塞后立即用鼻子闻。也可以把盛水的瓶子放在约60℃的热水中，如闻到水里有怪味，就不能饮用。

3. 通过水温鉴定

地表水（江河、湖泊）的水温，因气温变化而变化；浅层地下水，受气温影响较小；深层地下水，水温低而恒定。如果水温突然升高，多是有机物污染所致。工业废水污染水源后，也会使水温升高。

4. 通过水点斑痕鉴定

取一张白纸，将水滴在上面晾干后观察水迹。清洁的水是无斑迹的，有斑迹则说明水中杂质多、水质差。

三、特殊条件下的联络方法

特殊条件下的联络方法有：夜间在高处点火堆；白天可燃烟，在火上放青草，就会发出白烟，每隔6分钟放一次青草，这是世界上通用的求救信号；在易被地面和空中发现的地方，用石块摆放成"SOS"的求救标记；在草原可用刀割或手拔出相应的求救标记；当发现有飞机救援时，可用小镜子或指北针的反光镜照射救援飞机；在森林中，也可击打桦树，发出巨大的声音与救援人员联络。

第五节　识图用图基础知识

地形是构成作战活动的基本要素，影响作战的全过程。古往今来的战争，无一例外都受到地形条件的制约和影响。地图承载着地形的诸多要素，综合反映着地球表面的情况，为我们研究和利用地形提供了方法和依据。

一、地图的概念和分类

（一）地图的概念

从广义上来说，地图就是将地球表面上的地物和地貌绘制在平面图纸上的图。地图具有以下三个特点：一是有一定的数学法则，二是有特定的图式符号，三是有选择性地将地球表面的若干要素和现象绘于图上。

（二）地图的分类

地图按地形信息载体可分为纸质地图和电子地图，按使用对象可分为民用地图和军用地图，按比例尺可分为大比例尺地图、中比例尺地图、小比例尺地图，按表示内容可分为专题地图和普通地图。

二、地形图的识别

（一）地图比例尺

1. 地图比例尺的概念

图上某线段的长与实地相应水平距离之比，叫作地图比例尺。

$$地图比例尺 = \frac{图上线段之长}{实地相应水平距离} = \frac{1}{m}$$

根据不同的需要和用途，我国确定了7种地图比例尺，分别为：1∶1万、1∶2.5万、1∶5万、1∶10万、1∶25万、1∶50万和1∶100万。

2. 地图比例尺的表示形式

（1）数字比例尺。数字比例尺用比例式或分数式表示，通常绘注在地图的正下方。①比例式，如1∶5万。②分数式，如1/50000。

（2）文字比例尺。文字比例尺是用文字叙述的形式予以说明。如"二万五千分之一""百万分之一"或"图上一厘米相当于实地水平距离500米"等。

（3）直线比例尺。直线比例尺是用设定的一定比例关系的线段表示，绘注在地图的正下方。

（二）地物符号

地物是构成地形的要素之一，制约和影响着部队的作战行动。数目繁多且形状、大小各异的地物在地图上是用特定的图式符号结合注记表示的。

1. 地物符号的分类

（1）依比例尺符号（又叫面状符号）。这类符号是指实地面积较大的地物，其外部轮廓是按比例尺缩小后绘制到图上，内部文字注记时按配置需要填绘。在图上可以了解其形状和分布情况，可量算它们的长、宽及面积，比如居民地、湖泊、大的河流等。

（2）半依比例尺符号（又叫线状符号）。这类符号是指实地上的窄长线状地物，如道路、土堤、小的河流、通信线等。其长度是按比例尺缩绘的，而宽度不是按比例尺缩绘的，其转折点、交叉点位置是按实地精确测定的。因此，在图上只能量它的长度，而不能量它的宽度和面积。

（3）不依比例尺符号（又叫点状符号）。这类符号是指实地上一些对军事行动有影响或有方位意义的地物，如突出树、亭、塔等。因其实地面积很小，不能按比例尺缩绘在地图上，只能用规定的符号表示。

（4）说明和配置符号。说明符号主要用来说明某种情况，如表示街区的晕线、江河流向的箭头，桥梁的长、宽及载重量，河流的宽度、深度及底质，树林的种类、高度及胸径，等等。

配置符号只用来表示某些地区的植被及土质分布特征，如草地、果园、疏林、路旁的行树、石块地等。

2. 地物符号的有关规定

（1）定位规定。定位规定是指以符号的特定点或特指线来代表地物在图上的中心点或中心线，给图上量测坐标或距离以依据。依比例尺符号的任何一定的位置都是真实位置，半依比例尺符号和不依比例尺符号根据定位线和定位点定位。

1）半依比例尺符号的定位。半依比例尺符号的长度是按比例尺缩绘的，而宽度不是按比例尺缩绘的，应通过定位线把握其真实位置（表9–1）。

表9-1　半依比例尺地物符号定位线

定位线	符号举例	定位线	符号举例
成轴对称的符号，在中心线上	公路 土堤 高出地面的梁	不成轴对称的符号，在底线或缘线上	城墙 土城墙 陡岸

2）不依比例尺符号的定位。对于不依比例尺符号，可根据定位点把握其真实位置（表9-2）。

表9-2　不依比例尺地物符号定位点

定位点	符号举例		
图形中有一点的在该点上	三角点 △	亭子	窑
几何图形在图形的中心	油库	水车、风车	发电厂
底部宽大的，在底部中心	水塔	古塔	纪念碑
底部为直角的在直角的顶点	路标	突出阔叶树	突出针叶树
组合图形，在主体图形的中心	石油井	泉	小面积树林
其他图形，在图形的中心	桥	矿井	水闸

（2）方向规定。对不依比例尺符号的图上走向所做的规定，称为方向规定。①定向（直立）符号。垂直于地图廓线描绘的符号，主要是地物

自身没有方向性的那些独立地物的符号,如测量控制点、水塔、烟囱、各类塔形建筑物、突出树等。②真向符号。按真实方向描绘的符号,主要是地物自身方向性强的那些独立地物的符号,如独立房、窑洞、山洞等。③变向符号。依赖于其他地物或现象描绘的符号,如城门、公路里程碑等。

(3) 注记的规定。①名称注记。主要用于注记居民地、高地、山脉、水系等地物。各种注记都规定了不同的字体。②说明注记。说明注记是用来说明地物的性质和特征的,均用细等线体字注记在符号的一旁。③数字注记。数字注记是用来说明地物符号的数量特征的,如山的高程,土堆、冲沟、陡崖的比高,树高,路宽,江河的宽、深和流速,等等。④颜色的规定。我军出版的地图有四种颜色,分别为黑色、绿色、棕色和蓝色。黑色:人工要素,如居民地、独立地物、管线、道路、境界及其名称与数量注记等。绿色:植被要素,如森林、果园等的普染。棕色:地貌要素,如等高线及其高程注记、地貌符号及其比高注记、图纸特征、公路普染等。蓝色:水系要素,如海洋、江河、湖泊、水库的普染和河岸线、单线河及其注记等。

(三) 地貌判读

地貌作为地形的主要因素之一,在军事上起着十分重要的作用。

1. 等高线表示地貌

(1) 等高线表示地貌的原理。等高线是地面上高程相等的各点连接而成的曲线(图9-1)。

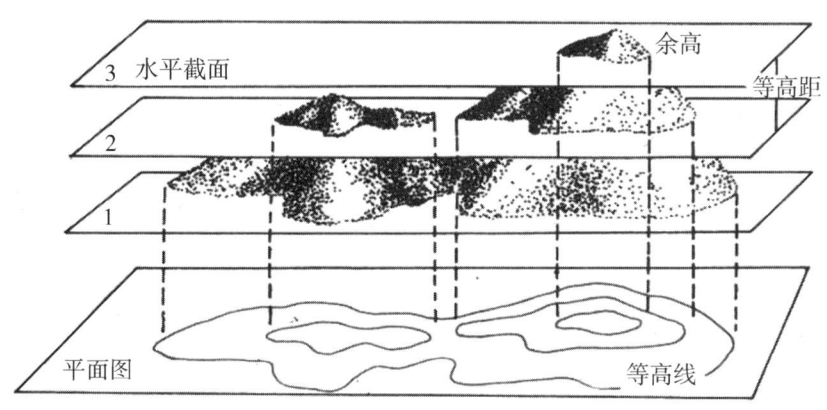

图9-1 等高线表示地貌的原理

假想把一座山从底到顶按相等的高度一层一层地水平切开，在山的切口处就会出现随着山的形态变化而变化的闭合曲线，再把这些曲线垂直投影到同一平面上，便形成一圈套一圈的曲线图形。

（2）等高线表示地貌的特点。①闭合等高。在同一条等高线上各点的高程相等，每条等高线都是闭合曲线。②多高少低。在同一幅地图上，等高线多的山就高，等高线少的山就低；凹地与此相反。③密陡稀缓。在同一幅地图上，等高线间隔密的，实地坡度就陡；等高线间隔稀的，实地坡度就缓。④形似现地。图上等高线的弯曲形状与相应实地地貌形状相似。

（3）等高距的规定。所谓等高距，即相邻两条等高线间的实地垂直距离，即相邻两等高线的高差。

2. 地貌基本形态的识别

（1）山顶和凹地（图9-2）。所谓山顶，即山的最高部位。在地形图上表示山顶的等高线是用一个小的闭合环圈。凹地，即比周围地面低下且经常无积水的小面积的低地。在地图上显示凹地的等高线，是一个或数个小闭合环圈。

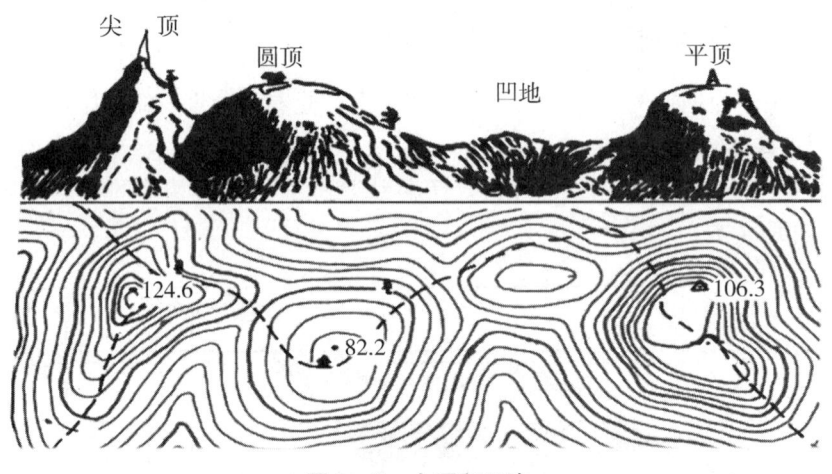

图9-2　山顶和凹地

山顶和凹地都是用小环圈来表示的，采用示坡线加以区别。所谓示坡线，即与等高线相垂直的短线，其不与等高线相连的一端指向下坡方向。所以，山顶的示坡线是向外的，而凹地的示坡线是向内的。

（2）山背和山谷（图9-3）。从山顶到山脚的凸起部分，其形状很像动物的脊背，所以称山背。下雨时，雨水落在山背上向两边分流，所以最高凸起点的棱线又叫分水线。相邻山背、山脊之间的低凹部分叫山谷。由于山谷是聚水的地方，所以最低凹部分的底线叫合水线。

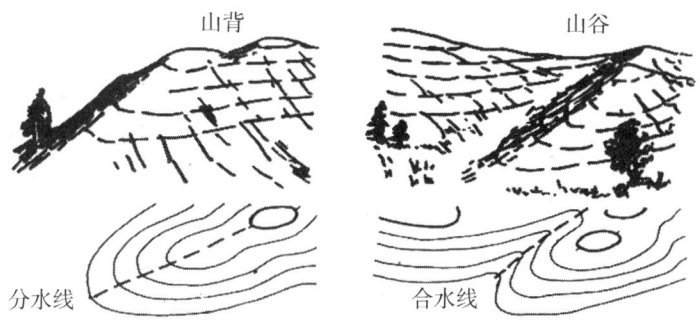

图9-3 山背和山谷

（3）鞍部（图9-4）。相连两山顶间的凹下部分，其形状如同马鞍，所以称之为鞍部。在图上由一对表示山背的等高线和一对表示山谷的等高线显示。

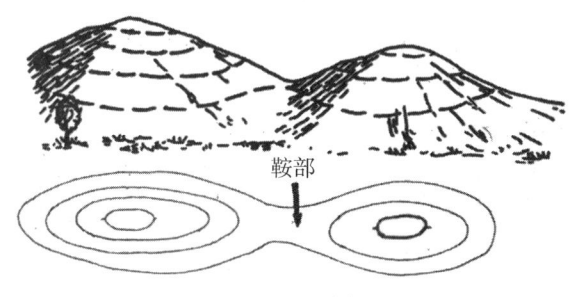

图9-4 鞍部

（4）山脊（图9-5）。由数个山顶、山背和鞍部相连所形成的凸棱部分，叫山脊。山脊的最高棱线叫山脊线。

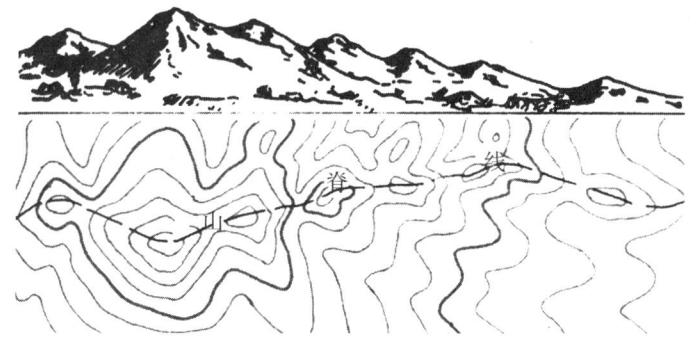

图9-5 山脊

3. 斜面和防界线

斜面是指从山顶到山脚的倾斜部分，又叫斜坡。军事上以敌对双方占领地区为准，把朝向对方的斜面称为正斜面；背向对方的斜面叫反斜面。斜面按其起伏形状分为四种：等齐斜面、凸形斜面、凹形斜面和波形斜面（图9－6）。

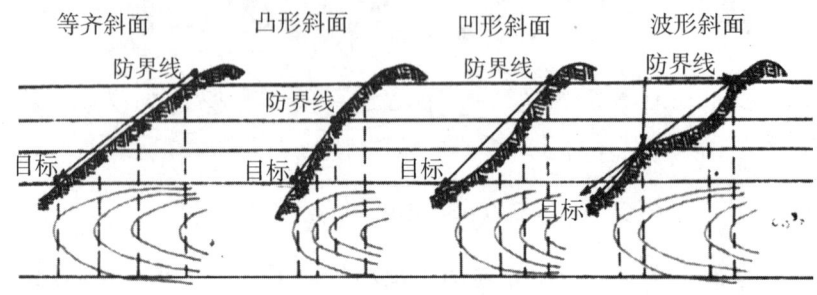

图9－6　斜面和防界线

（1）等齐斜面。实地斜面的坡度基本一致，全部斜面均可通视，便于发射火力。在图上，等高线间隔大致相等，仅有陡坡和缓坡之分。陡坡等高线密，间隔小；缓坡等高线稀，间隔大。

（2）凸形斜面。实地斜面的坡度上缓下陡，斜面部分地段不能通视，形成观察、射击的死角。在图上，等高线间隔上面稀、下面密。

（3）凹形斜面。实地斜面的坡度上陡下缓，全部斜面均可通视，便于发射火力。在图上，等高线间隔上面密、下面稀。

（4）波形斜面。是上述三种斜面的组合斜面，实地斜面的坡度交叉变换，陡缓不一。

防界线通常是斜面上凸起的倾斜变换线。在防界线上能展望其下方的部分或全部斜面，利于构筑射击阵地和观察所。在图上，防界线一般位于山顶下方等高线由稀变密的地方。

4. 地貌符号

用等高线表示地貌的方法，虽然比较科学，但它毕竟是相当简化的曲线图形，由于地貌形态复杂多变，不论等高距选得如何准确，描绘得如何精细，它都不可能逼真地反映地形的全貌，有的地貌确实无法用等高线来表示，这是其本身无法克服的缺点。因此，必须采用地貌符号来弥补等高线之不足。

（1）微型地貌符号（图9－7）。微型地貌符号分为四种：山隘、山洞（溶洞）、岩峰和溶斗。

✗ (4-10)　山隘 　　　　（4-10）——通行月份	◐　石灰岩溶斗
⌂ $\frac{1.6}{20}$　山洞、溶洞 　　　　分子——洞口直径 　　　　分母——深度	岩峰 ▲95　1. 孤峰 　　　95——比高 ▲ 35　2. 峰丛 　　　35——比高

图9-7　微型地貌符号

（2）变形地地貌符号。所谓变形地是因自然力的作用而改变了本来面貌的特殊地貌形态。它主要分为冲沟、陡崖、陡石山、崩崖和滑坡五种（图9-8）。

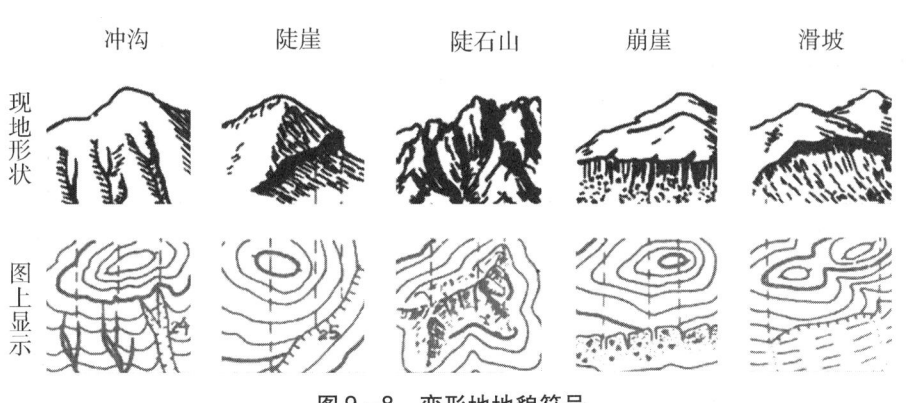

图9-8　变形地地貌符号

（3）土质特征符号。有沙地地貌、沙砾地、石块地、盐碱地、小草丘地、残丘地、龟裂地等多种土质。

三、现地使用地图

现地用图是指通过地形图与现地对照，确定自己所处的位置，了解周围地形情况，确定遂行任务的方向、路线、距离和目标，以及判读、量算、计划和分析评估等工作。

（一）判定方位

现地判定方位，就是根据站立点现地示向性参照物辨明东、西、南、北方向。

1. 利用指北针判定方位

用指北针判定方位迅速准确，十分方便。利用指北针判定方位时，先将指北针持平，待磁针稳定静止后，磁针涂有夜光剂一端（或黑色尖端）所指向的方向就是北方，面向北方，背后是南，左西右东。

由于磁针容易受到电和钢铁等带磁性的物体的吸引，使用指北针判定方位时，应避免靠近高压输电设备、铁矿矿藏、钢筋水泥建筑物和金属物体等。

2. 利用天体判定方位

可用于判定方位的天体有太阳、北极星等。

（1）利用太阳判定方位。① 利用太阳出没时刻的位置判定方位。利用太阳朝出东面、夕没于西的规律判定方位，是晴天白昼判定方位最便利的方法，能大致判定东、南、西、北方位。②利用阴影的方向变化判定方位。太阳随时间推移而西去，对地面某一竖立物而言，其阴影则渐渐东移，给定一时间段观察竖立物阴影方向的变动轨迹，即可判定竖立物的方位。

（2）利用北极星判定方位。利用北极星判定方位，是晴朗之夜概略判定方位的简便办法。北极星大约位于地轴向北延伸的方向线上，在北方星空，它的视位置可以认为不变，故可以用来判定方位。找到北极星后，面向北极星，前方就是正北方向。

3. 利用自然特征判定方位

利用自然特征判定方位，是指根据某些具有方向标示性的地物、地貌及某些现象来判定方位。独立的大树，通常是南面的枝叶茂密，树皮光滑；北面枝叶稀少，树皮粗糙；砍伐后，树桩上的年轮，北面间隔小，南面间隔大，据此也可以判定方位。我国南方潮湿地区，常见向阳面的土堤、高顶较干燥，无青苔生长，而背阳面则长满青苔，借此也能大概判定方位。利用植物喜阴喜阳的不同，也可在山林地判定方位。我国西北干旱地区，由于定向风长期作用于地表面，在地面上形成了许多风蚀残丘地，借此也可以判定方位。

（二）标定地图

在现地实现地形图与实地的方位方向一致的过程，称为现地标定地图。

1. 概略标定

使地形图大致与实地方向一致的方法，称为概略标定。在现地判明方位后，将地图的上方（北方）对向现地的北方，地图即已概略标定。

2. 利用指北针标定

利用指北针标定地图时，根据地形图上的偏角图，可分别采取依磁北方向线（磁子午线）标定和依坐标纵线标定。

3. 利用直长地物标定

实地沿直线延伸的地物（如道路、沟渠、土堤、电线、河流等），在地图上相应的地物符号也为直线。按标定地图的原理可知，只要使图上符号线段与实地相应直线地物保持一致，地图即已标定。

4. 利用明显地形点标定

现地和地图上都有的醒目的突出地形点，是明显地形点。如果站立点在图上的位置已经确定，可环顾四周，选择远方一明显地形点作为目标点，在图上确定其位置，然后用指北针直尺或三棱尺切于图上站立点和该点，转动地图，通过照门、准星瞄准现地该点，地图就标定了。

（三）确定站立点在图上的位置

无论是现地侦察、组织战斗，还是按图行进、现地研究地形，都必须首先确定站立点在图上的位置，这是现地用图的基础。

1. 地形关系位置法

所谓地形关系位置法，即根据站立点与已知点间的方向、距离、高程、特征和关系位置所构成的图形，在图上和实地间的相似关系，通过目估比较，确定站立点在图上位置的方法。

2. 交会法

交会法是指在站立点上，根据交会定点原理交会出站立点在图上位置的方法。根据实际情况不同，主要有以下三种应用形式。

（1）后方交会法。当站立点附近无明显地形点，可在较远处判定两个以上已知点，用后方交会法交会出站立点。

（2）侧方交会法。当站立点位于已知线状地物上时，图上的线状地物符号即为已知线段。根据交会法原理，只需测出一条方向线即可确定站立点。

（3）距离交会法。即根据站立点至两个以上已知点的距离，分别以各已知点为圆心，以各相应距离为半径作圆弧交出站立点在图上位置的方法。

3. 极坐标法

极坐标法是根据极坐标原理，在标定地图的条件下，根据一个已知点的方向线和距离确定站立点在图上位置的方法。常见形式包括极距法和定直线法。

(1) 极距法。当站立点附近有一个已知点，且便于测量站立点到已知点的距离时，根据站立点至已知点的方向和距离，确定站立点的图上位置。

(2) 定直线法。当站立点位于两个已知点连线或延长线上时，根据站立点至任意一已知点的距离，即可确定站立点在图上的位置。

（四）确定目标点在图上的位置

在确定站立点的基础上，通常需要确定各种现地地形目标和战术目标在图上的位置，以供射击、指示目标。确定目标点在图上位置的方法有很多，这里我们介绍三种方法：地形关系位置法、极距法和交会法。

1. 地形关系位置法

地形关系位置法，即根据目标与明显地形点的相互关系位置，来确定目标点的图上位置。其条件是目标在明显地形点或其附近。现地对应的相似关系，用目估比较目标与明显地形点的方位、距离和高差等，将目标点目估定于图上。

2. 极距法

当目标较多，且其附近没有明显地形点时，可根据极坐标的原理，采用极距法确定目标点在图上的位置。

3. 交会法

交会原理应用于确定目标点位置，主要有前方交会法和截线法两种。①前方交会法。当目标点较远，目标点附近又没有已知点且定位精度要求较高时，可在两个站立点上用前方交会法确定目标点的图上位置。②截线法。用截线法确定目标点，是指目标点在线状地物（如公路上、河流边）上，而站立点远离该线状地物。同理，我们还可以把山背的分水线、山谷的合水线等地貌视为线状地物，当目标在其上时，我们也可采用截线法。

（五）按地图行进

按地图行进，即利用地形图来选定行军路线，通过地图与现地对照，以保持沿选定的路线到达预定地点的行进方法。

1. 行进前的准备工作

（1）选择行进路线和方位物。选择行进路线应着重考虑和研究路线上与行动有关的地形因素。在选定路线后，应在沿线选定明显突出且易辨认、不易变化的目标作为方位物。在越野行进时，应使每一个转弯点都有明显的方位物。夜间行进时，则应注意选定夜间便于识别的方位物。

（2）在图上标绘行进路线和方位物。标绘行进路线和方位物，即将选定的行进路线（起点、转折点、终点）和方位物，用彩色笔醒目地标绘在地形图上，并按行进方向顺序进行编号，以便行进中对照检查。

（3）量取里程和计算时间。在图上量取行进路线上各段里程和计算行进时间，并注记在图上或工作手册上。

（4）熟记行进路线。应力求做到"胸中有图，未到先知"。图上准备就是"一选、二标、三量算、四熟记"，在行进前，只有认真准备，行动才能自如。

2. 徒步沿道路行进

徒步沿道路行进是军队的机动方式之一，其要领有如下三点。

（1）明确行进的道路和方向。在出发点上，先标定地图，对照地形、判定出发点位置，明确行进的道路和方向，然后记时出发。行进中，边走边回忆，边走边对照，随时明确站立点的图上位置，随时清楚已走过的路程，随时明了前方将要通过的方位物和到达的位置，力求做到"人在路上走，心在图中移"。

（2）适时判定行进中的图上位置。在行进中，特别是在通过岔路口、道路转弯点、居民地进出口时，应及时对照现地地形，明确行进中的图上位置，以保持正确的行进方向。

（3）慎重处理路遇，保持正确的行进路线和方向。一是当遇到现地地形变化与地图不一致时，应采取多种方法仔细对照地貌，全面分析地形的变化和关系位置，然后准确地判定站立点的位置和行进方向。做到"有疑问不走，有矛盾不走，方向不明不走"。找准方向，消除疑虑和矛盾后再继续走。二是当发现走错路时，应立即对照地形，回忆走过的路程，判明从什么地方开始错的、偏离原定路线有多远，根据情况决定另选迂回路线或返回原路。回到正确路线后，再继续前进。

3. 乘车行进

乘车行进是军队机动的又一种方式，是部队的主要机动方式。其特点是行进速度快、方向转移多、观察地形粗略，稍一疏忽，便容易走错路。乘车按地图行进的要领与徒步沿道路行进基本相同。但需要注意，选择行军路线应着眼于道路通行情况、路面质量的变化、桥梁的载重量、渡口的摆渡能力等；方位物应多选择道路两侧大而明显的突出目标，并选择迂回路。地图应按行进的顺序依次叠放，以便沿途对照取用。

第六节　电磁频谱管控

一、电磁频谱的概念

电磁频谱是把电磁波按波长或者频率排列起来所形成的谱系。电磁波根据频率的不同可以划分为无线电波、红外线波、紫外线波、X 射线波等。无线电波是电磁波的一部分，其频率小于 3000 GHz。无线电频谱是全部无线电波频率的总和，是电磁频谱的一部分。由于任务不同，地方无线电管理部门的管理对象是无线电波；军队管理的电磁频谱频段范围更宽、对象种类更多、任务更加繁重。

二、电磁频谱的基本属性

电磁频谱作为一种自然资源，与土地、水、矿山、森林等自然资源一样，属国家所有。《中华人民共和国物权法》和《中华人民共和国无线电管理条例》明确规定："无线电频谱资源属于国家所有。"同时，电磁频谱又是一种特殊的自然资源。它的特殊性主要体现在五点。

（一）三维性

电磁频谱具有空间、时间和频率三维特性，在不同的空间，或不同的时间，或不同的频率，可以共同使用无线电频谱。

（二）有限性

尽管在不同的空间或时间可以重复使用同一频率，但就某一频段而言，它在一定区域、一定时间内可能是非常有限和紧张的，因此必须进行科学的管理。我军目前使用的频谱大部分在 30 Hz～40 GHz 范围内，军用通信设备主要集中在 3 GHz 以下频段。

（三）共享性

电磁频谱是一种共享性资源，任何国家和单位都不可能将其据为己有。由于无线电波的传播具有不受行政区域限制等特点，任何一个国家、地区或部门若随意使用无线电频谱，都可能干扰其他国家、地区或部门对频率的使用，或者反过受到来自其他国家、地区或部门的干扰，因此必须实施有规则管理。

（四）非耗竭性

电磁频谱不同于土地、水、矿藏等非再生或一类再生资源，它可以反复利用而不被消耗。

（五）易受污染性

电磁频谱易受到自然界噪声和人为噪声的干扰，因此需要实施保护性管理。

由于上述特性，用频单位和个人必须按照国际电信联盟的《无线电规则》《中华人民共和国无线电管理条例》及国家、军队频谱管理的相关规定依法使用无线电频谱。各种用频装备都有其指定的工作频段和具体工作频率，如果擅自改变工作频率、工作参数，不按照规定进行发射，就可能对其他军用或民用设备造成无线电干扰。

三、电磁频谱在军事领域的应用

电磁频谱在军事领域中的不同运用，主要是利用不同频段电磁波的不同传播特性。电磁频谱在军事上可广泛应用于情报侦察、预警探测、武器制导、导航定位、指挥通信、电子对抗，以及气象测绘和"三战"（心理战、舆论战、法律战）等领域。目前，电磁频谱管理已从以通信、导航频率管理为主，拓展到以武器系统为重点的全频域、全时域、全空域的管理。

（一）极长波到中波的应用

极长波到中波主要沿地面传播，其传播衰耗小，绕射能力强，能穿透海水和土壤，传播距离较远，但受雷电影响大，传输信息量小，发射设备和天线庞大，主要用于潜艇和地下坑道低速率数据与电报通信，以及广播和中、近距离导航。如各国海军使用的长波电台，通信距离达数千海里，可与水下100米左右使用拖曳天线的潜艇进行通信。

（二）短波的应用

短波主要通过电离层反射进行传播，其传播距离可达几千千米，设备和天线较小，但受太阳耀斑和磁暴影响大，主要用于飞机、舰艇和远距离通信，以及广播、超视距离雷达等。

（三）超短波和微波的应用

超短波和微波主要沿直线传播，其传播特性稳定，能穿透电离层，传输信息量大，但受地形、地物及雨雪雾影响大，地面传播距离只有几十千米，对空可达数万千米，主要用于卫星、雷达、导航、遥测、遥控、制导和移动、接力通信等。

综上所述，电磁频谱目前在各军事领域得到了广泛应用。但由于资源有限，有不少领域使用相同的频段，若协调控制不好，就会相互干扰。

思考题

1. 战备教育通常包括哪些内容？
2. 进入等级战备应注意哪些事项？
3. 接到紧急集合的号令后，指挥员需要完成的工作有哪些？
4. 紧急集合的准备工作有哪些？
5. 行军的组织与准备工作有哪些？
6. 徒步行军应注意哪些事项？

参考文献

[1] 陈波，赵汝亮. 军事理论［M］. 北京：人民出版社，2019.

[2] 龚泗琪，姜树和. 新编普通高等学校军事教程［M］. 长春：航空工业出版社，2019.

[3] 江泽民. 江泽民文选［M］. 北京：人民出版社，2006.

[4] 军事科学院，全军军事术语管理委员会. 中国人民解放军军语（全本）［M］. 北京：军事科学出版社，2011.

[5] 柯春桥. 世界军事简史［M］. 北京：解放军出版社，2015.

[6] 胡锦涛. 胡锦涛文选［M］. 北京：人民出版社，2016.

[7] 中共中央宣传部，中央国家安全委员会办公室. 总体国家安全观学习纲要［M］. 北京：学习出版社、人民出版社，2022.

[8]《国家安全知识系列》编写组. 国家安全知识百问［M］. 北京：人民出版社，2020.

[9] 李隽隽. 科技铸剑：军事科技与现代战争［M］. 广州：暨南大学出版社，2019.

[10] 林建超. 世界新军事变革概论［M］. 北京：解放军出版社，2004.

[11] 毛泽东. 毛泽东选集［M］. 北京：人民出版社，1991.

[12] 木勤朴，周同喜. 军事技能［M］. 北京：国防工业出版社，2012.

[13] 王建中，杨新. 新编普通高校军事理论教程［M］. 南京：河海大学出版社，2020.

[14] 张洁. 中国周边安全形势评估：中美博弈与地区应对（2019）［M］. 北京：世界知识出版社，2019.

[15] 张锦涛，谢钧. 世界主要大国军政概况［M］. 南京：南京大学出版社，2016.

[16] 中国军事百科全书编审委员会. 中国军事百科全书·军事思想［M］. 北京：中国大百科全书出版社，2015.

[17] 中央军委政治工作部. 习近平强军思想学习纲要［M］. 北京：解放军出版社，2019.

[18] 中共中央宣传部. 习近平新时代中国特色社会主义思想三十讲［M］. 北京：学习出版社，2018.

[19] 中共中央宣传部. 习近平新时代中国特色社会主义思想学习纲要[M]. 北京：学习出版社，2019.

[20] 中共中央宣传部. 习近平新时代中国特色社会主义思想学习问答[M]. 北京：学习出版社、人民出版社，2021.

[21] 中国人民解放军队列条令（试行）[N]. 解放军报，2018-04-17.

[22] 中国人民解放军纪律条令（试行）[N]. 解放军报，2018-04-17.

[23] 中国人民解放军内务条令（试行）[N]. 解放军报，2018-04-17.

[24] 中国人民解放军总参谋部军训部. 军事理论导论[M]. 北京：国防工业出版社，2012.

[25] 中国现代国际关系研究院. 国际战略与安全形势评估[M]. 北京：中共中央党校出版社，2019.

[26] 中央军委政治工作部. 全面推进新时代强军事业的科学指南[N]. 解放军报，2018-02-12.